清华版·高等院校旅游与饭店管理专业规划教材

旅游会计基础

（第二版）

李亚利 主编

清华大学出版社

北京

内 容 简 介

本书为教育部旅游管理专业教育教学改革项目配套教材之一，全书共 10 章，主要包括以下内容：总论、会计核算基础、流动资产、非流动资产、负债、所有者权益、收入费用和利润、饭店经营业务核算、旅行社和景区经营业务核算、财务报告。

本书有三个特点：一是注重基础，侧重会计的基本理论、基本知识和基本方法，易于非会计专业读者学习；二是难度适中，初级会计定位，便于学生参加会计资格证考试；三是突出旅游企业特色，紧密结合饭店、旅行社和景区的核算特点，以达到学以致用的目的。

本书可作为高等学校旅游管理专业本科的教科书，也可以作为旅游高职教育以及在旅游企事业单位从业人员的培训教材或参考书。

本书封面贴有清华大学出版社防伪标签，无标签者不得销售。
版权所有，侵权必究。举报：010-62782989，beiqinquan@tup.tsinghua.edu.cn。

图书在版编目(CIP)数据

旅游会计基础/李亚利主编. --2 版. --北京：清华大学出版社，2011.10（2024.8重印）
(清华版·高等院校旅游与饭店管理专业规划教材)
ISBN 978-7-302-27032-4

Ⅰ.①旅… Ⅱ.①李… Ⅲ.①旅游业—会计—高等学校—教材 Ⅳ.①F590.66

中国版本图书馆 CIP 数据核字(2011)第 200693 号

责任编辑：温 洁
封面设计：常雪影
版式设计：北京东方人华科技有限公司
责任校对：周剑云
责任印制：刘海龙

出版发行：清华大学出版社　　　地　址：北京清华大学学研大厦 A 座
　　　　　https://www.tup.com.cn　邮　编：100084
　　　　　社　总　机：010-83470000　邮　购：010-62786544
　　　　　投稿与读者服务：010-62776969, c-service@tup.tsinghua.edu.cn
　　　　　质量反馈：010-62772015, zhiliang@tup.tsinghua.edu.cn
印 装 者：三河市铭诚印务有限公司
经　　销：全国新华书店
开　　本：185mm×260mm　　印　张：16.25　　字　数：387 千字
版　　次：2011 年 10 月第 2 版　　　　　　印　次：2024年8月第12次印刷
定　　价：49.00 元

产品编号：041301-03

教育部面向21世纪
旅游管理专业教育教学改革工程项目配套教材
清华版·高等院校旅游与饭店管理专业规划教材

编 委 会

总 主 编 马 勇 田 里

副总主编 郑向敏 罗兹柏 高 峻

主编委员（按姓氏笔画排序）

马 波	马 勇	王 琳	王远水
王远坤	田 里	叶 红	叶晓辉
龙京红	吕宛青	刘 纯	刘大可
刘爱服	牟 红	冯冬明	朱承强
肖 星	李 丽	李 昕	李 晴
李亚利	李肇荣	杜文才	陈福义
陈绍友	张文建	张德成	杨 敏
杨振之	郑向敏	郑耀星	赵 丽
赵 毅	罗兹柏	罗有贤	修月桢
高 峻	徐启明	曹华盛	韩玉灵
魏 卫			

丛 书 序

进入21世纪以来，随着中国社会经济的飞跃发展，综合国力的不断增强，国民生活水平的显著提高，中国旅游业迅速发展起来，并且保持着持续发展的活力。根据世界旅游组织的预测，2020年中国将成为世界第一大旅游目的地国，并成为世界主要旅游客源国之一。在21世纪的起始阶段，中国旅游业的发展将本着"大力发展入境游，积极发展国内游，规范发展出境游"的方针，逐步发展成为出入境旅游并举的旅游客源输出大国和旅游目的地大国。

中国能够快速发展成为全球最主要的旅游市场之一，首先需要大量优秀的专业人才做支撑。旅游产业的发展运行需要管理、策划、营销、服务等多方面和多层次的专业人才体系来支撑，涉及面包括了从旅游资源的规划与开发到旅游产品的策划与设计，从旅游活动的组织创意到旅游线路的营销推介，从旅游企业的管理运营到旅游项目的筹划运作以及到各种旅游服务的实际提供与操作等等；同时，随着现代旅游产业发展呈现出的多元化、国际化趋势，旅游节庆、旅游会展、旅游地产、旅游电子商务等新型旅游产业迅速发展起来，对现代旅游从业人员提出了新的要求，也是对当前旅游管理专业的高等教育提出了新的挑战。

当前，我国旅游管理专业教学建设已有了一定的发展基础，在中国步入"十一五"新的发展时期，中国旅游专业人才的培养需要一套具有新理念、新思维、高水平的精品教材，以培养出一批符合未来中国旅游产业发展需求的合格人才。为此，清华大学出版社策划组织了国内一流旅游院校中的部分院系著名专家教授和学科带头人参与编写了这套能够适应中国旅游业发展需要的高等院校系列教材。本套教材是教育部面向21世纪旅游管理专业教育教学改革工程项目的系列配套教材，由清华大学出版社组织出版。本套教材的宗旨是进一步完善全国旅游管理专业的高等教学体系，总结中国旅游产业发展的理论成果和实践经验，推进中国旅游管理专业的理论发展和学科建设，并希望有助于提高中国现代旅游从业人员的专业素养和理论功底。

在编制本套教材的过程中，我们力求系统地、完整地和准确地介绍旅游管理专业的基本理论和知识，并体现资料全、观点新和体系完整的特色，尽可能地将当前国内外旅游产业发展的前沿理论和热点、焦点问题收纳进来。本套教材既可作为全国高等院校旅游管理专业教育教学的专业教材，也可作为旅游企业专业人才培训的参考用书。本套教材由教育部工商管理教学委员会委员马勇教授和田里教授担任总主编，由华侨大学郑向敏教授、重庆师范大学罗兹柏教授和上海师范大学高峻教授担任副总主编。

本套系列教材将于2006年秋季陆续出版发行，其中刘纯教授的《现代饭店督导管理》、郑向敏教授的《现代饭店经营管理》已评为教育部国家级"十一五"规划教材。在教材的编制过程中，清华大学出版社特别邀请了全国旅游教育界和企业界的知名教授和专家学者进行了严格的审定，借此机会对支持和参与本套教材编、审工作的专家、学者表示衷心的感谢。

欢迎全国旅游高等院校师生和旅游专业人士的选用，并提出宝贵意见，以利于今后本套系列教材的修订与完善。

编委会

2006年7月

第二版前言

本书第一版出版已有四年。四年间受到广大旅游管理专业师生的认可和欢迎，也收到了很多宝贵建议和意见。为方便教学，服务学生，十分必要进行修订。

本书在第一版的基础上，修订的内容有：

第一，根据旅游管理专业的需要，本书定位在初级会计水平。对一些属于中级会计和高级会计的内容做了省略，如债券的溢价和折价发行相关核算、外币核算和融资租赁的核算等。对不常见和有难度的核算内容做了略述，如商誉和持有至到期投资等。力求教材内容简明、系统，侧重阐述会计的基本理论、基本知识和基本核算方法，便于读者学后适应参加全国会计资格证考试。

第二，适时更新，使本书的内容与我国法律法规同步。随着对财政部于 2006 年发布的《企业会计准则》和《会计准则——应用指南》的理解和运用的加深以及相关的法律法规变化，本书及时进行补充完善，如购入固定资产允许抵税等。

第三，优化结构并补充新内容。将资产分为两章，流动资产和非流动资产；增设了收入、费用和利润一章；在第九章增加了景区经营业务核算一节的内容，其中旅行社部分增加了单团核算的内容；复习自测题应增加单选和多选的客观题型。

本书第二版除第九章由李亚利、李朦编写外，其他的章节均由李亚利编写，复习自测题和模拟试题由耿琳琳、路杰共同完成，最后由李亚利总纂定稿。

另外，本书配有电子课件，以适应多媒体教学的需求。下载地址：www.tup.tsinghua.edu.cn。

在本书修订过程中，得到了青岛中青旅国际旅行社财务总监辛春红总监、崂山风景区管理局计财处马强科长、崂山仰口风景区管理处毕可昌科长的大力支持和帮助，本书参考了许多同行的研究成果，在此特向他们表示衷心的感谢和深深的敬意。

由于编写时间仓促和水平所限，书中难免存在缺点、疏漏和不足之处，恳请广大读者提出宝贵的批评和建议，以便改正。

编　者

第一版前言

财政部于 2006 年 2 月 15 日发布了新的《企业会计准则》,又于 2006 年 10 月 30 日发布了《会计准则——应用指南》,并规定两个重要的法规自 2007 年 1 月 1 日起施行。新的《企业会计准则》的发布是中国会计准则建设的重要跨越和重大突破。新会计准则的实施与中国国情相适应,同时又充分与国际会计准则趋同,涵盖各类企业各项经济业务。为了满足广大旅游院校师生对会计教材更新的需要,我们在教育部面向 21 世纪旅游管理专业教育教学改革工程项目教材编写委员会的组织下,编写了这本《旅游会计基础》。

本书主要突出了以下特点:首先,按新的《企业会计准则》规定,对现有旅游会计教材内容,从概念、分类到方法的选用,进行了全面更新,使教学与现行法律法规同步;其次,注重教材基础性功能,力求教材内容简明、系统,阐述会计的基本理论、基本知识和基本核算方法,把握知识点,更适合非会计专业读者使用;最后,紧密结合旅游企业实际,以便更有针对性地把会计学的基本原理应用于饭店和旅行社的财会工作,为此特别聘请业界专家参与本书的编审工作。本书可作为高等学校旅游管理专业的教科书,也可以作为旅游高职教育以及在旅游企事业单位从事旅游经济管理人员的培训教材或参考书。

本书配有电子课件,以适应多媒体教学的需要。下载地址:www.tup.com.cn。

本书共 10 章,分总论、会计核算基础、流动资产核算、主要非流动资产、投资的核算、负债的核算、所有者权益、旅行社经营业务核算、饭店经营业务核算和财务报表编制与分析等内容。为了教学方便,每章开头都有"本章导读"、"关键词"、"知识点",末尾都有"复习自测题"(包括一定量的实训练习),为了让初学者了解会计课的考核方法,书后还附了旅游会计基础模拟试题,并为老师提供参考答案。

各章编写人依次为:李亚利第一章、第九章,潘群第二章,田敏第三章,王春霞第四章,崔燕第五、六、七章,范英杰第八章、第十章和模拟试题及参考答案。最后,由李亚利和范英杰对全部书稿进行了修改、补充和总纂定稿。

青岛海天大酒店高级会计师财务总监张建秋、港中旅国际(山东)旅行社财务总监白文对部分书稿进行了审阅,提出了宝贵的指导意见,并在编写过程中给予了多方面的支持；本书参考了许多同行的研究成果，已在本书参考文献中列出。在此特向他们表示衷心的感谢和深深的敬意。

由于编写时间仓促和水平所限，书中难免存在缺点、疏漏和不足之处，恳请广大读者提出宝贵的批评和建议，以便改正。

编　者

目 录

第一章 总论 1

第一节 会计的发展历程 2
一、会计的萌芽 2
二、会计的产生与发展 2

第二节 会计基本理论 4
一、会计定义 4
二、会计假设 5
三、会计职能 5
四、会计对象 5
五、会计目标 6
六、会计信息质量特征 7
七、会计方法 7
八、会计核算基本程序 9
九、会计基础 11

第三节 会计规范 11
一、会计法律 11
二、会计行政法规 12
三、会计部门规章 12
四、企业内部会计制度 14

第四节 旅游会计工作组织 15
一、会计机构设置 15
二、会计人员 18

复习自测题 19
推荐学习书目 20

第二章 会计核算基础 22

第一节 会计要素与会计等式 23
一、会计要素 23
二、会计等式 27

第二节 会计科目、账户与记账方法 31
一、会计科目 31
二、账户设置 33
三、复式记账法 34
四、借贷记账法的运用 38

第三节 会计循环与会计基础工作 42
一、会计循环 42
二、会计凭证 43
三、会计账簿 51
四、会计核算形式 58
五、会计档案 60

复习自测题 62
推荐学习书目 65

第三章 流动资产 66

第一节 货币资金 67
一、库存现金 67
二、银行存款 68
三、其他货币资金 75

第二节 交易性金融资产 77
一、交易性金融资产的概念 77
二、交易性金融资产的账务处理 77

第三节 应收及预付款项 80
一、应收票据 80
二、应收及预付款项 81
三、其他应收款 82
四、应收款项减值 83

第四节 存货 84
一、存货的确认和初始计量 84
二、存货发出的计价 85
三、存货采购的账务处理 88
四、存货的清查 93
五、存货的期末计量 95

复习自测题 96
推荐学习书目 99

第四章 非流动资产 100

第一节 长期股权投资 101
一、长期股权投资概述 101

二、采用成本法的账务处理 101
　　三、采用权益法的账务处理 103
　　四、长期股权投资减值 105
第二节　固定资产 105
　　一、固定资产概述 105
　　二、固定资产的取得 107
　　三、固定资产折旧 109
　　四、固定资产减值 113
　　五、固定资产后续支出 114
　　六、固定资产处置 115
　　七、固定资产清理 117
第二节　无形资产及其他资产 118
　　一、无形资产 118
　　二、无形资产的核算 119
　　三、其他资产的核算 123
复习自测题 124
推荐学习书目 127

第五章　负债 128

第一节　负债概述 129
　　一、负债的概念及特征 129
　　二、负债的内容及分类 129
第二节　流动负债 129
　　一、短期借款 129
　　二、应付账款 131
　　三、应付票据 132
　　四、应付职工薪酬 133
　　五、应交税费 137
　　六、应付股利 140
　　七、其他应付款 141
第三节　非流动负债 141
　　一、长期借款 141
　　二、应付债券 143
　　三、长期应付款 144
复习自测题 145
推荐学习书目 148

第六章　所有者权益 149

第一节　所有者权益概述 150

　　一、所有者权益的含义 150
　　二、所有者权益与债权人权益的
　　　　区别 150
　　三、所有者权益的构成内容 151
　　四、不同组织形式企业所有者
　　　　权益的特点 151
第二节　实收资本 152
　　一、有限责任公司的实收资本 152
　　二、股份公司的股本 153
　　三、实收资本(或股本)的
　　　　增减变动 154
第三节　资本公积 154
　　一、资本公积概述 154
　　二、资本公积账务处理 154
第四节　留存收益 156
　　一、留存收益的组成及其用途 156
　　二、留存收益的账务处理 157
复习自测题 158
推荐学习书目 161

第七章　收入、费用和利润 162

第一节　收入 163
　　一、收入的核算 163
第二节　费用 165
　　一、费用的概念和特征 165
　　二、费用的主要内容及分类 165
　　三、费用的账务处理 166
第三节　利润 168
　　一、利润的构成 168
　　二、营业外收支 169
　　三、所得税费用 170
　　四、本年利润会计处理 172
复习自测题 174
推荐学习书目 176

第八章　饭店经营业务的核算 177

第一节　饭店经营业务概述 178
　　一、饭店的定义 178
　　二、饭店的功能 178

三、饭店基本经营项目与
　　　　　资产分布 178
第二节　客房部经营业务的核算 179
　　　一、客房产品与核算流程 179
　　　二、客房价格种类及定价方法 181
　　　三、客房主营业务收入的核算 182
　　　四、客房营业成本和费用的核算 .. 184
第三节　餐饮部经营业务的核算 186
　　　一、餐饮部会计核算的特点 186
　　　二、餐饮营业收入的核算 186
　　　三、餐饮主营业务成本的核算 188
第四节　饭店税金的核算 191
　　　一、客房和餐饮收入的营业
　　　　　税金及附加 191
　　　二、娱乐部营业税金及附加 192
复习自测题 192
推荐学习书目 194

第九章　旅行社和旅游景区经营业务核算 195

第一节　旅行社经营业务核算 196
　　　一、旅行社分类 196
　　　二、旅行社定价 196
　　　三、旅行社主营业务收入 197
　　　四、旅行社成本费用 199
　　　五、旅行社营业税及附加 203
第二节　旅游景区经营业务核算 204
　　　一、旅游景区概述 204
　　　二、旅游景区收入 206
　　　三、旅游景区费用 207
　　　四、旅游景区营业税费 208
复习自测题 209
推荐学习书目 210

第十章　财务报告 211

第一节　财务报告概述 212
　　　一、编制财务报告的目的 212
　　　二、财务报告的作用 212
　　　三、财务报告的分类 213
　　　四、财务报告的一般要求 213
第二节　资产负债表的编制 214
　　　一、资产负债表的格式 214
　　　二、资产负债表的编制 216
第三节　利润表的编制 219
　　　一、利润表的格式 219
　　　二、利润表的编制 220
第四节　现金流量表的编制 221
　　　一、现金流量表的格式 221
　　　二、现金流量表的编制 223
第五节　所有者权益变动表的编制 226
　　　一、所有者权益变动表的格式 226
　　　二、所有者权益变动表的编制 228
第六节　财务报告附注 229
　　　一、企业的基本情况 229
　　　二、财务报表的编制基础 229
　　　三、遵循企业会计准则的声明 229
　　　四、重要会计政策和会计估计 230
　　　五、会计政策和会计估计变更
　　　　　以及差错更正的说明 230
　　　六、报告重要项目的说明 230
复习自测题 234
推荐学习书目 235

模拟试题 236

参考文献 242

第一章 总　　论

【本章导读】

本章首先介绍会计产生与发展的过程，力求使初次接触会计的读者能很自然地形成对会计的初步认识，然后再阐述财务会计基本理论和会计规范两大方面的内容，使读者从理论上进一步认识会计，最后将视线落到旅游企业实际的会计工作组织上，通过机构设置、人员配备和职责分工等项内容，从抽象到具体地展示会计的全貌。通过本章学习，学生可以总体了解会计学的基本概念、基本方法和基本内容，为后续的学习奠定基础。

【关键词】

财务会计基本理论　会计定义　会计假设　会计职能　会计对象　会计目标　会计基础　会计信息质量　会计基本程序　会计方法　会计规范　会计准则　会计机构　会计人员

【知识点】

了解会计发展的主要阶段；熟悉财务会计基本理论、会计规范、旅游企业会计工作组织

第一节　会计的发展历程

一、会计的萌芽

会计产生于生产活动，最初表现为人类对生产活动的计量与记录行为，早在远古时期，人们就开始对生产活动进行原始的计量和记录，即在进行生产的同时把生产活动的内容、耗费和产品产量计算并记录下来，进行比较，力求以最少的劳动耗费，取得尽可能多的劳动成果，以保证人们的生存与发展。当时所使用的方法有骨片刻记、刻符记事、绘图记事、结绳记事和书契记事等。《管子·揆度篇》中写道："上古结绳，后易之以书契。"书契的记事方法有三个特点：用文字加以记事，以刻记为主要特征，记录必须有一定规则。当时虽然只是对财物收支进行实物数量的计量和记录，但这种计量和记录已形成了一种原始的会计。

二、会计的产生与发展

1. 古代会计(会计产生～复式簿记产生)[①]

随着生产的发展，计量和记录行为逐渐从生产职能中分离出来，成为独立的职能，由此产生了会计。据记载，早在公元前 3600 年前，埃及人已使用散页账簿记，巴比伦人在卡片上核算，印度与希腊都出现铸币并记录在账簿当中，罗马帝国时代设有专门从事宫廷及寺院财产收付记录的人员。在我国西周时代就出现"会计"一词，据《周礼》记载："职岁，掌邦之赋出。以式官府都鄙之财出赐之教，以待会计而考之。"职岁负责朝廷财物支出事宜及支出账簿的记录工作，考核和监督财物支出活动状况，并与职内、职币所管账籍相互勾考、互相牵制。宋朝时期采用了"四柱清册"的结账方法，运用了"旧管(期初余额)+新收(本期收入)=开除(本期支出)+实在(期末余额)"的平衡等式。古代会计时代是以官厅会计为主，以单式簿记为基本特征的会计。

2. 近代会计(复式簿记产生～20 世纪中叶)

文艺复兴时期，随着工场手工艺业和商品经济的发展，中世纪的教会会计成为欧洲封建社会会计发展的一大支柱，对于人类会计从单式簿记阶段向复式簿记阶段的演变起了重要作用。意大利一名修道士卢卡·帕乔利[②]于 1494 年 11 月 10 日出版《数学大全》一书，其对会计的巨大贡献成为近代会计产生的标志。《数学大全》全书共分五大部分，其中第三卷第九部第十一篇，以《计算与记录要论》为题，系统论述了意大利式借贷复式簿记的理论和方法。与单式账簿相比，复式簿记更科学、更完整、更适应于商品经济

---

① 夏伯忠. 阶梯会计. 北京：企业管理出版社，1996
② 许家林. 西方会计学名著导读. 北京：中国财政经济出版社，2004

发展。到了18世纪末英国工业革命时期，市场迅速发育，贸易急剧扩张，股份公司和银行纷纷建立。产权与经营权的分离，企业规模的扩大以及以查账为职业的审计的出现，使得对会计和审计的研究进入了更高的阶段。1796年爱德华·托马斯·琼斯出版了《琼斯的英式簿记》，把英国会计引上独立发展的轨道。英国会计师理论和实务的发展，对后来全世界会计师职业产生了深远影响。19世纪末西式簿记传入中国，20世纪初已遍布全球。

3. 现代会计(20世纪中叶至今)

一般认为，现代会计是从1939年美国公认会计原则的"会计研究"公报的出现开始的。随着公司的发展，金融市场逐渐形成，会计不断复杂化，随着世界经济的重心从英国转向美国，会计研究的重心也从英国转向了美国。在美国除了出台公认会计准则外，财务会计更趋于系统化和标准化，新会计分支的"管理会计"逐步形成与发展，并从传统的单一会计系统中分离出来。随着信息时代的到来，现代会计与电子计算机及信息技术紧密结合。20世纪末还发展了许多会计新领域，如人力资源会计、通货膨胀会计、现值会计和国际会计等。

4. 会计学

会计学是一门研究会计理论和会计方法体系的经济管理学科。从会计发展历程可以看出，会计实践已有悠久的历史，而会计理论研究只有几百年的历程，直到英国工业革命时期会计学研究才进入较为成熟的阶段。美国著名会计学家埃尔登 S.亨德里克森(Eldon S. Hendrikesen)认为，"理论是指某一探究领域通用观点所构成的一套前后一贯的假设性、概念性和实用性原则。会计理论是一套以原则为形式的逻辑推理。会计理论可以用来说明会计实务，以便更好地理解会计实务。会计理论还用来开拓会计理论，完善会计理论。"一般认为，会计理论是由许多概念或要素组成的，它们相互配合，共同构成会计理论体系，会计理论体系也称作会计理论结构。会计理论一般应包括财务会计理论、管理会计理论和审计理论等内容。传统的会计理论体系包括会计基本理论和会计规范两部分。

会计按其应用的部门又分为企业会计和预算会计两大类。预算会计有财政总预算会计、行政单位会计和事业单位会计。企业会计又分为财务会计和管理会计。财务会计是以货币为主要量度，对企业已发生的交易或事项，运用专门的方法进行确认、计量，并以财务会计报告为主要形式，定期向各经济利益相关者提供会计信息的企业外部会计。财务会计又称记账算账报账会计，如工商企业会计、农业企业会计、施工企业会计、房地产企业会计、交通运输企业会计、金融企业会计、旅游企业会计等。管理会计阐明如何结合企业经营管理，综合地利用企业内部会计信息和有关外部信息的基本理论和方法，以求提高经济效益。

旅游企业会计属于财务会计，是企业会计的一个分支，它是对旅游企业资金运动及其结果所进行的核算与监督。

会计基本分类如图1-1所示。

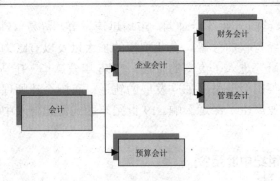

图 1-1　会计基本分类

会计学科按其研究内容划分主要有：基础会计学、中级财务会计学、高级财务会计学、成本会计学、管理会计学和审计学等重要分支学科。基础会计学系统地阐明了会计的基本理论、基本方法和基本技能。中级财务会计阐明了根据会计准则的要求，对企业所发生的基本经济业务以及由此涉及的会计要素——资产、负债、所有者权益、营业收入、费用、利润进行会计确认、计量、记录和报告的原理和方法。高级财务会计是继中级财务会计之后，就财务会计的各种专种难题进行专门阐述、讨论。成本会计阐明了企业产品生产成本核算的基本理论和基本方法，重点介绍产品成本核算对象的确定，各种费用的构成、归集和分配，最终产品成本的形成。管理会计又称决策会计，主要包括各种经营业务的计划和控制，责任会计等。审计学阐明对经济活动的合法性、合规性、合理性以及效益性进行检查监督的基本理论和方法。

本课程是基础会计和中级会计的基本内容与旅游企业经济业务的结合，侧重在基本概念、基本知识、基本方法和基本内容的介绍，核算的对象仅涉及单体企业。

第二节　会计基本理论

美国会计学会(American Accounting Association，AAA)曾经对会计理论作出这样的定义："一套前后一致的假设性、概念性和实用性的原则，是一个旨在探索会计本质的总体性的参考框架"[①]。这个框架结构一般包括：会计定义、会计假设、会计职能、会计对象、会计目标、会计信息质量特征、会计方法、会计基本程序和会计基础等内容。

一、会计定义

会计是经济管理的重要组成部分，它是以货币为主要量度，运用专门方法和技术手段，对一个单位的资金运动过程及其结果连续、系统、全面地进行核算和监督，旨在提供经济信息的一项管理工作。其含义从不同角度可以表述为，会计是一种经济管理活动，会计是一种计量技术，会计是一种经济信息系统。其特征有四：会计以货币为主要计量

---

① 孙铮. 财务会计. 上海：上海财经大学出版社，2006

尺度；企业资金运动是会计核算和监督的主要内容；连续性、系统性、全面性和综合性是会计的主要特点；以真实、合法的原始凭证为据记录经济活动过程。

二、会计假设

会计假设是企业会计确认、计量和报告的前提，是对会计核算所处时间、空间环境等所作的合理设定。美国会计理论界认为会计假设应该是会计理论的最高层次，能够指导会计原则的制定，并且对会计实务有相应的影响。基本准则规定，我国企业会计基本假设包括会计主体、持续经营、会计分期和货币计量。会计主体是指企业会计确认、计量和报告的空间范围，企业应当对其本身发生的交易或者事项进行会计处理；持续经营是指在可以预见的将来，企业将会按当前的规模和状态继续经营下去，不会停业，也不会大规模削减业务，在这一假设下，会计确认、计量和报告应当以企业持续、正常的生产经营活动为前提；会计分期是指将一个企业持续经营的生产经营活动划分为一个个连续的、长短相同的期间，通过按期编报财务报告，及时向财务报告使用者提供有关企业财务状况、经营成果和现金流量的信息；货币计量是指会计主体在财务会计确认、计量和报告时以货币计量，反映会计主体的各项生产经营活动。

三、会计职能

会计的职能，是指会计在企业经济管理中所具有的功能。核算职能和监督职能是会计的两个基本职能。会计核算职能又称作反映职能，是将企业发生的大量交易或者事项，进行确认、计量、记录、计算、整理、汇总，提供系统、完整、综合的数据、信息和资料，从而反映企业资金运动过程及其结果。会计监督是指会计人员通过自身的工作对企业资金运动过程实行会计监督，使企业严格遵守国家制定的各项财经政策、法律和制度，并对各项经济业务的真实性、合理性和合法性进行审核。会计核算和会计监督两项职能关系密切，二者相辅相成，两个基本职能体现了会计的本质特征。

四、会计对象

会计对象是指会计核算和监督的内容，又称会计内容。概括地说，会计的对象是企业的资金运动。随着人们物质生活水平的提高，旅游逐渐地进入了人们的生活。人们离开家乡到其他地方参观游览，到了外地，每个旅游者所必不可少的食、住、行都由当地提供，这样为旅游者提供多种服务的旅游企业就应运而生了。旅游企业包括旅行社、饭店、游乐场、旅游景点、歌舞厅、照相馆等。会计对象就是旅游企业经营资金运动，它包括旅游企业的资金投入、资金运用和资金退出。旅游企业经营资金运动过程如图 1-2 所示。

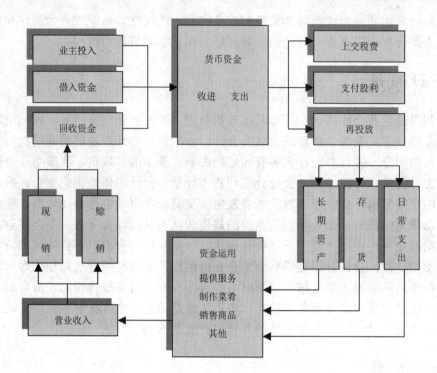

图 1-2　旅游企业经营资金运动过程

在旅游企业经营活动中,最初是投资人对某个旅游项目(如饭店)投入资金,随后根据实际需要和可能再借入部分资金,将这些资金投放在固定资产(房屋、设备、车辆等)和各种存货(原材料、商品等)上作为经营的条件。经营者在所经营的项目上使用这些固定资产并耗用存货,还要以货币形式支付经营中发生的各项费用,将投入的资金加以运用。在提供各项客房服务、制作菜肴、销售商品和其他服务项目之后,向顾客取得营业收入,直接收取现金或支票的称作现销,待日后结账的称作赊销。收回资金之后,要对取得的收入进行分配,首先以成本和费用为尺度补偿已投放的资金,用于再行投放经营,其次将剩下的部分按照国家税法缴纳税费,最后依照董事会决议留存或在投资者之间进行利润分配等。

五、会计目标

会计目标是指会计的目的或宗旨,是会计人员在一定期间和条件下,从事会计实践活动所追求和希望达到的预期结果。在明确了会计概念、职能和会计对象之后,有必要进一步明确会计目标,只有会计目标明确,会计信息系统才能设计和顺利进行,会计的专门方法才能恰当运用。会计的目标又可称为财务报告目标,就是向财务报告使用者提供与企业财务状况、经营成果和现金流量等有关的会计信息,反映企业管理层受托责任的履行情况,有助于财务报告使用者作出经济决策。

六、会计信息质量特征

会计信息质量要求是对企业财务报告中所提供会计信息质量的基本要求，是使财务报告中所提供会计信息对使用者决策有用应具备的基本特征，它包括可靠性、相关性、可理解性、可比性、实质重于形式、重要性、谨慎性和及时性等。

可靠性要求企业应当以实际发生的交易或者事项为依据进行确认、计量和报告，如实反映符合确认和计量要求的各项会计要素及其他相关信息，保证会计信息真实可靠、内容完整。

相关性要求企业提供的会计信息应当与财务报告使用者的经济决策需要相关，有助于财务报告使用者对企业过去、现在或者未来的情况作出评价或者预测。相关性是以可靠性为基础的，两者之间并不矛盾，不应将两者对立起来。

可理解性要求企业提供的会计信息应当清晰明了，便于财务报告使用者理解和使用。

可比性要求企业提供的会计信息相互可比，对于同一企业不同时期发生的相同或者相似的交易或者事项，应当采用一致的会计政策，不得随意变更；对于不同企业发生相同或者相似的交易或者事项，也采用规定的会计政策，确保会计信息口径一致，以使不同企业按照一致的确认、计量和报告要求提供会计信息。

实质重于形式要求企业按照交易或者事项的经济实质进行会计确认、计量和报告，不应仅以交易或者事项的法律形式为依据。

重要性要求企业提供的会计信息反映与企业财务状况、经营成果和现金流量有关的所有重要交易或者事项。如果会计信息的省略或者错报会影响使用者据此做出经济决策的，该信息就具有重要性。

谨慎性要求企业对交易或者事项进行会计确认、计量和报告时保持应有的谨慎，不应高估资产或者收益、低估负债或者费用。

及时性要求企业对于已经发生的交易或者事项，及时进行确认、计量和报告，不得提前或者延后，从而可以把相关信息及时传递给财务报告使用者，便于其及时使用和决策。

七、会计方法

会计方法，指从事会计工作所使用的各种技术方法，一般包括会计核算方法、会计分析方法和会计检查方法。其中会计核算是会计方法中最基本的方法，此处主要介绍会计核算方法。

会计核算的主要方法如下：设置会计科目与账户，运用复式记账，填制和审核会计凭证，登记会计账簿，成本计算，财产清查和编制会计报表。

1. 设置会计科目与账户

设置会计科目与账户是对会计核算的具体内容进行分类核算和监督的一种专门方法。由于会计对象的具体内容是复杂多样的，要对其进行系统的核算和经常性监督，就必须对经济业务进行科学分类，以便分门别类地、连续地记录，以取得多种不同性质、符合经营管理所需要的信息和指标。

2. 复式记账

复式记账是指对所发生的每项经济业务，以相等的金额，同时在两个或两个以上相互联系的账户中进行登记的一种记账方法。采用复式记账方法，可以全面反映每一笔经济业务的来龙去脉，而且可以防止差错和便于检查账簿记录的正确性和完整性，是一种比较科学的记账方法。

3. 填制和审核会计凭证

会计凭证是记录经济业务，明确经济责任，作为记账依据的书面证明。正确填制和审核会计凭证，是核算和监督经济活动财务收支的基础，是做好会计工作的前提。

4. 登记会计账簿

登记会计账簿简称记账，是以审核无误的会计凭证为依据，在账簿中分类、连续地、完整地记录各项经济单件业务，以便为经济管理提供完整、系统的各项经济业务记录，以便为经济管理提供完整、系统的会计核算资料。账簿记录是重要的会计资料，是进行会计分析、会计检查的重要依据。

5. 成本计算

成本计算是按照一定对象归集和分配生产经营过程中发生的各种费用，以便确定各种对象总成本和单位成本的一种专门方法。产品成本是综合反映企业生产经营活动的一项重要指标。正确地进行产品成本计算，可以考核生产经营过程的费用支出水平，同时又是确定企业盈亏和制定产品价格的基础。并为企业进行经营决策，提供重要数据。

6. 财产清查

财产清查是指通过盘点实物，核对账目，以查明各项财产物资实有数额的一种专门方法。通过财产清查，可以提高会计记录的正确性，保证账实相符。同时，还可以查明各项财产物资的保管和使用情况以及各种结算款项的执行情况，以便对积压或损毁物资和逾期未收到款项，及时地采取措施，进行清理和加强对财产物资的管理。

7. 编制会计报表

编制会计报表是以特定表格形式，定期并总括地反映企业、行政事业单位经济活动情况和结果的一种专门方法。会计报表主要以账簿中的记录为依据，经过一定形式的加工整理而产生一套完整的核算指标，用来考核、分析财务计划和预算执行情况以及用作编制下期财务和预算的重要依据。

会计核算方法如图1-3所示。会计核算的七种方法，虽各有特定的含义和作用，但并不是独立的，而是相互联系，相互依存，彼此制约的。它们构成了一个完整的方法体系。在会计核算中，应正确地运用这些方法。一般在经济业务发生后，按规定的手续填制和审核凭证，并应用复式记账法在有关账簿中进行登记；在规定的期末还要对生产经营过程中发生的费用进行成本计算和财产清查，在账证、账账、账实相符的基础上，根据账簿记录编制会计报表。

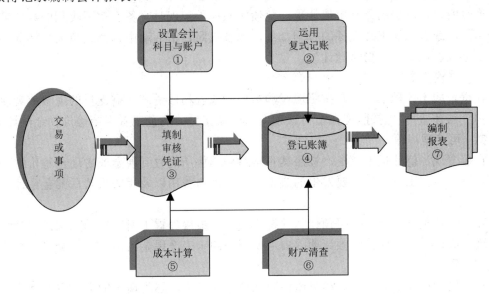

图 1-3　会计核算方法

八、会计核算基本程序

会计核算基本程序是由确认、计量、记录和报告这四个环节组成的。《会计法》第二十五条规定："公司、企业必须根据实际发生的经济业务事项，按照国家统一的会计制度的规定确认、计量和记录资产、负债、所有者权益、收入、费用、成本和利润。"

1. 会计确认

会计确认，又称"会计核算对象的确认"，美国财务会计准则委员会在 1984 年 12 月发布的《企业财务报表项目的确认和计量》中提出："确认是将某一项目，作为一项资产、负债、营业收入、费用等之类正式地记入或列入某一个体财务报表的过程。包括同时用文字或数字描述某一项目，其金额包括在报表总计之中。对于一笔资产或负债，确认不仅要记录该项目的取得或发生，还要记录其后发生的变动，包括从财务报表中予以消除的变动。"会计确认是会计核算的基础，是会计核算诸多环节中最重要的一个环节。因为，一个单位所发生的交易或者事项如果定性错了，其后续会计核算环节得出的都会是错误的结论和信息。

2. 会计计量

会计计量，又称"会计核算对象的计量"或"会计要素的计量"，是指入账的会计事项应按什么样的金额予以记录和报告。具体地讲，会计计量是用货币或其他度量单位从数量角度计算、衡量、描述企业各项经济业务发生的过程和结果。企业在将符合确认条件的会计要素登记入账并列报于会计报表及其附注时，应当按照规定的会计计量属性进行计量,确定其金额。会计计量属性主要包括如下内容。

1) 历史成本

在历史成本计量下,资产按照购置时支付的现金或者现金等价物金额,或者按照购置资产时所付出对价的公允价值计量。负债按照因承担现时义务而实际收到的款项或者资产金额,或者承担现时义务的合同金额,或者按照日常活动中为偿还负债预期需要支付的现金或者现金等价物金额计量。

2) 重置成本

在重置成本计量下,资产按照现在购买相同或者相似资产所需支付的现金或者现金等价物金额计量。负债按照现在偿付该项债务所需支付的现金或者现金等价物金额计量。

3) 可变现净值

在可变现净值计量下,资产按照其正常对外销售所能收到现金或者现金等价物金额扣减该资产至完工时估计将要发生的成本、估计销售费用以及相关税费后的金额计量。

4) 现值

在现值计量下,资产按照预计从其持续使用和最终处置中所产生的未来净现金流入量折现金额计量。负债按照预计期限内需要偿还的未来净现金流出量折现金额计量。

5) 公允价值

在公允价值计量下,资产和负债按照在公平交易中,熟悉情况的交易双方自愿进行资产交换或者债务清偿金额计量。

3. 会计记录

会计记录,又称"会计核算对象的记录",是根据确认和计量的结果,按照复式记账要求,在账簿中全面、系统地加以登记。会计记录是会计核算的第三步,这一步是会计确认和计量的具体体现,它反映出每笔经济业务事项是如何入账的。会计记录的目的是按照国家统一的会计制度规定,将经济业务事项具体记录在凭证、账簿等会计资料中。

4. 会计报告

会计报告,又称"会计核算对象的报告",是指根据账簿记录以及其他有关资料,编制财务会计报告,提供有关信息。会计报告是会计核算的最后一步,具体来讲,它是指对已记录的每笔经济业务事项进行归纳汇总,形成书面报告,即会计报告是在会计确认、会计计量、会计记录的基础上,对凭证、账簿等会计资料进一步归纳整理,通过会计报表、会计报表附注和财务情况说明书等方式将财务会计信息提供给会计信息使用者。

会计确认、计量、记录和报告是会计核算的四个基本环节,它们相互独立,又相互联系。其中,会计确认是对经济业务事项进行定性,一般借助于"填制和审核凭证"等方法来完成。会计计量是对经济业务事项进行定量,一般借助于"货币计价"(包括计量属性和计量单位的选择等)、"成本计算"等方法来完成。会计记录主要是解决某项会计事项"如何入账"、"如何登记"的问题,一般借助于"设置会计科目和账户"、"复式记账"、"登记账簿"等方法来完成。会计报告主要是解决某项会计事项"是否列表"、"怎样列表"的问题,一般借助于"财产清查"、"期末计价"、"编制会计报表"等方法来完成。

九、会计基础

会计基础，又称会计记账基础或会计核算基础，它是将经济业务或会计事项确认计入会计信息系统的标准。在会计主体的经济活动中，经济业务的发生和货币的收支不是完全一致的，即存在着现金流动与经济活动的分离。由此而产生两个确认和记录会计要素的标准，一个标准是根据货币收支是否完成作为收入确认、费用确认和记录的依据，称为收付实现制；另一个标准是以取得收款权利、付款责任作为记录收入或费用的依据，称为权责发生制。

收付实现制是以款项的实际收付为标准来处理经济业务，确定本期收入和费用，计算本期盈亏的会计处理基础。在现金收付的基础上，凡在本期实际以现款付出的费用，不论其应否在本期收入中获得补偿，均应作为本期应计费用处理；凡在本期实际收到的现款收入，不论其是否属于本期，均应作为本期应计的收入处理；反之，凡本期还没有以现款收到的收入和没有用现款支付的费用，即使它归属于本期，也不作为本期的收入和费用处理。在现金收付基础上，会计在处理经济业务时不考虑预收收入、预付费用以及应计收入和应计费用的问题，会计期末也不需要进行账项调整，因为实际收到的款项和付出的款项均已登记入账，所以可以根据账簿记录来直接确定本期的收入和费用，并加以对比以确定本期盈亏。

权责发生制指凡是在本期内已经收到和已经发生或应当负担的一切费用，不论其款项是否收到或付出，都作为本期的收入和费用处理；反之，凡不属于本期的收入和费用，即使款项在本期收到或付出，也不应作为本期的收入和费用处理。权责发生制是依据持续经营和会计分期两个基本前提来正确划分不同会计期间资产、负债、收入、费用等会计要素的归属。并运用一些诸如应收、应付、预提、待摊等项目来记录由此形成的资产和负债等会计要素。企业经营行为不是一次而是多次，而其损益的记录又要分期进行，每期的损益计算理应反映所有属于本期的真实经营业绩，收付实现制显然不能完全做到这一点。因此，权责发生制能更加准确地反映特定会计期间实际的财务状况和经营业绩。

目前，我国行政单位会计主要采用收付实现制，事业单位会计除经营业务可以采用权责发生制以外，其他大部分采用收付实现制。我国企业均采用权责发生制。

第三节 会计规范

会计规范就是会计实践活动中应当遵循的法律法规、规章和制度或惯例。我国现行会计规范体系包括四个层次，即会计法律、会计行政法规、会计部门规章、企业内部会计制度。

一、会计法律

会计法律是指由全国人民代表大会及其常委会经过一定立法程序制定的有关会计

工作的法律。在我国会计领域只有《中华人民共和国会计法》属于国家法律的层次。为了规范会计行为，发挥会计职能作用，1985年1月21日，第六届全国人民代表大会常务委员会第九次会议通过《中华人民共和国会计法》(简称《会计法》)，自1985年5月1日起施行。该法共六章三十一条，是新中国第一部会计法律，标志着我国会计工作进入了社会主义法制化的新时期。

为了适应发展社会主义市场经济需要，1993年12月29日，第八届全国人民代表大会常务委员会第五次会议通过《关于修改〈中华人民共和国会计法〉的决定》，自公布之日起施行。修改后的会计法共六章三十条，这是首次对会计法作出修改，修改的主要内容：①确立会计工作在发展社会主义市场经济中的地位和作用；②扩大会计法的适应范围；③突出单位领导人的责任；④完善有关会计制度。为了进一步规范会计行为，提高会计信息质量，1999年10月31日，第九届全国人民代表大会常务委员会第十二次会议通过《关于修改〈中华人民共和国会计法〉的决定》，再次对会计法进行修订，自2000年7月1日起施行。修订的主要内容：①突出规范会计行为，保证会计资料真实、完整的立法宗旨；②突出强调单位负责人对本单位会计工作和会计资料真实性、完整性的责任；③进一步完善了会计核算规则；④对公司、企业会计核算作出了特别规定；⑤进一步加强会计监督；⑥要求国有的和国有资产占控股地位或者主导地位的大、中型企业必须设置总会计师；⑦对会计从业资格管理作出了规定，要求从事会计工作的人员必须取得会计从业资格证书；⑧加大了对违法会计行为的处罚力度。修订后的会计法共七章五十二条，包括总则，会计核算，公司、企业会计核算的特别规定，会计监督，会计机构和会计人员，法律责任，附则等内容。

二、会计行政法规

会计行政法规是指由国务院制定并发布，或者国务院有关部门拟订并经国务院批准发布，调整经济生活中某些方面会计关系的法律规范。如国务院发布的《企业财务会计报告条例》等。

《企业财务会计报告条例》是为了规范企业会计报告，保证财务会计报告的真实、完整，根据《中华人民共和国会计法》制定，中华人民共和国国务院令第287号公布的，自2001年1月1日起施行。《企业财务会计报告条例》的发布和实施，是为了严格财务会计报告编报工作的监督，杜绝财务会计报告中的造假行为。《企业财务会计报告条例》内容共分六章四十六条，包括总则，财务会计报告的构成，财务会计报告的编制，财务会计报告的对外提供，法律责任，附则等内容。

三、会计部门规章

会计部门规章是指国务院财政部门根据《会计法》制定的关于会计核算、会计监督、会计机构和会计人员以及会计工作管理的制度，包括规章和规范性文件。会计规章是根据《立法法》规定的程序，由财政部制定，并由部门首长签署命令予以公布的制度办法，如《财政部门实施会计监督办法》。会计规范性文件是指主管全国会计工作的行政部门即国务院财政部门制定并发布的《企业会计准则》、《会计基础工作规范》、《会计从业资格管理办法》，以及财政部与国家档案局联合发布的《会计档案管理办法》等。

1. 财政部门实施会计监督办法

《财政部门实施会计监督办法》是为规范财政部门会计监督工作，保障财政部门有效实施会计监督，保护公民法人和其他组织的合法权益，根据《会计法》、《中华人民共和国行政处罚法》(以下简称《行政处罚法》)、《企业财务会计报告条例》等有关法律、行政法规规定制定的办法。2001年2月20日以财政部第10号令形式发布，国务院财政部门及其派出机构和县级以上地方各级人民政府财政部门对国家机关、社会团体、公司、企业、事业单位和其他组织执行《会计法》和国家统一的会计行为实施制度的监督检查以及对违法会计行为实施行政处罚的，适用本办法。财政部门在会计监督检查中实施行政处罚的种类有警告、罚款、吊销会计从业资格证书。《行政处罚法》内容共分五章六十五条，包括总则、会计监督检查的内容、形式和程序，处理、处罚的种类和适用，行政处罚程序，附则等内容。为了规范企业会计确认、计量和报告行为，保证会计信息质量，根据《中华人民共和国会计法》和其他有关法律、行政法规，制定本准则。

2. 企业会计准则

《企业会计准则》是为了规范企业会计确认、计量和报告行为，保证会计信息质量，根据《中华人民共和国会计法》和其他有关法律、行政法规，制定的准则。中国企业会计准则体系，由基本准则、具体准则和应用指南三个部分构成。《企业会计准则》适用于在中华人民共和国境内设立的企业(包括公司)，企业会计准则包括基本准则一项和具体准则三十八项，具体准则的制定应当遵循基本准则。

1) 基本准则

基本准则是整个准则体系的基础，对具体准则的制定提供原则指导。基本准则是纲，在整个准则体系中起统驭作用；主要规范会计目标、会计基本假设、会计信息质量要求、会计要素的确认和计量原则等；《企业会计准则》于2006年2月15日发布，2007年1月1日实施，内容共分十一章五十条，包括总则、会计信息质量要求、资产、负债、所有者权益、收入、费用、利润、会计计量、财务会计报告、附则等内容。

2) 具体准则

具体准则依据基本准则原则要求对有关业务或报告作出具体规定，包括第1号存货，第2号长期股权投资，第3号投资性房地产，第4号固定资产，第5号生物资产，第6号无形资产，第7号非货币性资产交换，第8号资产减值，第9号职工薪酬，第10号企业年金基金，第11号股份支付，第12号债务重组，第13号或有事项，第14号收入，第15号建造合同，第16号政府补助，第17号借款费用，第18号所得税，第19号外币折算，第20号企业合并，第21号租赁，第22号金融工具确认和计量，第23号金融资产转移，第24号套期保值，第25号原保险合同，第26号再保险合同，第27号石油天然气开采，第28号会计政策、会计估计变更和差错更正，第29号资产负债表日后事项，第30号财务报表列报，第31号现金流量表，第32号中期财务报告，第33号合并财务报表，第34号每股收益，第35号分部报告，第36号关联方披露，第37号金融工具列报,第 38 号首次执行企业会计准则。38 项具体准则适用于许多行业,旅游行业只适用第 1、2、4、6、8、9、12、13、14、17、18、19、28、29、30、31、32、34、35、36、38 号等具体准则。

3) 应用指南

《企业会计准则——应用指南》是对具体准则的操作指引。应用指南以企业会计准则为基础,对各项准则的重点、难点和关键点进行具体解释和说明,着眼于增强准则的可操作性,有助于完整、准确地理解和掌握新准则。具体内容包括对三十八项具体准则的进一步阐释,以及对会计科目和主要账务处理作出的操作性规定。应用指南的发布标志着我国企业会计准则体系的构建工作已基本完成。

3. 会计基础工作规范

《会计基础工作规范》是为了加强会计基础工作,建立规范的会计工作秩序,提高会计工作水平,根据《中华人民共和国会计法》的有关规定制定的一项法律规范。要求国家机关、社会团体、企业、事业单位、个体工商户和其他组织的会计基础工作,符合本规范的规定。《会计基础工作规范》内容共分六章一百零一条,包括总则、会计机构设置和会计人员配备、会计人员职业道德、会计工作交接、会计核算一般要求、填制会计凭证、登记会计账簿、编制财务报告、会计监督、内部会计管理制度、附则等具体内容,已于 1996 年 6 月 17 日财政部财会字 19 号文件发布并实施。

4. 会计从业资格管理办法

《会计从业资格管理办法》是为了规范会计从业资格管理,根据《中华人民共和国会计法》的有关规定制定。规定在国家机关、社会团体、企业、公司、事业单位和其他组织从事会计工作的人员,必须取得会计从业资格,持有会计从业资格证书。不具备会计从业资格的人员,不得参加会计专业技术资格考试或者评审、会计专业职务的聘任、申请取得会计人员荣誉证书。各单位不得任用不具备会计从业资格的人员从事会计工作。《会计从业资格管理办法》内容共分六章二十七条,包括总则、会计从业资格的管理部门、会计从业资格的取得、会计从业资格证书的注册登记和年检、罚则和附则。

5. 会计档案管理办法

《会计档案管理办法》是为了加强会计档案管理,统一会计档案管理制度,更好地为发展社会主义市场经济服务,根据《中华人民共和国会计法》和《中华人民共和国档案法》的规定制定的法。规定国家机关、社会团体、企业、事业单位、按规定应当建账的个体工商户和其他组织,应当依照本办法管理会计档案。会计档案的保管期限分为永久、定期两类。定期保管期限分为 3 年、5 年、10 年、15 年、25 年 5 类。

四、企业内部会计制度

企业内部会计制度是会计规范体系的重要组成部分,对企业落实国家法律法规,加强企业内部会计管理起着至关重要的作用。旅游企业应根据《会计法》、《企业会计准则》和《企业会计准则——应用指南》对企业会计工作的原则、基本方法和程序作出规定，体现了企业具有一定的理财自主权和会计核算选择权，使企业会计工作更好地为企业经营管理活动提供制度保证。企业应结合本企业的实际情况，对企业内部会计核算制度进行充实和细分。内容主要包括建立内部会计管理体系、建立会计人员岗位责任制度、建立内部牵制制度、建立财务收支审批制度、建立会计电算化内部管理制度、建立财务会计分析制度等。

第四节　旅游会计工作组织

会计工作的组织一般包括设置会计机构，配备会计人员，并按照规定的会计规范进行工作。科学地组织会计工作，有利于使会计工作同其他经营管理工作协调有序，有利于保证会计手续制度和会计账务处理程序严密正确地进行，也可以使会计工作有专人负责，并划清单位内部各部门的经济责任。会计工作的组织形式分集中核算和非集中核算两种。集中核算是指整个企业的会计工作全部集中在会计部门进行核算，非集中核算是指企业内部各部门对其本身发生的经济业务进行较全面的核算。

一、会计机构设置

会计机构是单位内部组织领导和直接从事会计工作的职能部门。由于会计工作同财务工作的关系密切，一般合并设置在一个机构中办理会计和财务工作，又称为财务机构。会计法第三十六条规定："各单位应当根据会计业务的需要，设置会计机构，或者在有关机构中设置会计人员并指定会计主管人员。"具体地讲，凡实行独立核算的旅游企业都必须单独设置会计机构，配备相应的会计人员，会计业务不多的小型单位经有关部门批准后，虽可以不单独设置会计机构，但必须配备专职的会计人员，或者委托经批准设立从事会计代理记账业务的中介机构代理记账。

会计机构设置和人员配备，因企业业务性质不同、企业规模不同而有所不同。各单位应当根据会计业务需要设置会计工作岗位。会计工作岗位一般可分为：会计机构负责人或者会计主管人员、出纳、财产物资核算、工资核算、成本费用核算、财务成果核算、资金核算、往来结算、总账报表、稽核和档案管理等。开展会计电算化和管理会计的单位，可以根据需要设置相应工作岗位，也可以与其他工作岗位相结合。会计工作岗位可以一人一岗、一人多岗或者一岗多人。但出纳人员不得兼管稽核、会计档案保管和收入、费用、债权债务账目的登记工作。为了使会计工作有秩序地进行，在会计机构内部要建立岗位责任制，明确规定会计人员的职责、权限和工作范围。会计机构内部应当建立稽核制度。下面就饭店、旅行社和景区为例分别介绍会计机构设置。

1. 饭店会计机构设置

饭店会计机构基本构成如图 1-4 所示。

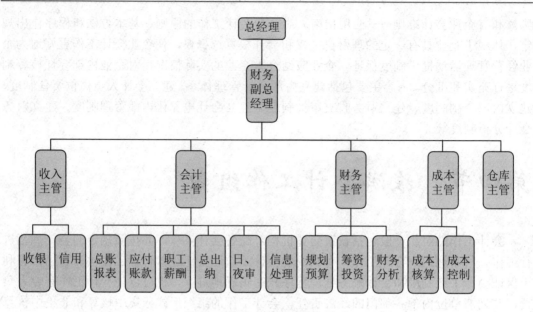

图 1-4 饭店会计机构基本构成

财务副总经理负责对饭店财务工作进行全面的监督，对总经理负责，也有的对董事会负责，具体负责收入、财务、会计、成本和仓库的全面工作，处理所属部门的日常业务，参加总经理召开的总监级和部门经理例会、业务协调会议，贯彻执行总经理下达的各项工作任务。负责制定本部门的工作计划，进行工作安排，加强与其他部、室横向联系；负责组织全饭店的经济核算工作，组织编制和审核会计、统计报表，并向上级有关部门报告工作，及时组织编制财务预算和决算；以身作则，严格执行国家、饭店的有关政策、法令、规章制度，对本部门的工作质量和服务质量负全面责任；对本部门所负责的工作有指挥、考核权；负责制定本部门各级人员的职责与权限。

收入主管负责饭店营业收入的核算工作，应收账款的催收工作，清点、汇总各收银点的收入。收入主管在财务总监的领导下，全面负责收入组的日常管理，支持、督导饭店各收银员严格执行饭店规章制度及有关服务规范，做好营业收入的准确、及时回收工作；负责饭店各项收入的总核、各个环节的衔接、应收账款的考核分析工作，确保及时、准确、完整地反映饭店各项收入，督导应收账款及时回收、加速资金周转；综合审查夜审移交的各种单据、报表；负责各类票据的发出、使用和回收控制；组织并负责饭店营业收入的审核和统计工作，监督、指导和规范饭店各收银点的收银工作，保证饭店营业收入的真实、正确和完整，提供有关饭店各项收入的可靠资料和信息。

会计主管负责财务管理信息系统的日常维护工作，编制会计报表，监督物资核算，应付账款核算，职工薪酬核算，现金及银行出纳工作。会计主管在财务总监的领导下，负责抓好会计核算工作。经常督促检查会计业务的完成情况，保证及时提供准确的会计信息；负责计算机信息系统的日常维护工作；日、夜审工作；认真把关、仔细审核记账凭证，核销各部门的差旅费及其他费用；负责保管各种应付账款的账册、记录和原始单据，办理支付手续；负责计算和发放员工的各种薪金、津贴，办理分配入账工作；负责酒店财产物资的核算和现金以及银行存款的核算；依据财经法规，进行工资分配并计提各项工资性费用，正确计提固定资产折旧、摊销费用，核算财务成果。固定资产、低值易耗品的增减变动，按规定办理固定资产、低值易耗品的增加、报废手续；做到账、卡、物三者相符。核算总类账户并检查核对各明细账，编制各种会计报表和经营情况统计报表；整理会计档案。

财务主管负责饭店规划预算、筹资投资和财务分析等工作。财务主管在财务总监的领导下，负责编制酒店预算包括收入计划、支出计划及利润计划；对财务报告进行分析，检查经营计划的执行情况及原因，参与饭店的经营决策。根据饭店经营和战略决策需要，进行资金融通和资本运作，以及投资决策分析等工作。

成本主管主要负责酒店各项成本费用的核算与控制工作。成本主管在财务总监的领导下，负责对食品、酒水和其他物品的成本进行详细核算、分析与控制，及时参与存货盘点或抽查，以及各单项费用的核算与控制等；定期与有关账目进行核对。

仓库主管主要负责仓库的存货收、发、存的工作。仓库主管在财务总监的领导下，负责酒店食品材料、物料用品等材料的收、发、保管工作；掌握和了解市场物价变动情况；做好各部门的协调工作。做好仓储的筹划调度工作，负责中心仓库的物资收发工作。

大型饭店会计机构设置可在上述分工基础上分设岗位，区分职责。小型饭店可以将岗位和职责合并，但最少也要保留一位会计和一位出纳。

2. 旅行社会计机构设置

旅行社会计机构基本构成如图1-5所示。

财务副总经理：负责对旅行社财务工作进行全面的管理和监督，对总经理负责。参加董事会会议，参与表决和决策。列席经营班子会议，并提出财务管理和财务运作方面的意见和建议；参与制订企业财务管理方面的规章制度，监督检查企业财务运作和资金收支情况；拟定企业的年度财务预、决算方案；监督检查企业年度财务计划的实施；参与决定企业银行账户的开立，并有否决权等。

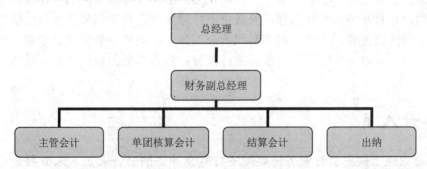

图1-5　旅行社会计机构基本构成

主管会计：主要负责旅行社企业的总账报表和收入稽核工作。

单团核算会计：由于旅行社行业的工作性质，大量的组团和接团工作业务复杂，所以很多的旅行社设立独立的会计人员进行详细核算。

结算会计：旅行社常常会与其他地区接团社之间发生大量的往来结算，以及与其他旅游企业之间，如旅游饭店、餐饮、旅游交通以及旅游景区等部门产生往来业务，结算会计主要负责这部分款项的核算和管理。

出纳：主要负责旅行社日常现金、银行收付业务等核算工作。

3. 景区会计机构设置

景区会计机构基本构成如图 1-6 所示。

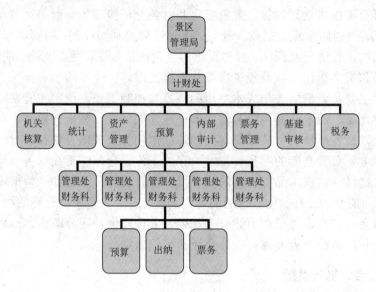

图 1-6　景区会计机构基本构成

景区管理局设计财处，所属管理处设财务科，实行二级核算。计财处职责分工如下：负责国家有关财经法律法规的贯彻执行；负责制定财务规章制度；负责编制年度预决算，并保证其实施；负责机关日常会计核算；负责对所属事业单位财务报表进行审核、汇总、分析；办理与各金融机构的信贷业务；负责行政经费的核拨，并对使用情况进行监督；负责会计业务指导培训工作；负责计算缴纳税金；组织指导风景区的计划统计工作；负责风景区建设项目和内部审计工作；负责资产管理工作；负责所属拨款单位的集中采购工作；负责景区票务管理工作。财务科职责分工如下：负责本处预决算编制；负责本处日常会计核算，并对下拨经费使用情况进行监督；负责本处的出纳工作；负责本处票务管理工作。

二、会计人员

旅游企业应当根据会计业务需要配备持有会计证的会计人员。未取得会计证的人员，不得从事会计工作。会计人员是指从事会计工作的专职人员，应当具备必要的专业知识和专业技能，熟悉国家有关法律、法规，规章和国家统一会计制度，遵守职业道德。会计人员按职务可分为财务总监或财务副总经理、会计主管、会计员等；按工作性质可分为总账会计、资金会计、成本会计、往来结算会计、职工薪金会计、存货会计、记账员、出纳员等；按专业技术职务划分，分为高级会计师、会计师、会计员等。

《会计法》第三十九条规定：会计人员应当遵守职业道德。职业道德是人们在职业生活中形成和发展的具有较为稳定的习惯和心理特点。会计人员的职业道德是指会计人员在工作中正确处理人与人和人与社会关系的行为规范。会计人员的职业道德应包括：敬业爱岗，即会计人员应当热爱本职工作，努力钻研业务，使自己的知识和技能适应所从事工作的要求。熟悉法规，即会计人员应当熟悉财经法律、法规和国家统一的会计准则和制度，并结合会计工作进行广泛宣传。依法办事，即会计人员应当按照会计法律、法规、规章规定的程序和要求进行工作，保证所提供的会计信息合法、真实、准确，及时和完整。客观公正，即会计人员办理会计事务应当实事求是，客观公正。搞好服务，即会计人员应当熟悉本单位的生产经营和业务管理情况，运用所掌握的会计信息和会计方法，为改善单位内部管理，提高经济效益服务。

复习自测题

一、单项选择

1. 会计的基本职能是( )。
   - A. 核算与监督
   - B. 分析与考核
   - C. 预测与决策
   - D. 反映与控制
2. 会计主体是( )。
   - A. 总公司
   - B. 法律主体
   - C. 企业法人
   - D. 对其进行独立核算的特定单位或组织
3. 财政总预算会计属于( )。
   - A. 预算会计
   - B. 企业会计
   - C. 管理会计
   - D. 事业企业会计
4. 会计核算和会计监督主要是通过( )来进行的。
   - A. 数量指标
   - B. 价值量指标
   - C. 实物指标
   - D. 劳动量指标
5. 划分企业各会计期间收入和费用的会计基础是( )。
   - A. 权责发生制
   - B. 收入与费用配比
   - C. 历史成本计量
   - D. 收付实现制
6. 会计对象是企事业单位的( )。
   - A. 财产物资
   - B. 经济资源
   - C. 价值运动
   - D. 劳动耗费
7. 下列工作中，出纳人员可以兼任的是( )。
   - A. 会计档案保管员
   - B. 财产清查

C. 收入账目的等级工作　　　　D. 稽核

二、多项选择

1. 会计核算的基本程序包括(　　)。
   A. 会计记录　　　　B. 会计计量　　　　C. 会计确认
   D. 会计报告　　　　E 会计审计
2. 下列各项中，属于会计核算的基本前提的有(　　)。
   A. 会计主体　　　　B. 持续经营　　　　C. 会计分期
   D. 货币计量　　　　E. 法律主体
3. 下列属于会计核算的方法的有(　　)。
   A. 填制和审核凭证　　B. 登记会计账簿　　C. 编制会计报表
   D. 编制财务预算　　　E. 编制银行存款余额调节表
4. 会计档案的保管期限分为(　　)。
   A. 年度　　　　　　B. 半年
   C. 永久　　　　　　D. 定期
5. 会计计量的属性包括(　　)。
   A. 历史成本　　　　B. 重置成本　　　　C. 可变现净值
   D. 现值　　　　　　E. 公允价值
6. 我国现行会计规范体系包括(　　)个层次。
   A. 会计法律　　　　B. 会计行政法规
   C. 会计部门规章　　D. 企业内部会计制度
7. 会计人员的职业道德包括(　　)。
   A. 爱岗敬业　　　　B. 熟悉法规　　　　C. 公平合理
   D. 依法办事　　　　E. 做好服务

三、问答

(1) 什么是会计？什么是旅游会计？
(2) 试述会计的基本职能。
(3) 什么是会计的基本理论？有哪些内容？
(4) 什么是会计规范？有哪些内容？
(5) 会计信息质量要求有哪些？
(6) 旅游企业的会计机构应怎样设置？
(7) 会计人员应具备哪些条件？

推荐学习书目

1. 中华人民共和国财政部. 企业会计准则(2006). 北京：经济科学出版社，2006
2. 中华人民共和国财政部. 企业会计准则——应用指南. 北京：中国财政经济出版社，2006

3. 财政部会计资格评价中心. 初级会计实务. 北京：中国财政经济出版社，2010
4. 会计从业资格考试辅导教材编写组. 会计基础. 北京：清华大学出版社，2011
5. 夏伯忠. 阶梯会计. 北京：企业管理出版社，1996
6. 许家林. 西方会计学名著导读. 北京：中国财政经济出版社，2004
7. 孙铮. 财务会计. 上海：上海财经大学出版社，2006

第二章 会计核算基础

【本章导读】

本章内容重点讲述会计核算基本概念及其内在关系、会计记账方法、会计工作循环。通过本章学习,应对会计信息的生成有一个总体认识。本章内容是以后各章节学习的基础。

【关键词】

会计要素 资产 负债 所有者权益 收入 费用 利润 会计等式 会计科目 账户 复式记账法 借贷记账法 记账规则 试算平衡 会计分录 会计循环 会计凭证 原始凭证 记账凭证 账簿 日记账 分类账 平行登记 对账 结账 会计核算形式

【知识点】

理解会计基本概念,熟悉会计等式的意义,掌握账户设置和复式记账方法,了解会计工作循环的内容和会计基础工作的要求。

第一节 会计要素与会计等式

一、会计要素

会计要素是对会计对象按经济性质和特征所作的分类。在第一章中已指出,企业会计对象是企业的资金运动,具体表现为可以用货币反映的各种经济业务。在一定时期内企业发生的经济业务多种多样,每一项经济业务都对企业产生财务影响,只有按不同性质和特征对这些经济业务的财务影响加以适当分类,会计才可以连续、系统和综合地反映企业的资金运动,从而提供有用的会计信息。我国企业会计准则中将会计要素确定为六大要素。它们是:资产、负债、所有者权益、收入、费用、利润。其中,资产、负债、所有者权益被称为财务状况要素,而收入、费用、利润被称为经营成果要素。

1. 财务状况要素

企业的资金运动客观上具有运动和静止的双重性。在某一时点上企业的资金状况称为财务状况。财务状况要素即静态的会计要素,包括资产、负债和所有者权益。在任何时点上,企业的财务状况都是这一时点之前全部经济业务影响的结果。会计通过揭示某一时点上企业的财务状况反映这些经济业务的影响。

1) 资产

2006年《企业会计准则——基本准则》规定:"资产是指企业过去的交易或者事项形成的、由企业拥有或者控制的、预期会给企业带来经济利益的资源。"同时规定符合资产定义的资源,被确认为资产应同时满足以下条件:第一,与该资源有关的经济利益很可能流入企业;第二,该资源的成本或者价值能够可靠地计量。

资产从形态上看,有的是有形的,如材料、商品、房屋等;有的是无形的,如应收账款、专利权、商标权等。不同的资产有不同的用途。有的用于生产经营消耗,有的用于出售,有的用于对外投资等。资产的本质具有直接或间接为企业带来现金或现金等价物流入的潜力。

在资产负债表上,资产按照变现或耗用的能力和速度,即流动性不同,划分为流动资产和非流动资产两大类。

(1) 流动资产。流动资产是指可以在一个正常营业周期内变现或耗用的资产。一个正常营业周期是指企业从购买用于加工的资产起至收回现金或现金等价物所需要的期间。正常营业周期通常短于一年,在一年内有几个营业周期。但是,也存在正常营业周期长于一年的情况,如房地产开发企业开发用于出售的房地产开发产品、造船企业制造用于对外出售的大型船只等往往超过一年才变现、出售或耗用,但仍应划分为流动资产。正常营业周期不能确定时,应当以一年(12个月)作为划分流动资产与非流动资产的标准。

流动资产主要内容包括货币资金、交易性金融资产、应收票据、应收账款、预付账款、其他应收款、存货、待摊费用等。

(2) 非流动资产。指流动资产以外的资产。主要内容包括可供出售的金融资产、持有至到期投资、长期应收款、长期股权投资、固定资产、无形资产、长期待摊费用等。

会计上的资产应当具有可计量性。理论上，资产应按照未来流入现金或现金等价物的现值计量。我国2006年《企业会计准则——基本准则》规定："企业在对资产进行计量时，一般应当采用历史成本。采用重置成本、可变现净值、现值、公允价值计量的，应当保证资产的价值能够可靠计量。"

2) 负债

2006年《企业会计准则——基本准则》规定："负债是指企业过去的交易或者事项形成的、预期会导致经济利益流出企业的现时义务。"该准则同时规定符合负债定义的义务，在同时满足以下条件时，确认为负债：第一，与该义务有关的经济利益很可能流出企业；第二，未来流出的经济利益的金额能够可靠地计量。

企业承担的负债有的是由已发生的借贷活动引起的，如向银行借款；有的是由已发生的经营活动或经营所得引起的，如应付账款、应付职工薪酬、应交税金、应付股利等。负债的本质是企业依照法律、合同或类似文件担负的强制性义务。相对于负债企业承担的经济责任，债权人对负债企业的资产拥有要求权。负债企业可以采用支付现金、转让其他资产、提供劳务或以其他义务替换该项义务等债权人同意的方式履行义务。由于履行义务会导致经济利益流出企业，因此，负债既是企业承担的现时义务，又是企业资产的来源。负债减少的同时，企业的资产也会减少。

在资产负债表上，各种负债按照偿还期长短分为流动负债和非流动负债两大类。

(1) 流动负债。指应在一年或超过一年的一个营业周期内偿还的债务。主要内容包括短期借款、应付票据、应付账款、预收账款、应付职工薪酬、应交税费、应付股利、其他应付款等。

(2) 非流动负债。指偿还期在一年或一个营业周期以上的债务。主要内容包括长期借款、应付债券、长期应付款、专项应交款等。

理论上负债应按照未来流出的经济利益计量。根据我国2006年《企业会计准则——基本准则》，负债可以按历史成本、现值或公允价值计量，并要求保证负债的金额能够可靠计量。

3) 所有者权益

2006年《企业会计准则——基本准则》规定："所有者权益是指企业资产扣除负债后由所有者享有的剩余权益。"所有者权益是一种剩余权益，这说明所有者对资产的索还权位于债权人之后。所有者权益与负债有着本质的区别。所有者投入企业的资产一般可长期使用，不需按期归还，而负债是企业对内和对外所承担的经济责任，需要企业定期偿还；所有者可以参与企业的利润分配，而债权人无此项权利，只能按照预先约定的条件取得利息收入。

所有者权益是企业资产的主要来源。所有者权益主要产生于所有者投入的资本和留存收益。所有者投入的资本包括企业设立时所有者投入的资本和设立后追加投入的资本；留存收益是指保留在企业的利润。我国2006年《企业会计准则——基本准则》指出，所有者权益的来源包括所有者投入的资本、留存收益以及直接计入所有者权益的利得和损失等。

根据我国 2006 年《企业会计准则第 30 号——财务报表列报》，资产负债表上所有者权益项目分为：实收资本、资本公积、盈余公积和未分配利润。

【例 2.1】 假设某旅游饭店是由王福等人投资设立的有限责任公司。公司于 201×年 3 月成立，当月发生的经济活动如下：①3 月 2 日，王福等股东投入资本 100 万元存入银行企业户头。②3 月 3 日，为支付各种费用需要从银行提取现金 5 万元。③3 月 5 日以银行支票的方式采购一批原材料 16 万元。④3 月 7 日，以支票购置一辆价值 30 万元的货车。⑤3 月 10 日，考虑到经营周转的需要，财务人员向银行申请取得了 50 万元的借款，及时存入了企业户头。

分析 此时该旅游饭店，资产总额为 150 万元，其中，存货 16 万元，固定资产 30 万元，库存现金 5 万元，银行存款 99 万元(100-5-30-16+50)；向银行借的款属于负债，总额为 50 万元；王福等人的投资属于所有者权益，总额为 100 万元。

2. 经营成果要素

不断进行的经营活动是使企业财务状况发生变动的重要原因。企业的经营资金首先被投放在各种经营用物资上，通过经营活动最终收回垫付的资金，并获取利润。无论企业规模大小，对企业经营耗费和经营所得进行会计反映都是十分必要的。对于投资者而言，有助于评价经营者的业绩和预测企业未来的财务状况；对企业经营者而言，有助于提高经营管理水平，增收节支。

经营成果要素又称为动态会计要素，由收入、费用、利润三大要素构成。经营成果要素描述企业在一定时期内进行的经营活动对资产、负债和所有者权益的影响过程，反映企业在一定时期经营所得和经营耗费及其结果。

1) 收入

我国 2006 年《企业会计准则——基本准则》规定："收入是指企业在日常活动中形成的、会导致所有者权益增加的、与所有者投入资本无关的经济利益的总流入。"收入按内容不同有不同的名称，如销售收入、服务收入、利息收入、股利收入、租金收入等。收入是动态会计要素，是对企业日常活动引起经济利益总流入的计量，是衡量经营成果的财务指标。企业取得收入表现为货币资金或其他资产的流入，或负债减少，或两者兼而有之。

我国收入要素定义中的"日常活动"是指企业为完成其经营目标所从事的经常性活动以及与之相关的其他活动。因此，收入又称为营业收入，企业从非经常性、偶然性活动或事件中取得的经济利益不包括在内。

企业的经营业务一般有主次之分，收入按照企业经营业务的主次分类，可以分为主营业务收入和其他业务收入。

2006 年《企业会计准则——基本准则》规定：企业的收入只有在经济利益很可能流入，且经济利益的流入额能够可靠计量时才能予以确认。

2) 费用

我国 2006 年《企业会计准则——基本准则》规定："费用是指企业在日常活动中发生的、会导致所有者权益减少的、与向所有者分配利润无关的经济利益的总流出。"费用是企业为取得收入付出的代价。与收入要素相同，费用也是动态会计要素，是对企业日常活动引起经济利益总流出的计量。企业发生费用表现为货币资金或其他资产的流出，或负债增加，或两者兼而有之。

费用是企业在日常活动中发生的耗费。与收入要素概念相对应，费用要素不包括非经常性、偶然性交易或事项中耗费的经济利益。

为了合理地计量经营成果，2006年《企业会计准则——基本准则》规定：企业为生产产品、提供劳务等发生的可归属于产品成本、劳务成本等费用，应当在确认产品销售收入、劳务收入等时，将已销售产品、已提供劳务的成本等计入当期损益。企业发生支出不产生经济利益的，或者即使能够产生经济利益但不符合或者不再符合资产确认条件的，应当在发生时确认为费用，计入当期损益。如企业支付的行政办公费、销售运费、广告费、营业税金等。企业发生交易或者事项导致其承担了一项负债而又不确认为一项资产的，应当在发生时确认为费用，计入当期损益。如企业向银行短期借款时每月应付的利息费用等。

费用按照经济用途主要可以分为：营业成本、营业税费和期间费用。

营业成本是指为取得营业收入发生可归属于产品或劳务的成本。如已销售产品或劳务的成本。

营业税费是指取得营业收入应负担的营业税、消费税、城市维护建设税、教育费附加费等税金和费用。

期间费用是指企业日常活动发生的不能计入特定对象的成本，而应计入发生当期损益的费用，包括销售费用、管理费用和财务费用。

销售费用是指企业为销售商品发生的各项费用以及专设销售机构发生的各项费用。如销售商品的运费、装卸费、广告费等。

管理费用是指企业行政管理部门为管理企业生产经营活动发生的各项费用。如行政人员的薪酬、办公费用和其他管理费用。

财务费用是指企业为筹集资金发生的各项费用。如利息支出、外币汇兑损失以及有关的手续费等。

2006年《企业会计准则——基本准则》规定：费用只有在经济利益很可能流出从而导致企业资产减少或者负债增加、且经济利益的流出额能够可靠计量时才能予以确认。

3) 利润

我国2006年《企业会计准则——基本准则》规定："利润是企业在一定会计期间的经营成果。利润包括收入减去费用后的净额、直接计入当期利润的利得和损失等。"

根据该准则，利润计量取决于对收入和费用、直接计入当期利润的利得和损失的计量。

利得是指由企业非日常活动所形成的、会导致所有者权益增加的、与所有者投入资本无关的经济利益流入。损失是指由企业非日常活动所发生的、会导致所有者权益减少的、与向所有者分配利润无关的经济利益流出。显然，利得和损失产生于企业边缘性或偶发性的交易或事项，会导致所有者权益变动但与所有者投入资本或者向所有者分配利润无关。

由于不同的利得和损失项目在稳定性、风险性和可预测性上有所不同，因此有必要对它们加以区分，并以谨慎的态度予以反映。一般认为未实现的利得不应计入当期利润以避免将其作为利润分配。我国 2006 年会计准则将利得和损失分为直接计入当期利润的利得和损失和直接计入所有者权益的利得和损失。

直接计入当期利润的利得和损失,是指应当计入当期损益、会导致所有者权益发生增减变动的、与所有者投入资本或者向所有者分配利润无关的利得和损失。如资产减值损失、投资净损益、交易性金融资产公允价值变动净损益、接受捐赠、非流动资产处置利得和损失、非常损失等。按与企业主要的或持续的业务关系区分,直接计入当期利润的利得和损失区分为"营业"和"营业外"两部分。如资产减值损失、投资净损益、交易性金融资产公允价值变动净损益被纳入营业损益范围;而接受捐赠、非流动资产处置利得和损失、非常损失等则被认为是"营业外收入或支出"。

直接计入所有者权益的利得和损失是指不应当计入当期损益、会导致所有者权益发生增减变动的、与所有者投入资本或者向所有者分配利润无关的利得和损失。主要是指与资本运作有关的未实现利得和损失。如可供出售金融资产公允价值变动净额、套期工具公允价值变动净额、与计入所有者权益项目相关的所得税影响等。

利润是反映企业管理业绩,预示企业未来获利能力的重要财务指标。在我国 2006 年《企业会计准则——财务报表列报》中,利润表中的利润指标按照其反映业绩内容的不同分为:营业利润、利润总额、净利润三项。其中营业利润是企业从核心的、持续的以及相关的经济交易或事项中获得的利润;利润总额是营业利润和营业外收支净额的合计。净利润是利润总额扣除所得税后的余额,是企业最终的财务成果。

【例 2.2】 续例 2.1,该饭店当月还发生了如下经营活动:⑥3 月 31 日,实现销售商品和提供劳务取得销售收入 25 万元,全部收现金并存入银行;⑦3 月 31 日,为销售从仓库发出了原材料和商品成本为 10 万元;⑧3 月 31 日,计算属于管理费用的应付管理人员和员工薪酬 5 万元;⑨3 月 31 日,用现金支付本月水电费、房屋租金和固定资产折旧等管理费用 5 万元。⑩3 月 31 日,实现利润总额 5 万元(25-10-5-5)。

分析 该旅游饭店截止 3 月末,收入为 25 万元;费用为 20 万元,其中,营业成本 10 万元,管理费用 10 万元,利润总额为 5 万元。

二、会计等式

1. 基本会计等式

企业进行经营活动,必须要具备一定的经济资源。在市场经济中,经济资源具有稀缺性,因此,任何经济资源总是有归属的。经济资源提供者对投入企业的资源拥有要求权,这是由基本的社会经济制度——产权制度确定的。资源与资源所有者的要求权总是对应的,在任何时点上企业拥有的资源与资源所有者的要求权都是相等的。即存在如下的基本会计等式。

$$资产=权益 \tag{2-1}$$

企业的经济资源有两个来源:一是来源于所有者对企业的投资,二是来源于债权人。因此,权益包括所有者权益和债权人权益。所有者对企业的投资是企业进行经营活动的物质基础,相对于债权人权益而言,所有者权益是剩余权益。会计上将债权人权益用负债要素表示,则会计等式(2-1)又可以表示为

$$资产=负债+所有者权益 \qquad (2-2)$$

会计等式(2-2)描述了资产、负债和所有者权益三大会计要素之间的经济关系,是企业财务状况的基本表达形式,又称为静态的会计等式。

2. 扩展的会计等式

扩展的会计等式将财务状况要素和经营成果要素联系起来,体现企业经营成果与企业财务状况变动的关系。扩展的会计等式可以表示为(2-3)、(2-4)两种形式。

$$期末资产=期末负债+期初所有者权益+利润 \qquad (2-3)$$

企业实现利润将使资产增加或负债减少,企业发生亏损将使企业资产减少或负债增加。待期末结账后,利润归入所有者权益项目,会计等式又恢复成基本形式,即资产=负债+所有者权益。

$$资产=负债+所有者权益+(收入-费用) \qquad (2-4)$$

会计等式(2-4)不仅在会计期末时成立,在每一笔收入和费用发生时也成立,称为动态的会计等式。

3. 会计等式的意义

会计等式的意义贯穿于会计核算的始终,是会计经济业务分析、会计记录和编制报表的理论基础。

1) 经济业务分析

在会计上,经济业务是指引起会计要素发生增减变化的交易或事项。经济业务分析是会计核算的起点,是会计人员对经济业务的财务影响进行的初步确认与计量。企业的经济业务是千差万别、多种多样的。由于会计等式反映了会计对象要素之间的内在联系,因此,只有将经济业务分析建立在会计等式的基础上才能正确、完整地反映经济业务对企业的财务影响。根据会计等式:资产=负债+所有者权益+(收入-费用),任何经济业务的影响都是双重的,一是引起会计等式的左端或右端的一种要素增加、另一种要素等额减少;二是引起会计等式左右两端要素等额增加或等额减少。

【**例 2.3**】 运用会计等式对例 2.1 和例 2.2 中旅游饭店发生的经济业务进行分析。

(1) 201×年 3 月 2 日,饭店设立,王福等人投入资本 100 万元,存入银行。

经济业务影响	资产	负债	所有者权益	收入	费用
前提条件					
增加	100		100		
减少					
结果	100		100		

该业务使饭店的资产和所有者权益同时增加 100 万元,等号两边等额增加。

(2) 3月3日，该饭店从银行提取现金5万元。

经济业务影响	资产	负债	所有者权益	收入	费用
前提条件	100		100		
增加(库存现金)	5				
减少(银行存款)	5				
结果	100		100		

该业务使饭店现金增加5万元，银行存款减少5万元。饭店资产内部项目一增一减，资产总额不变，等号两边不变。

(3) 3月5日，饭店以支票采购一批原材料，价值16万元。

经济业务影响	资产	负债	所有者权益	收入	费用
前提条件	100		100		
增加(原材料)	16				
减少(银行存款)	16				
结果	100		100		

该业务使饭店的银行存款减少16万元，存货增加16万元。饭店的资产内部项目一增一减，资产总额不变，等号两边不变。

(4) 3月7日，以支票购置一辆价值30万元的货车。

经济业务影响	资产	负债	所有者权益	收入	费用
前提条件	100		100		
增加(固定资产)	30				
减少(银行存款)	30				
结果	100		100		

该业务使饭店的银行存款减少30万元，固定资产增加30万元，资产总额不变，等号两边不变。

(5) 3月10日，取得借款50万元，及时存入了饭店账户。

经济业务影响	资产	负债	所有者权益	收入	费用
前提条件	100		100		
增加	50	50			
减少					
结果	150	150			

该业务使饭店的资产和负债同时增加50万元，等号两边等额增加。

(6) 3月31日，取得销售收入25万元，全部收现并存入银行。

经济业务影响	资产	负债	所有者权益	收入	费用
前提条件	150	50	100		
增加	25			25	
减少					
结果	175	175			

该业务使饭店银行存款增加 25 万元，收入增加 25 万元，等号两边等额增加。

(7) 3 月 31 日，销售从仓库发出了原材料和商品成本为 10 万元。

经济业务影响	资产	负债	所有者权益	收入	费用
前提条件	175	50	100	25	
增加					10
减少	10				
结果	165	165			

该业务使饭店原材料存货减少 10 万元，资产总额减少 10 万元；在该业务中减少的 10 万元成本的商品是为取得收入发生的费用，等号两边等额减少。

(8) 3 月 31 日，计算应付管理人员和员工薪酬 5 万元。

经济业务影响	资产	负债	所有者权益	收入	费用
前提条件	165	50	100	25	10
增加		5			5
减少					
结果	165	165			

根据权责发生制，该薪酬只是计算出来计入了费用，但尚未支付，只能增加负债同时增加费用，等号两边不变。

(9) 3 月 31 日，用现金支付本月水电费、房屋租金和折旧等费用 5 万元。

经济业务影响	资产	负债	所有者权益	收入	费用
前提条件	165	55	100	25	15
增加					5
减少	5				
结果	160	160			

该业务使饭店本月资产减少 5 万元，费用增加 5 万元，等号两边等额减少。

2) 会计记录

记录日常经济业务的财务影响是会计核算的重要方式。会计采用的记录方法必须能够使相互联系的会计要素得到完整的反映。会计记录方法中设置完整的账户体系、采用复式记账法正是基于会计等式的要求(账户与复式记账法见本章第二节)。

3) 会计报表

会计报表是会计核算的最终产品。会计报表主要是指资产负债表、利润表和现金流量表。其中,资产负债表反映企业在一定时点上的财务状况,利润表反映企业在一定期间的经营成果,现金流量表反映企业一定时期现金流量状况。除现金流量表以外,资产负债表和利润表都是建立在会计等式基础上的。根据本节中经济业务数据编制的资产负债表、利润表见表 2-7 和表 2-8。

第二节　会计科目、账户与记账方法

一、会计科目

1. 会计科目的含义和设置原则

会计科目是对会计要素按照具体内容进行分类形成的项目,简称科目。会计要素划分是对会计对象集中总体的描述,为了满足企业内部经营管理和外部信息使用者的具体需要,有必要对会计要素作进一步划分。

设置会计科目一般遵循以下原则。

(1) 会计科目应涵盖会计要素的全部内容。会计科目应包括资产类科目、负债类科目、所有者权益类科目、收入类科目、费用类科目和利润类科目,使每一项经济业务都能用恰当的会计科目反映。

(2) 会计科目之间内容不能重复和交叉。使同一项经济内容只在一个会计科目中反映,如"材料采购"、"原材料"科目都是反映企业拥有的材料,但"材料采购"科目反映企业采购材料发生的成本和成本结转以及结存的在途材料成本。而"原材料"科目反映企业库存材料的增减及结存。

(3) 会计科目的详略程度应根据信息使用者的需要和会计核算工作的成本确定。对会计要素进一步划分有详略程度的问题,会计科目按照详略程度可分为一级科目、二级科目和三级科目。一级科目又称为总分类科目,是对某项经济内容的概括反映。满足对外报告的需要。二级和三级科目称为明细分类科目,各级科目存在统驭和从属的关系。如对于原材料,一般应设置"原材料"总分类科目,再按原材料品种规格设置明细科目,如"原材料——甲材料"、"原材料——乙材料"。明细科目是否设置以及设置的级次应根据有关会计制度规定和企业管理需要确定。

(4) 会计科目设置应具有一定的差异性和可比性。会计科目应体现不同行业以及不同规模企业的差异,而对于属于同一行业、规模相似的企业,经济业务相近,应使用内涵和外延基本相同的会计科目。

为了保证会计信息的可比性,我国会计科目中总分类科目及其核算内容由国家统一制定。

2. 会计科目表

我国 2006 年《企业会计准则——会计科目运用指南》中列出的会计科目共计 156 个,其中旅游企业常用的会计科目见表 2-1。

表 2-1 旅游企业常用的会计科目表

顺序号	编号	会计科目名称	顺序号	编号	会计科目名称
		一、资产类	34	2201	应付票据
1	1001	库存现金	35	2202	应付账款
2	1002	银行存款	36	2205	预收账款
3	1012	其他货币资金	37	2211	应付职工薪酬
4	1101	交易性金融资产	38	2221	应交税费
5	1121	应收票据	39	2231	应付股利
6	1122	应收账款	40	2232	应付利息
7	1123	预付账款	41	2241	其他应付款
8	1131	应收股利	42	2501	长期借款
9	1132	应收利息	43	2502	长期债券
10	1221	其他应收款	44	2701	长期应付款
11	1223	坏账准备	45	2901	递延所得税负债
12	1402	在途物资			三、所有者权益类
13	1403	原材料	46	3001	实收资本
14	1405	库存商品	47	3002	资本公积
15	1407	商品进销差价	48	3101	盈余公积
16	1408	委托加工物资	49	3103	本年利润
17	1411	周转材料	50	3104	利润分配
18	1471	存货跌价准备			四、损益类
19	1511	长期股权投资	51	6001	主营业务收入
20	1512	长期股权投资减值准备	52	6051	其他业务收入
21	1601	固定资产	53	6101	公允价值变动损益
22	1602	累计折旧	54	6111	投资收益
23	1603	固定资产减值准备	55	6301	营业外收入
24	1604	在建工程	56	6401	主营业务成本
25	1605	工程物资	57	6402	其他业务成本
26	1606	固定资产清理	58	6403	营业税金及附加
27	1701	无形资产	59	6601	销售费用
28	1702	累计摊销	60	6602	管理费用
29	1703	无形资产减值准备	61	6603	财务费用
30	1801	长期待摊费用	62	6701	资产减值损失
31	1811	递延所得税资产	63	6711	营业外支出
32	1901	待处理财产损益	64	6801	所得税费用
		二、负债类	65	6901	以前年度损益调整
33	2001	短期借款			

表 2-1 将会计科目划分为资产类、负债类、所有者权益类和损益类科目，共计 65 个。其中，损益类科目包括了收入类科目和费用类科目和其他损益类科目。

为了便于会计处理，尤其是为了适应会计电算化的需要，会计科目按照一定的标准编号。我国常用会计科目的编号一般为四位数字，其中第一位数字代表该科目的类别，如"1"代表资产类，"2"代表负债类，"3"代表所有者权益，"6"代表损益类。

二、账户设置

1. 账户的作用

账户是按照会计科目开设，具有一定结构，用于分类记录并初步加工会计信息的工具。会计科目是账户的名称。设置账户是会计核算的基本方法。所谓"记账"、"算账"就是在账户中将企业每天发生的各种经济业务数据连续、分类、系统地记录下来，为定期提供会计信息准备数据。

2. 账户的基本结构

经济业务的财务影响从量的角度表现为两方面：使某项经济业务金额增加或者使某项经济业务金额减少。这决定了账户的基本结构主要包括两部分：记录经济数据增加的部分和记录经济数据减少的部分。会计学中账户基本结构的简化形式，如图 2-1 和图 2-2 所示。

左方	账户名称	右方
期初余额		
增加额		减少额
本期发生额合计		本期发生额合计
期末余额		

图 2-1　账户的基本结构简化形式之一

左方	账户名称	右方
		期初余额
减少额		增加额
本期发生额合计		本期发生额合计
		期末余额

图 2-2　账户的基本结构简化形式之二

账户的简化形式的形状像英文大写字母 T，因此被称为 T 型账户。

T 型账户由账户名称、记录增加的部分和记录减少的部分构成，如果在账户的左方记录增加，则其右方必然记录减少，反之亦然。账户的哪一方记录增加，哪一方记录减少，由企业采用的记账方法和所记录的经济内容决定。

账户中记录的增加额或减少额又称为账户的发生额。在会计期末，可根据账户中的记录计算本期增加发生额和本期减少发生额，并计算出账户的期末余额。本期的期末余额即为下一期的期初余额。在期初余额、本期增加发生额、本期减少发生额和期末余额之间存在下面的数量关系。

期初余额+本期增加发生额-本期减少发生额=期末余额

一般来说，账户的余额与增加额在同一方向。

在会计实务中，账户具体表现为具有一定格式的账页，如三栏式账页、数量金额式账页、多栏式账页。账户基本结构如表 2-2 所示，主要包括以下内容：①账户的名称。②记录经济业务的日期和经济业务的内容摘要。③所依据的记账凭证编号。④增减金额以及余额。

表 2-2　数量金额式明细分类账

2011年		凭证号数	摘要	收入			支出			余额		
月	日			数量	单价	金额	数量	单价	金额	数量	单价	金额
			合计									

三、复式记账法

1. 复式记账原理

记账方法是指将经济业务数据记录到账户中去的方法。在会计的发展历程中，记账方法经历了从单式记账法到复式记账法的演进。

单式记账法是对每一笔经济业务只在一个账户中记录的记账方法。单式记账法一般只记录现金的增减变化，对往来账项作备忘登记，其他项目则不予记录。显然，在企业资金来源多样化，企业经济管理复杂化的会计环境下，单式记账法不能完整地反映经济活动对企业的影响，不能满足信息使用者的需求。与单式记账法相比，复式记账法是一种与现代经济发展水平相适应的科学记账方法。

所谓复式记账是指对每一笔经济业务都以相等的金额在两个或两个以上有关账户中相互联系地进行登记，借以反映会计对象具体内容增减变化的一种记账方法。

复式记账法的优点表现在：①复式记账法以会计等式为理论依据，设置具有内在逻辑关系的、完整的账户体系，对每一笔经济业务都在两个或两个以上有关账户中相互联系地进行登记，因此，复式记账法可以完整地反映经济业务对会计要素的影响，全面反映企业的财务状况和经营成果。②复式记账法对每笔经济业务都要在两个或两个以上账户中进行等额记录，利用账户之间金额的平衡关系，可以对一定时期账户的记录进行综合试算，检查账户记录的正确性。

我国会计实务中曾采用过的复式记账法有增减记账法、收付记账法、借贷记账法。

为了与国际惯例接轨，1992 年 12 月发布的《企业会计准则》规定借贷记账法为我国境内企业统一的记账方法。

2. 借贷记账法

借贷记账法是以"借"、"贷"为记账符号的复式记账法。

1) 记账符号

记账符号是指账户中的登记方向。"借"、"贷"二字最初只表示借贷资本家与贷款人、借贷人之间的债权、债务关系及其增减变化，随着会计记录内容的丰富，逐渐演变为单纯表示记入账户的方向。在借贷记账法下，每一个账户的左方用"借"表示，右方用"贷"表示。"借记某账户"表示在该账户的借方即左方记录，"贷记某账户"表示在该账户的贷方即右方记录。由于账户的左方和右方是用于记录会计要素具体项目金额增加或减少的，因此，在账户的借方和贷方记录表示金额的"增加"或"减少"。如图 2-3 所示。

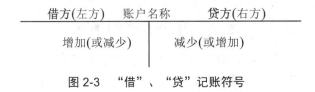

图 2-3 "借"、"贷"记账符号

2) 记账规则

借贷记账法的记账规则是"有借必有贷，借贷必相等"。"有借必有贷"是指对发生的每一笔经济业务，都必须在一个(或一个以上)账户借方登记，同时，在另一个(或一个以上)账户的贷方登记；"借贷必相等"是指对同一笔经济业务在登记有关账户时，记入借方账户的金额与记入贷方账户的金额应相等。

3) 账户记账方向

借贷记账法下，账户的借方和贷方哪一方记录金额增加，哪一方记录金额减少，是由账户的经济内容决定的。由于利润是所有者权益的组成部分，账户按照经济内容可以分为资产类、负债类、所有者权益类、收入类和费用类。会计等式：资产=负债+所有者权益+(收入-费用)，各类账户的记账方向如下。

(1) 资产类账户。资产处于会计等式的左端，根据会计的惯例，资产项目若金额增加，就将其记入"借方"，若减少，就将其记入"贷方"。

(2) 负债和所有者权益类账户。负债和所有者权益统称权益，处于会计等式的右端，与资产是一个事物的两个不同方面，资产与权益总是以相等的金额同时增加或同时减少。所以，与资产账户的记账方向相反，负债、所有者权益项目增加，记入其账户的"贷方"，负债、所有者权益项目减少，记入其账户的"借方"。

例如，某企业发生以下两笔业务。

① 向银行借款 100 000 元，存入银行，期限三个月。银行存款增加，应在"银行存款"账户的借方记录 100 000 元；向银行借款，使企业负债增加，应在"短期借款"账户的贷方记录 100 000 元。

② 该企业用银行存款 100 000 元偿还借款。银行存款减少，应在"银行存款"账

户的贷方记录 100 000 元;偿还银行借款,使企业负债减少,应在"短期借款"账户的借方记录 100 000 元。

"银行存款"T型账户,如图2-4所示。

```
      借方      银行存款      贷方
             增加额        减少额
           ① 100 000    ② 100 000
```

图2-4 "银行存款"T型账户

"短期借款"T型账户如图2-5所示。

```
      借方      短期借款      贷方
             减少额        增加额
           ② 100 000    ① 100 000
```

图2-5 "短期借款"T型账户

(3) 收入类账户。由于收入是引起企业所有者权益增加的因素,所以,收入增加,记入收入账户"贷方";收入减少,记入收入账户的"借方"。

(4) 费用类账户。费用是引起企业所有者权益减少的因素,所以,费用增加,就记入费用账户的"借方",费用减少,记入费用账户的"贷方"

以上各类账户的记账方向和账户结构可以分别用表2-3和图2-6中T型账户表示。

表2-3 各类账户记账方向

账户类型	借 方	贷 方
资产类	增加	减少
负债类	减少	增加
所有者权益类	减少	增加
收入类	减少	增加
费用类	增加	减少

```
      资产类账户                         负债类账户
   期初余额                                         期初余额
   增加额     减少额              减少额           增加额
   本期借方发生额  本期贷方发生额    本期借方发生额   本期贷方发生额
   期末余额                                         期末余额
```

图2-6 T型账户结构类型

费用类账户	
增加额	减少及结转额
本期借方发生额	本期贷方发生额

所有者权益类账户	
减少额	期初余额
	增加额
本期借方发生额	本期贷方发生额
	期末余额

收入类账户	
减少及结转额	增加额
本期借方发生额	本期贷方发生额

图 2-6(续)

将会计等式移项后,资产+费用=负债+所有者权益+收入,对照上述账户结构和记账方向发现,资产类和费用类账户结构、记账方向相同,负债类、所有者权益类和收入类账户结构、记账方向相同。

期末,资产、负债、所有者权益类账户一般有余额。资产类账户的余额一般在借方,负债类账户和所有者权益类账户的余额一般在贷方。

期末,收入类账户和费用类账户增加额减去减少额的差额,结转入所有者权益类账户。结转后,收入类账户和费用类账户没有余额。

4) 借贷平衡关系

(1) 借贷发生额平衡关系。根据"有借必有贷,借贷必相等"的记账规则,每一笔经济业务记入借方账户的金额与记入贷方账户的金额相等,则会计期间内无论发生多少经济业务,都必然存在全部账户的借方发生额合计与全部账户的贷方发生额合计相等的关系。借贷发生额平衡公式为

全部账户的借方发生额合计=全部账户的贷方发生额合计

(2) 余额平衡关系。在借贷记账法下,资产类账户的余额在借方,负债和所有者权益账户的余额在贷方,收入和费用类账户没有余额。根据会计等式,余额平衡关系必然是成立的。余额平衡公式为

全部账户的借方余额合计=全部账户的贷方余额合计

利用借贷记账法内在平衡机制,可以在记账后验证账务处理是否正确,这项工作称为试算平衡。一般月末结算出各账户的本期发生额和余额后,通过编制总分类账户试算平衡表进行试算平衡。总分类账户试算平衡表的形式可参照表 2-4 编制。

表 2-4 总分类账户试算平衡表

会计科目	期初余额		本期发生额		期末余额	
	借 方	贷 方	借 方	贷 方	借 方	贷 方
合计						

总分类账户试算平衡表是直接根据各总分类账户期初、期末余额和本期发生额编制的。

四、借贷记账法的运用

1. 会计分录

会计分录是指经济业务在登记账簿前预先确定应记账户名称、方向和金额的一种记录形式。在实际工作中，会计分录一般是填写在记账凭证上的。

在借贷记账法下，会计分录由记账符号"借"或"贷"、账户名称、记入账户的金额三部分构成，会计分录的书写形式如下。

借：会计科目　金额
　　贷：会计科目　金额

通常，"一借一贷"形式的会计分录被称为简单会计分录。如下面的会计分录(1)即为"一借一贷"的简单分录。

(1) 借：现金　　　100 000
　　贷：银行存款　　100 000

这笔会计分录反映了企业现金业务的来龙去脉。即企业现金增加 100 000 元，银行存款减少 100 000 元。在这笔业务中，"现金"和"银行存款"之间形成了借贷对应关系。借、贷账户相互之间成为对应账户。

"一借多贷"、"一贷多借"以及"多借多贷"的会计分录被称为复合分录。如下面的会计分录(2)是"一借多贷"的会计分录。

(2) 借：原材料　　　　　80 000
　　贷：银行存款　　　　50 000
　　　　应付账款　　　　30 000

下面的会计分录(3)是"一贷多借"的会计分录。

(3) 借：固定资产　　　10 000 000
　　　　无形资产　　　　1 200 000
　　贷：实收资本　　　　11 200 000

"多借多贷"的会计分录中账户对应关系较复杂，一般不宜编制。

2. 借贷记账法运用举例

在会计工作中，借贷记账法的运用主要体现在编制会计分录、过账和试算平衡这三个环节。下面通过例 2.4 说明在借贷记账法下，企业会计信息是如何生成的。

【例 2.4】

(1) 编制会计分录。仍以例 2.1 和例 2.2 中旅游企业发生的 1~11 笔经济业务和期末结转收入、费用的数据为例编制会计分录，某旅游企业会计分录簿见表 2-5。

表2-5　某旅游企业会计分录簿

年 月	日	业务序号	经济业务摘要	账户名称	过账	借方	贷方
3	2	1	收到业主投资	银行存款 实收资本	√	1 000 000	1 000 000
3	3	2	从银行提取现金	库存现金 银行存款	√	50 000	50 000
3	5	3	用支票购入商品	原材料 银行存款	√	160 000	160 000
3	7	4	购置车辆	固定资产 银行存款	√	300 000	300 000
3	10	5	从银行取得借款	银行存款 短期借款	√	500 000	500 000
3	31	6	实现销售收入存入银行	银行存款 主营业务收入	√	250 000	250 000
3	31	7	仓库发出原材料，结转成本	主营业务成本 原材料	√	100 000	100 000
3	31	8	计算应支付本月员工薪酬	管理费用 应付职工薪酬	√	50 000	50 000
3	31	9	用现金支付本月水电费、房屋租金等费用	管理费用 库存现金	√	50 000	50 000
3	31	10	结转收入类账户，计算利润	主营业务收入 本年利润	√	250 000	250 000
3	31	11	结转费用类账户，计算利润	本年利润 主营业务成本 管理费用	√	200 000	100 000 100 000

(2) 过账。将会计分录所确定的分类数据转记到分类账簿中去称为过账。下面将表2-5中的会计分录记入分类账簿中(分类账用T型账户表示)，如图2-7所示(图中金额前的序号为经济业务的编号)。

```
          库存现金                            银行存款
      期初余额 0                          期初余额 0
                                    (1) 1 000 000   (2) 50 000
      (2) 50 000   (9) 50 000       (5) 500 000     (3) 160 000
                                    (6) 250 000     (4) 300 000
      本期发生额   本期发生额          本期发生额       本期发生额
        50 000      50 000            1 750 000      510 000
      期末余额 0                      期末余额 1 240 000
```

图2-7　过账

原材料		固定资产	
期初余额 0		期初余额 0	
(3) 160 000	(7) 100 000	(4) 300 000	
本期发生额 160 000	本期发生额 100 000	本期发生额 300 000	本期发生额 0
期末余额 60 000		期末余额 300 000	

应付职工薪酬		短期借款	
	期初余额 0		期初余额 0
	(8) 50 000		(5) 500 000
本期发生额 0	本期发生额 50 000	本期发生额 0	本期发生额 500 000
	期末余额 50 000		期末余额 500 000

实收资本		主营业务成本	
	期初余额 0	(7) 100 000	(11) 100 000
	(1) 1 000 000	本期发生额 100 000	本期发生额 100 000
本期发生额 0	本期发生额 1 000 000		
	期末余额 1 000 000		

主营业务收入		本年利润	
(10) 250 000	(6) 250 000	(11) 200 000	(10) 250 000
本期发生额 250 000	本期发生额 250 000	本期发生额 200 000	本期发生额 250 000
			期末余额 50 000

管理费用	
(8) 50 000	(10) 100 000
(9) 50 000	
本期发生额 100 000	本期发生额 100 000

图 2-7 (续)

(3) 总分类账试算平衡。为了验证以上账户记录是否正确,可以根据以上账户发生额和余额编制如表 2-6 所示试算平衡表。

表 2-6　总分类账户发生额和余额编制试算平衡表

会计科目	期初余额		本期发生额		期末余额	
	借　方	贷　方	借　方	贷　方	借　方	贷　方
银行存款			1 750 000	510 000	1 240 000	
库存现金			50 000	50 000		
原材料			160 000	100 000	60 000	
固定资产			300 000		300 000	
短期借款				500 000		500 000
应付职工薪酬				50 000		50 000
实收资本				1 000 000		1 000 000
主营业务收入			250 000	250 000		
主营业务成本			100 000	100 000		
管理费用			100 000	100 000		
本年利润			200 000	250 000		50 000
合计			2 910 000	2 910 000	1 600 000	1 600 000

由于试算平衡表是根据各分类账借贷发生额汇总编制而成的，因此，试算平衡表不仅可以大体验证账户记录的正确性，而且依据试算表编制会计报表将比直接依据分类账编制更为方便。

(4) 编制会计报表。根据如图 2-7 所示的总分类账户记录或按表 2-6 所列的总分类账户发生额和余额编制试算平衡表，编制资产负债表和利润表，见表 2-7 和表 2-8。

表 2-7　资产负债表(简表)

编制单位：　　　　　　　　　201×年 3 月 31 日　　　　　　　　　单位：元

资　产	期末余额	负债及所有者权益	期末余额
货币资金	1 240 000	短期借款	500 000
存货	60 000	应付职工薪酬	50 000
固定资产	300 000	实收资本	1 000 000
		未分配利润	50 000
资产合计	1 600 000	负债及所有者权益合计	1 600 000

表 2-8　利润表(简表)

编制单位：　　　　　　　　　201×年 3 月　　　　　　　　　单位：元

项　目	本期金额
营业收入	250 000
减：营业成本	(100 000)
管理费用	(100 000)
利润总额	50 000

第三节 会计循环与会计基础工作

一、会计循环

在企业持续经营过程中，每一个会计期间，从会计期初开始，至会计期末，会计工作按照一定的程序进行，这种周而复始的过程称为会计循环。通常一个完整的会计循环包括以下步骤。

1. 编审原始凭证，分析经济业务，编制会计分录

首先编制和审核原始凭证，会计人员通过编审原始凭证取得经济业务的原始资料。其次分析经济业务，这是对经济业务进行初次确认，包括判断经济业务是否属于会计对象，经济业务引起哪些会计要素发生变化，金额是否能可靠计量。最后，按照借贷记账法，决定应记入什么账户，记入的方向和金额，编制出会计分录，填制记账凭证。

2. 过账

过账是指根据审核无误的记账凭证，将会计分录转记入账簿中去的行为，即登记账簿。

3. 试算平衡

利用借贷记账法下账户之间的平衡关系，对账户记录进行验算，编制总分类账户的试算平衡表，验证会计记录的正确性。

4. 结账

结账是指根据会计分期，在每个会计期末，结算出各账户的发生额和期末余额，结束本期账簿记录的会计工作。结账应在本期发生的经济业务全部登记入账，本期的收入和费用按照权责发生制都已得到确认的基础上进行。收入、费用类账户应结清，计算出本期损益；资产、负债、所有者权益类账户应结算出发生额和期末余额，并将期末余额转到下期，作为下期的期初余额。

5. 编制财务会计报告

财务会计报告指在正确的账簿记录基础上，将分类会计信息进行综合加工编制，财务会计报告以财务报表及其附注为主要形式。编制财务会计报告是会计工作程序的最后步骤。

以上会计循环步骤如图 2-8 所示。编制与审核原始凭证、记账凭证，登记账簿是会计的日常工作，也是会计核算基础工作的主要内容，做好会计核算基础工作对保证会计工作质量，实现会计目标有重要意义。

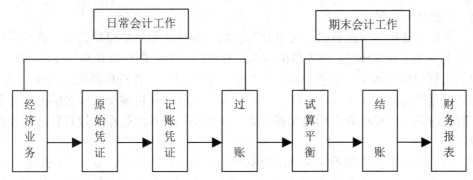

图 2-8 会计循环步骤

二、会计凭证

1. 会计凭证的意义

会计凭证是用来记录经济业务、明确经济责任、作为记账依据的书面证明。会计凭证的意义主要体现在以下四方面。

1) 记录经济业务、传递经济信息

使用会计凭证，可以将企业发生的每一笔经济业务记录下来，并通过凭证的传递使有关部门和人员了解经济的发生或完成情况；为企业经济活动的顺利进行提供信息；为企业内部实施控制和管理提供必要的依据。

2) 为会计核算提供依据

会计凭证为会计核算提供原始资料，通过填制和审核会计凭证，经济业务发生和完成情况的资料真实、准确地进入会计核算系统，经过会计核算系统的记录和加工，最后输出有用的会计信息。

3) 有利于明确经济责任

会计凭证不仅记录了经济业务的内容，还记载了经办单位经办人员的签名和盖章，这强化了经办单位和经办人员的责任感，有利于相互监督，也有利于落实经济责任，从而避免舞弊行为发生。

4) 有利于实行会计监督

我国有关会计法律、法规规定会计人员在记账前应对会计凭证进行严格的审核，对经济业务的合法性、合规性、合理性进行监督和控制；另外，会计凭证也为审计和税务等有关部门监督企业经济活动提供重要的证据。

会计凭证的种类很多，一般按照其填制的程序和用途可分为原始凭证和记账凭证两大类。

2. 原始凭证

1) 原始凭证的含义

原始凭证是指在经济业务发生时取得或填制的，用以记录经济业务、明确经济责任、具有法律效力并作为记账原始依据的书面证明。

2) 原始凭证的种类

(1) 原始凭证按其来源不同,可以分为自制原始凭证和外来原始凭证。自制原始凭证是经济业务发生或完成时,由本单位内部经办部门或个人自行填制的凭证,如收料单、领料单、工资单以及本单位销售产品时开出的销货发票等。收料单的格式见表 2-9。外来原始凭证是经济业务发生或完成时,从企业外部的有关单位或个人取得的原始凭证,如购买材料时从供货单位取得的增值税发票、收款单位开具的收据、银行转来的收款通知单等。

(2) 原始凭证按其填制手续和方法的不同,可分为一次凭证、累计凭证和原始凭证汇总表。一次凭证是一次填制完成的反映一项或若干项同类经济业务的原始凭证,外来原始凭证一般都属于一次凭证。累计凭证是在一定时期内,连续反映不断发生的同类经济业务的原始凭证,如限额领料单,见表 2-10。原始凭证汇总表是按照一定标准将若干同类的一次或累计凭证定期归类汇总而得出的汇总凭证,如发出材料汇总表(见表 2-11)、工资结算汇总表等。

表 2-9 收料单

供货单位: 　　　　　　　　　年　月　日　　　　　　　　凭证编号:
发票号码: 　　　　　　　　　　　　　　　　　　　　　　收料仓库:

材料编号	材料规格及名称	计量单位	数量		价格	
			应 收	实 收	单 价	金 额

备注

仓库负责人: 　　　　记账　　　　仓库保管: 　　　　收料:

表 2-10 限额领料单

领料部门: 　　　　　　　　　　　　　　　　　　　　　凭证编号:
用途: 　　　　　　　　　　　　　　　　　　　　　　　发料仓库:

材料类别	材料编号	材料名称及规格	计量单位	领用限额	实际领用	单 价	金 额	备 注

供应部门负责人: 　　　　　　　　　　　　　计划部门负责人:

日期	数　量	领料人签章	发料人签章	限额结余

表2-11　发出材料汇总表

年　　月　　日

领料部门	A材料	B材料	…	合计
客房部				
餐饮部				
商品部				
管理部门				
…				
小计				

会计负责人：　　　　　　　复核：　　　　　　　制表：

3) 原始凭证的基本内容

虽然原始凭证反映的经济业务内容多种多样，每一种凭证的格式不尽相同，但作为具有法律效力的证明文件，原始凭证必须具备一些共同的要素。依据我国财政部颁布的《会计基础工作规范》，原始凭证必须具备以下基本内容：①凭证的名称。②填制凭证的日期。③经济业务内容；数量、单价和金额。④接受凭证单位名称。⑤填制凭证单位和经办人员的签名或者盖章。

4) 原始凭证的填制要求

为了保证原始凭证能真实地反映经济业务，有效地明确经办人员的责任，满足会计核算的要求，原始凭证必须符合以下要求。

(1) 记录真实。原始凭证中填写的内容和金额必须符合实际，不得弄虚作假。

(2) 内容完整。原始凭证中的项目必须逐项填写，经办单位和经办人员必须按规定的手续签字盖章，从外单位取得的原始凭证，必须盖有填制单位的公章；从个人取得的原始凭证，必须有填制人员的签名或者盖章。对外开出的原始凭证，必须加盖本单位公章。经上级有关部门批准的经济业务，应当将批准文件作为原始凭证附件；如果批准文件需要单独归档的，应当在原始凭证上注明批准机关名称、日期和文件字号。

(3) 书写规范。填写原始凭证时要求字迹清楚规范，易于辨认。阿拉伯数字不得连笔书写。阿拉伯数字金额前面应当书写货币币种符号，币种符号与阿拉伯数字金额之间不得留有空白。以元为单位的阿拉伯数字，除表示单价等情况外，一律填写到角分；无角分的，角位和分位可写"00"，或者符号"—"；有角无分的，分位应当写"0"，不得用符号"—"代替。汉字大写数字金额一律用正楷或者行书体书写，不得使用简化字代替。大写金额数字到元或者角为止的，在"元"或者"角"字之后应当写"整"字或者"正"字。阿拉伯数字金额中间有"0"时，汉字大写金额要写"零"字；阿拉伯数字金额中间连续有几个"0"时，汉字大写金额中可以只写一个"零"字。一式几联的发票和收据，必须用双面复写纸(发票和收据本身具备复写纸功能的除外)套写，并连续编号。原始凭证填制发生错误时，不得涂改、挖补。应当按规定的办法更正或重开，更正处应当加盖开出单位的公章，作废的原始凭证不得撕毁，应加盖"作废"戳记并予以保留。

5) 原始凭证的审核

审核原始凭证是发挥会计监督作用的重要环节。审核原始凭证主要从形式和内容两方面进行。

第一，形式上审核。主要是审核原始凭证填写是否完整，手续是否齐全，书写是否规范，计算是否正确，大小写金额是否一致等。

第二，内容上审核。首先是真实性审核，审核凭证是否伪造、作假；其次是合法性、合理性审核，主要审核原始凭证记录的经济业务是否符合国家政策、法律、法规；是否符合企业的计划和预算；是否超出国家规定的成本开支范围；是否与合同一致等。

在审核中发现原始凭证存在形式上的错误，会计人员应将原始凭证退回经办部门或人员，限期更正；对于存在内容上错误的原始凭证，会计人员应拒绝支付或报销，并扣留凭证，向有关领导汇报。

3. 记账凭证

1) 记账凭证的含义

记账凭证是由会计人员根据审核无误的原始凭证或原始凭证汇总表填制的，用以记载经济业务简要内容、明确会计分录，作为记账依据的会计凭证。在原始凭证的基础上编制记账凭证，将会计分录记录下来，以审核无误的会计分录作为登记账簿的依据，不仅可以避免直接根据原始凭证登记账簿时容易发生的差错，使会计记录工作能够有序进行，而且有利于事后的审计。

2) 记账凭证的种类

记账凭证按用途和格式，可分为专用记账凭证和通用记账凭证。

专用记账凭证是分类反映不同类型经济业务的记账凭证。按照其反映的经济业务是否与现金或银行存款收付有关，分为收款凭证、付款凭证和转账凭证。

收款凭证是用来记录现金或银行存款收款业务的记账凭证。付款凭证是用来记录现金或银行存款付款业务的记账凭证；转账凭证是用来记录与现金或银行存款收付款无关的其他业务的记账凭证。

以表 2-5 会计分录簿内容填写来说明，收款凭证、付款凭证和转账凭证的样式，如图 2-9 至图 2-19 所示。

收款凭证

借方科目：银行存款　　　201×年 3 月 2 日　　　银收字第 1 号

摘　要	贷方科目		金额	记账	附单据3张
	一级科目	二级或明细科目			
王强等业主投资	实收资本	王强等	1 000 000	√	
合　计			1 000 000		

会计主管：李鸣　　记账：张芳　　出纳：王强　　审核：赵杰　　填制：张晓

图 2-9　收款凭证

付款凭证

贷方科目：银行存款　　　201×年 3 月 3 日　　　　银付字第 1 号

摘 要	借方科目		金额	记账
	一级科目	二级或明细科目		
提取现金	库存现金		50 000	√
合　计			50 000	

附单据 1 张

会计主管：李鸣　　记账：张芳　　出纳：王强　　审核：赵杰　　填制：张晓

图 2-10　付款凭证

付款凭证

贷方科目：银行存款　　　201×年 3 月 5 日　　　　银付字第 2 号

摘 要	借方科目		金额	记账
	一级科目	二级或明细科目		
购买原材料	原材料	主料	160 000	√
合　计			160 000	

附单据 2 张

会计主管：李鸣　　记账：张芳　　出纳：王强　　审核：赵杰　　填制：张晓

图 2-11　付款凭证

付款凭证

贷方科目：银行存款　　　201×年 3 月 7 日　　　　银付字第 3 号

摘 要	借方科目		金额	记账
	一级科目	二级或明细科目		
购置车辆	固定资产	货车	300 000	√
合　计			300 000	

附单据 3 张

会计主管：李鸣　　记账：张芳　　出纳：王强　　审核：赵杰　　填制：张晓

图 2-12　付款凭证

收款凭证

借方科目：银行存款　　　　201×年 3 月 10 日　　　　银收字第 2 号

摘要	贷方科目		金额	记账
	一级科目	二级或明细科目		
向银行借款	短期借款	周转借款	500 000	√
合　计			500 000	

会计主管：李鸣　　记账：张芳　　出纳：王强　　审核：赵杰　　填制：张晓

附单据 2 张

图 2-13　收款凭证

收款凭证

借方科目：银行存款　　　　201×年 3 月 31 日　　　　银收字第 3 号

摘要	贷方科目		金额	记账
	一级科目	二级或明细科目		
销售款存入银行	主营业务收入	餐饮收入	250 000	√
合　计			250 000	

会计主管：李鸣　　记账：张芳　　出纳：王强　　审核：赵杰　　填制：张晓

附单据 2 张

图 2-14　收款凭证

转账凭证

201×年 3 月 31 日　　　　　　　　　　　　　　　　转字第 1 号

摘要	一级科目	二级或明细科目	借方金额	贷方金额	记账
结转原材料成本	主营业务成本	餐饮成本	100 000		√
	原材料			100 000	√
合　计			100 000	100 000	

会计主管：李鸣　　记账：张芳　　审核：赵杰　　填制：张晓

附单据 1 张

图 2-15　转账凭证

转账凭证

201×年3月31日　　　　　　　　　　　　　　　　　　转字第 2 号

摘　要	一级科目	二级或明细科目	借方金额	贷方金额	记账	
分配劳动报酬费用	管理费用	工资费	50 000		√	附单据1张
	应付职工薪酬			50 000	√	
合　计			50 000	50 000		

会计主管：李鸣　　　记账：张芳　　　审核：赵杰　　　填制：张晓

图 2-16　转账凭证

付款凭证

贷方科目：银行存款　　　　201×年 3 月 31 日　　　　银付字第 4 号

摘　要	借方科目		金额	记账	
	一级科目	二级或明细科目			附单据2张
支付房租和水电费	管理费用	水电房租费	50 000	√	
合　计			50 000		

会计主管：李鸣　　记账：张芳　　出纳：王强　　审核：赵杰　　填制：张晓

图 2-17　付款凭证

转账凭证

201×年3月31日　　　　　　　　　　　　　　　　　　转字第 3 号

摘　要	一级科目	二级或明细科目	借方金额	贷方金额	记账	
结转收入	主营业务收入	餐饮收入	250 000		√	附单据1张
	本年利润			250 000	√	
合　计			250 000	250 000		

会计主管：李鸣　　　记账：张芳　　　审核：赵杰　　　填制：张晓

图 2-18　转账凭证

转账凭证

201×年3月31日　　　　　　　　　　　　　　　　　　　　　转字第 4 号

摘　　要	一级科目	二级或明细科目	借方金额	贷方金额	记账
结转费用	本年利润		200 000		√
	主要业务成本	餐饮成本		100 000	√
	管理费用	水电房租费		100 000	
合　　计			200 000	200 000	

附单据1张

会计主管：李鸣　　　记账：张芳　　　审核：赵杰　　　填制：张晓

图 2-19　转账凭证

通用记账凭证是使用相同格式记录各种类型经济业务的记账凭证。通用记账凭证的格式与转账凭证的格式相同。

3) 记账凭证的内容

记账凭证一般具备以下基本内容：①记账凭证的名称。②填制凭证的日期和凭证编号。③填制单位的名称。④经济业务摘要。⑤应借应贷会计科目、金额。⑥所附原始凭证张数。⑦填制凭证人员、稽核人员、记账人员、会计机构负责人、会计主管人员签名或者盖章。收款和付款记账凭证还应当由出纳人员签名或者盖章。

4) 记账凭证的填制要求

填制记账凭证要做到内容真实完整、填制及时、书写规范，具体应符合以下要求。

(1) 填制记账凭证的依据。填制记账凭证必须以审核无误的原始凭证或原始凭证汇总表为依据。除结账和更正错误的记账凭证可以不附原始凭证外，其他记账凭证必须附有原始凭证。记账凭证上应注明所附原始凭证张数，凭证张数用阿拉伯数字写在记账凭证的右侧。如果一张原始凭证涉及几张记账凭证，可以把原始凭证附在一张主要的记账凭证后面，并在其他记账凭证上注明附有该原始凭证的记账凭证编号。记账凭证可以根据每一张原始凭证填制，或者根据若干张同类原始凭证汇总填制，也可以根据原始凭证汇总表填制，但不得将不同内容和类别的原始凭证汇总填制在一张记账凭证上。

(2) 记账凭证的日期。一般应填写经济业务发生的实际日期，银行存款收付款凭证，应填写开出或收到银行存款结算凭证的日期，计提、分配、成本计算和转账业务，应填写月末最后一天的日期。

(3) 记账凭证的摘要。记账凭证的摘要应简明扼要，真实准确。

(4) 记账凭证的编号。记账凭证应按月连续编号。编号的方式有：第一，按经济业务顺序统一编号；第二，分收款、付款和转账业务三类从收字第 1 号、付字第 1 号和转字第 1 号起按顺序编号；第三，分现收、银收、现付、银付和转账业务五类按顺序编号。一笔经济业务需要填制两张以上记账凭证的，可以采用分数编号法编号，如顺序号为 10 的一笔经济业务需要编制三张转账凭证时，三张凭证的编号分别是转字第 10-1/3，10-2/3，10-3/3 号。

(5) 会计分录。会计科目必须按照会计制度统一规定确定名称及其核算内容填写。会计科目之间的对应关系应准确无误，一般不得编制多借多贷分录的记账凭证，不得将不同类型的经济业务合并填制在一张记账凭证上。

(6) 根据记账凭证登记账簿后,应在记账栏注明账簿的页码或用"√"表示已记账。

(7) 如果在填制记账凭证时发生错误,应当重新填制。已经登记入账的记账凭证,在当年内发现填写错误时,可以用红字填写一张与原内容相同的记账凭证,在摘要栏注明"注销某月某日某号凭证"字样,同时再用蓝字重新填制一张正确的记账凭证,注明"订正某月某日某号凭证"字样。如果会计科目没有错误,只是金额错误,也可以将正确数字与错误数字之间的差额,另编一张调整的记账凭证,调增金额用蓝字,调减金额用红字。发现以前年度记账凭证有错误的,应当用蓝字填制一张更正的记账凭证。

5) 记账凭证的审核

为了保证账簿记录的准确性,避免出现差错,会计部门按规定应设置专人对记账凭证进行审核,记账凭证的审核有以下内容:①审核是否附有原始凭证,原始凭证是否齐全,记账凭证的内容是否与原始凭证一致。②审核记账凭证上应借、应贷的账户名称和金额是否正确;账户对应关系是否清晰。所用的账户名称,账户的核算内容,必须符合会计制度的规定。③审核记账凭证填写的项目是否齐备,有关人员是否按规定签章。

三、会计账簿

1. 会计账簿的含义和作用

会计账簿是由具有专门格式并且相互联系的若干账页组成,以会计凭证为依据,用以连续、系统、全面记录和反映各项经济业务的簿籍。会计账簿的内容是账户记录。通过登记账簿,可以达到将会计凭证中分散的会计记录系统化的目的,为进行财产物资管理和定期编制财务会计报告提供依据。设置与登记账簿是关系到会计工作效率和质量的基础工作。

2. 会计账簿的种类

会计账簿按用途可以分为序时账簿、分类账簿和备查账簿。

1) 序时账簿

序时账簿又称日记账,是按经济业务发生顺序逐日逐笔登记的账簿。在实际工作中,是按照凭证编号的顺序登记的。序时账簿按记录的内容不同分为特种日记账和普通日记账。

特种日记账是反映某一类经济业务的日记账,常见的特种日记账有现金日记账和银行存款日记账,见表2-12和表2-13。设置现金日记账和银行存款日记账有利于对货币资金的保管、使用以及对现金管理制度的执行情况进行严格的日常监督。企业还可根据具体情况设置其他特种日记账如销货日记账、购货日记账等。

普通日记账是按先后顺序反映全部经济业务的日记账,普通日记账又称为分录簿。

2) 分类账簿

分类账簿是按会计科目开设分类账户反映全部会计要素的账簿。各分类账的最终结果是确定每一账户的借贷总额及其余额,以便定期编制报表,这是会计记账的主要目的。

分类账簿按其内容的详细程度不同分总分类账簿和明细分类账簿。

总分类账簿是按总分类科目设置的账簿,简称总账,见表2-14。总分类账簿反映经济业务总括的核算资料。明细分类账簿是按明细分类科目设置的账簿,见表2-15、表2-16、

表2-17。明细分类账簿反映某类经济业务详细的核算资料。

3) 备查账簿

备查账簿是对序时账和分类账未反映或反映不全的情况进行补充登记，以备查考的账簿，如租入固定资产登记簿，受托加工材料登记簿等。备查账属于辅助账簿。

账簿按照外表形式可分为订本式账簿、活页式账簿和卡片式账簿。订本式账簿或称订本账，是在使用前就将若干账页固定地装订成册的账簿。订本账的优点是账页不易散失，可以防止抽换账页的不正当行为。但一本订本账在同一时间内只能由一人登记，不利于分工记账。另外订本账账页固定，不能根据需要增减，因而必须预先估计每一个账户需要的页数，保留空白账页。活页式账簿和卡片式账簿是由若干零散账页或账卡组成的账簿。它们的优点是能根据记账的需要随时添加空白账页或账卡，便于记账分工。而缺点是账页或账卡容易散失和被任意抽换。因此，活页式账簿和卡片式账簿在使用前应将空白的账页或账卡连续编号，装在账夹或卡片箱中，并由主管人员在账页或账卡上盖章，活页账和卡片账应当在更换新账后装订成册或予以封扎，妥善保管。在实际工作中，明细分类账簿采用活页式或卡片式的比较多。而总分类账和序时账较多采用订本账形式。

3. 账簿设置、启用和登记要求

1) 账簿的基本内容

(1) 封面。说明账簿名称和记账单位名称。

(2) 扉页。包括说明账簿的启用日期和截止日期，账簿的页数、册数，账簿经管人员的姓名、签章，账簿管理人员的交接日期，会计主管人员签章，账户目录。

(3) 账页。账页的基本内容包括：账户名称，登账日期，凭证种类和编号，经济业务摘要栏，借方、贷方及余额等金额栏。

每本账簿启用时，应在账簿扉页上详细填写有关项目，记账人员或者会计机构负责人、会计主管人员调动工作时，应当注明交接日期、接办人员或者监交人员姓名，并由交接双方人员签名或者盖章。启用账簿，应当从第一页到最后一页顺序编定页数，不得跳页、缺号。活页式账和卡片式账页，应当按账户顺序编号，并须定期装订成册，装订后再按实际使用的账页顺序编定页码，另加目录，记明每个账户的名称和页次。

2) 账簿的登记要求

(1) 登记账簿要用蓝黑墨水或者碳素墨水书写，不得使用圆珠笔或者铅笔书写。红色墨水记账只能在以下情况使用：①按照红字记账凭证，冲销错误记录；②在不设借贷等栏的多栏式账页中，登记减少数；③在三栏式账户的余额栏前，如未印明余额方面的，在余额栏内登记负数余额；④根据国家统一会计制度的规定可以用红字登记的其他会计记录。

(2) 登记会计账簿时，会计人员应当根据审核无误的会计凭证登记会计账簿。应当将会计凭证日期、编号、业务内容摘要、金额和其他有关资料逐项记入账内；做到数字准确、摘要清楚、登记及时、字迹工整。记账后应在记账凭证上签名或盖章，并注明所记载账簿的页数，或注明已经登账的符号，表示已登记入账，避免重记或漏记。

(3) 账簿中书写的文字和数字上面要留有适当空距，不要写满格；一般应占格距的二分之一。各种账簿按页次顺序连续登记，不得跳行、隔页。如果发生跳行、隔页，应当将空行、空页画线注销，或者注明"此行空白"、"此页空白"字样，并由记账人员签名或者盖章。

(4) 凡需要结出余额的账户，结出余额后，应当在"借或贷"等栏内写明"借"或者"贷"等字样。没有余额的账户，应当在"借或贷"等栏内写"平"字，并在余额栏内用"0"表示。现金日记账和银行存款日记账必须逐日结出余额。

(5) 每一账页登记完毕结转下页时，应当结出本页合计数及余额，写在本页最后一行和下页第一行有关栏内，并在摘要栏内注明"过次页"和"承前页"字样；也可以将本页合计数及金额只写在下页第一行有关栏内，并在摘要栏内注明"承前页"字样。对需要结计本月发生额的账户，结计"过次页"的本页合计数应当为自本月初起至本页末止的发生额合计数；对需要结计本年累计发生额的账户，结计"过次页"的本页合计数应当为自年初起至本页末止的累计数；对既不需要结计本月发生额也不需要结计本年累计发生额的账户，可以只将每页末的余额结转次页。

(6) 账簿记录发生错误，不准涂改、挖补、刮擦或者用药水消除字迹，不准重新抄写，必须按照规定的方法进行更正。

(7) 实行会计电算化的单位,总账和明细账应当定期打印。发生收款和付款业务的，在输入收款凭证和付款凭证的当天必须打印出现金日记账和银行存款日记账，并与库存现金核对无误。

3) 错账的更正方法

(1) 画线更正法。适用于记账凭证正确，登记账簿时发生错误的情况，更正方法是将错误的文字或者数字画红线注销，但必须使原有字迹仍可辨认；然后在画线上方填写正确的文字或者数字，并由记账人员在更正处盖章。对于错误的数字，应当全部画红线更正，不得只更正其中的错误数字。对于文字错误，可只画去错误的部分。

(2) 红字更正法。适用于由于记账凭证错误而使账簿记录发生错误的情况。如果记账后发现记账凭证中应借应贷会计科目名称或记账方向有错误，更正的方法是：先用红字填制一张与原错误凭证内容完全相同的记账凭证，并以红字登记账簿，冲销错误的账簿记录；然后，再用蓝字或黑字填制一张正确的凭证，用蓝字或黑字登记入账。如果记账后发现记账凭证中应借应贷符号、会计科目名称或记账方向都没有错误，只是金额多记了，可以将多记的金额用红字填制一张记账凭证与原来应借应贷会计科目名称和记账方向相同的记账凭证并登记账簿，红字凭证的摘要栏内应注明"注销某月某日某号凭证"字样。

【例 2.5】某企业用现金 500 元购买办公用品。编制会计分录时会计科目正确，但借贷方向写反。错误分录如下。

借：现金　　　　500
　　贷：管理费用　　500

更正错误：用红字金额编制记账凭证如下。

借：现金　　　　500
　　贷：管理费用　　500

用蓝字重新编制正确的凭证如下。

借：管理费用　　500

贷：现金   500

红字更正的登记账簿如图 2-20 所示。

(3) 补充登记法。记账以后，发现记账凭证上应借应贷会计科目名称和记账方向正确，只是所记金额小于应记金额，应采用补充登记法更正：将少记的金额用蓝字或黑字填制一张记账凭证错误并登记账簿。蓝字凭证的摘要栏内应注明"补记第×号凭证少记数"。

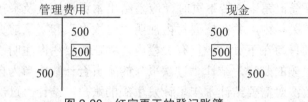

图 2-20 红字更正的登记账簿

4. 账簿的登记方法

1) 现金和银行存款日记账的登记

现金日记账、银行存款日记账的格式主要是三栏式，见表 2-12 和表 2-13。

表 2-12 现金日记账

年		凭证		摘 要	对方科目	借 方	贷 方	余 额
月	日	种类	号数					

表 2-13 银行存款日记账

年		凭证		摘 要	结算凭证	对方科目	收 入	付 出	余 额
月	日	种类	号数						

现金日记账的登记方法：由出纳员根据现金收款凭证、现金付款凭证等逐日逐笔登记。

(1) 日期栏：登记记账凭证的日期。

(2) 凭证栏：登记收付款凭证的种类和编号，如"现金收款凭证"简写为"现收"，"现金付款凭证"简写为"现付"等。

(3) 摘要栏：简要注明影响现金增减的原因，如表 2-12 中，取得一笔现金，原因是从银行提取现金，则摘要栏中应记入"提现"或"提取现金"。

(4) 对方科目栏：登记与现金对应的会计科目。反映现金业务的来龙去脉。

(5) 收入、付出和余额栏：登记现金实际的收付金额和余额。"收入"栏应根据收款凭证登记;"支出"栏应根据付款凭证登记。每日营业结束,应分别计算现金收入和现金支出的合计数,结出余额,并将余额与出纳员保管的库存现金核对,如果账实不符,应查明原因。做到"日清";每月月终计算现金收付合计数和月终余额,做到"月结"。

对于从银行提取现金的业务,由于只编制银行存款付款凭证,不编制现金收款凭证,因此现金收入应根据银行存款付款凭证登记。

银行存款日记账的登记方法:由出纳员根据银行存款收款凭证、银行存款付款凭证等逐日逐笔登记。登记方法与现金日记账基本相同。每日应计算出银行存款收入和支出的合计数及余额,定期与银行对账单核对。

为了加强对现金和银行存款的管理,应实行钱、账分离。出纳员不得登记现金日记账和银行存款日记账以外的其他账簿,出纳员登记现金日记账和银行存款日记账后,应由其他会计人员登记现金、银行存款及其他分类账。现金、银行存款总分类账和日记账应定期核对。

2) 分类账的登记

(1) 总分类账簿的登记。总分类账簿按照总分类科目开设,预留账页。总分类账簿一般采用三栏式的订本账,见表2-14。

表2-14 总分类账

年		凭证		摘 要	借 方	贷 方	借/贷	余 额
月	日	种类	号数					

总分类账的登记方法如下:①日期栏。年、月、日的记录方法与日记账中相同。②摘要栏。注明影响本科目增减的原因。③凭证号码。登记凭证的种类和编号以便于查考。④借(贷)金额栏。有关金额应以相同的借贷方向、相同的金额转记。即记账凭证中为借方金额,记入总分类账也应记入借方金额栏,反之亦然。⑤余额栏。应指明余额的借贷方向,余额为零应在"借或贷"栏填"平"字。⑥过次页。总分类账记满一页时,既需加总,又需转记下页。具体方法是加总借方总额和贷方总额,在两个加总数的同行摘要栏内写上"过次页"或"转下页"字样,然后将借方总额和贷方总额及其借贷总额之差(即余额)一并转记次页首行有关栏目内,同时在首行摘要栏内写明"承前页"或"接上页"字样,以表示衔接。

总分类账可以直接根据记账凭证逐笔登记,也可以根据科目汇总表或汇总记账凭证等定期汇总登记。

(2) 明细分类账的登记。明细分类账簿按照总分类科目下的明细分类科目开设。明细分类账格式常见的有三栏式明细分类账、数量金额式明细分类账和多栏式明细分类账。

三栏式明细分类账的格式与总分类账相同,只设置借方、贷方和余额三个金额栏,适用于只核算金额的明细账,如"应收账款"、"应付账款"、"其他应收款"等明细账,见表2-15。

表 2-15　三栏式明细分类账

年		凭证		摘要	借方	贷方	借/贷	余额
月	日	种类	号数					

数量金额式明细分类账在借方、贷方和余额栏下分别设置数量、单价和金额三小栏，适用于既要核算金额，又要核算数量的明细账，如"原材料"、"库存商品"等，见表 2-16。

表 2-16　数量金额式明细分类账

年		凭证号数	摘要	收入			发出			余额		
月	日			数量	单价	金额	数量	单价	金额	数量	单价	金额

多栏式明细分类账是在借方金额或贷方金额或借、贷两方按有关明细项目开设若干专栏，在一张账页上集中反映若干明细核算资料。如"管理费用"等明细账一般采用借方多栏式明细账；"主营业务收入"、"营业外收入"等明细账一般采用贷方多栏式明细账；而"本年利润"则采用借方、贷方多栏式明细账，管理费用明细账见表 2-17。

表 2-17　管理费用明细分类账

年		凭证号数	摘要	借方						余额
月	日			工资	折旧	办公费	水电费	修理费	其他	

实际工作中，"管理费用"等明细账只按借方发生额设置账页，贷方发生额由于每一会计期只发生一笔或几笔，可以在有关借方金额栏内用红字登记，表示应从借方发生额中冲销。

（3）总分类账与明细分类账的平行登记。明细分类账从属于总分类账，一般将总分类账称为明细分类账的统驭账户。总分类账与明细分类账登账时应采用平行登记的方法。

平行登记是指总分类账与明细分类账登记时应做到"依据相同、方向相同、金额相等"。依据相同是指总分类账与明细分类账都是依据相同的原始凭证登记的；方向相同是指总分类账与明细分类账登记的金额增减方向相同；金额相等是指总分类账余额应等于其明细分类账各子目余额之和。

【例 2.6】某公司应付账款的总分类账与明细分类账平行登记的记录见表 2-18、表 2-19、表 2-20 和表 2-21。

表 2-18　应付账款明细分类账(甲)

会计科目：甲公司

2011年		凭证		摘要	借方	贷方	借/贷	余额
月	日	种类	号数					
6	1			期初余额			贷	15 000
	2			购买材料		65 000	贷	80 000
	20			还欠款	50 000		贷	30 000
				期末余额			贷	30 000

表 2-19　应付账款明细分类账(乙)

会计科目：乙公司

2011年		凭证		摘要	借方	贷方	借/贷	余额
月	日	种类	号数					
6	1			期初余额			贷	10 000
	5			购买材料		25 000	贷	35 000
	20			还欠款	25 000		贷	10 000
				期末余额			贷	10 000

表 2-20　应付账款明细分类账(丙)

会计科目：丙公司

2011年		凭证		摘要	借方	贷方	借/贷	余额
月	日	种类	号数					
6	1			期初余额			贷	6 000
	2			购买材料		10 000	贷	16 000
	20			还欠款	14 000		贷	2 000
				期末余额			贷	2 000

表 2-21　应付账款总分类账

会计科目：应付账款

2006年		凭证		摘要	借方	贷方	借/贷	余额
月	日	种类	号数					
6	1			期初余额			贷	31 000
	31	科目汇总表			89 000	100 000	贷	42 000
				期末余额			贷	42 000

5. 对账、结账

1) 对账

对账即核对账目。企业应当定期将会计账簿记录的有关数字与货币资金、有价证券、往来单位或者个人、库存实物等进行相互核对，保证账证相符、账账相符、账实相符。对账工作每年至少进行一次。

(1) 账证核对。核对会计账簿记录与原始凭证、记账凭证的时间、凭证字号、内容、金额是否一致，记账方向是否相符。

(2) 账账核对。核对不同会计账簿之间的账簿记录是否相符，包括：总账有关账户的余额核对，总账与明细账核对，总账与日记账核对，会计部门的财产物资明细账与财产物资保管和使用部门的有关明细账核对等。

(3) 账实核对。核对会计账簿记录与财产物资实有数额是否相符。包括现金日记账账面余额与现金实际库存数相核对；银行存款日记账账面余额定期与银行对账单相核对；各种财产物资明细账账面余额与产品、物资实存数额相核对；各种应收、应付款明细账账面余额与有关债务、债权单位或者个人相核对等。

2) 结账

结账是会计期末结束账簿记录的会计工作。结账一般包括以下程序。

(1) 检查本期内所发生的各项经济业务是否已全部登记入账。

(2) 期末账项调整和结转。由于日常会计核算是建立在权责发生制基础上的，各个会计期间可能存在应计收入或应计费用以及预收款项或预付费用。在日常经济业务记录的基础上，结账前应编制调整分录，对有关账项进行调整，将属于本期但尚未确认记录的收入和费用确认并登记入账。当期费用全部得到确认后，有关成本结转才能依次进行。

(3) 结算本期的收入、费用以及直接计入本期损益的利得和损失账户的发生额合计和期末余额。编制结账分录，将收入、费用、直接计入本期损益的利得和损失账户的余额结转入"本年利润"账户；"本年利润"账户余额应在年末结账时转入"利润分配——未分配利润"账户中。结账分录也应登记到分类账簿中。

(4) 结算资产、负债、所有者权益类账户的发生额合计和期末余额。

(5) 划线结束本期账簿记录。画线表示将本期记录与下期记录明显分开。需要结出当月发生额的，应当在摘要栏内注明"本月合计"字样，并在下面通栏画单红线。需要结出本年累计发生额的，应当在摘要栏内注明"本年累计"字样，并在下面通栏画单红线；12月末的"本年累计"就是全年累计发生额。全年累计发生额下面应当通栏画双红线。年度终了结账时，所有总账账户都应当结出全年发生额和年末余额。

(6) 年度终了，要把各账户的余额结转到下一会计年度，并在摘要栏注明"结转下年"字样；在下一会计年度新建有关会计账簿的第一行余额栏内填写上年结转的余额，并在摘要栏注明"上年结转"字样。

四、会计核算形式

简单地说，"凭证→账簿→报表"是会计核算的基本形式和流程，在会计实务中，由于各种企业规模大小、业务繁简程度不同，会计核算组织的形式和流程也不完全相同。

会计核算形式也称为账务处理程序，是指会计凭证、会计账簿体系和会计报表之间有机结合的方式和方法。如记账凭证核算形式、科目汇总表核算形式、汇总记账凭证核算形式、多栏式日记账核算形式和日记总账核算形式。其中，旅游企业常用的核算形式是记账凭证核算形式和科目汇总表核算形式。

记账凭证核算形式的记账程序如下：①根据原始凭证或原始凭证汇总表填制记账凭证。②根据收款凭证和付款凭证逐笔登记现金日记账和银行存款日记账。③根据记账凭证和原始凭证登记明细账。④根据记账凭证逐笔登记总分类账。⑤月末，现金日记账、银行存款日记账的余额与总分类账中现金、银行存款账户的余额核对；各明细账余额与总账各账户的余额核对。⑥根据总分类账和明细分类账编制会计报表。

记账凭证核算形式如图 2-21 所示。

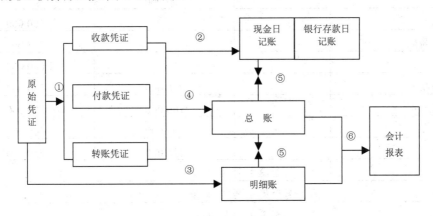

图 2-21　记账凭证核算形式

科目汇总表核算形式的记账程序如下：①根据原始凭证或原始凭证汇总表填制记账凭证。②根据收款凭证和付款凭证逐笔登记现金日记账和银行存款日记账。③根据记账凭证和原始凭证登记明细账。④根据记账凭证编制科目汇总表。⑤根据科目汇总表登记总分类账。⑥月末，现金日记账、银行存款日记账的余额与总分类账中现金、银行存款账户的余额核对；各明细账余额与总账各账户的余额核对。⑦根据总分类账和明细分类账编制会计报表。

科目汇总表核算形式如图 2-22 所示。

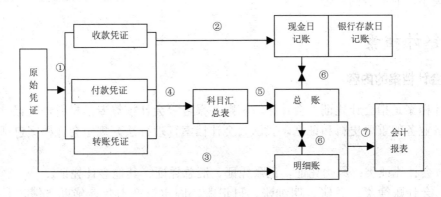

图 2-22　科目汇总表核算形式

根据图 2-9 到图 2-19 资料编制科目汇总表，见表 2-22。

表 2-22 某旅游企业会计科目汇总表

201×年 3 月 31 日   第 1 号

会计科目	总账页数	本期发生额	
		借方	贷方
银行存款		1 750 000	510 000
库存现金		50 000	50 000
原材料		160 000	100 000
固定资产		300 000	
短期借款			500 000
应付职工薪酬			50 000
实收资本			1 000 000
主营业务收入		250 000	250 000
主营业务成本		100 000	100 000
管理费用		100 000	100 000
本年利润		200 000	250 000
收款凭证	第 1 号至第 3 号共 3 张		
付款凭证	第 1 号至第 4 号共 4 张		
转账凭证	第 1 号至第 4 号共 4 张		

记账凭证核算形式和科目汇总表核算形式这两种核算形式的主要区别在于登记总账的依据和方法不同。科目汇总表核算形式下，总分类账是定期根据科目汇总表登记的；记账凭证核算形式下，总分类账是直接根据记账凭证逐笔登记的。

采用科目汇总表核算形式可以减少总账登记的工作量，同时，科目汇总表还有试算平衡的作用。但这种核算形式下总账不能反映账户之间的对应关系，不便于了解经济业务内容。记账凭证核算形式下账户对应关系清楚，易于理解，但总账登记的工作量大。科目汇总表核算形式一般适用于规模较大，业务量多的企业；记账凭证核算形式一般适用于规模小，业务少的单位。

五、会计档案

1. 会计档案的内容

会计档案是指会计凭证、会计账簿和财务报告等会计核算专门材料，是记录和反映单位经济业务的重要史料和证据。我国《会计档案管理办法》规定会计档案包括如下具体内容。

(1) 会计凭证类：原始凭证、记账凭证、汇总凭证、其他会计凭证。

(2) 会计账簿类：总账、明细账、日记账、固定资产卡片、辅助账簿、其他会计账簿。

(3) 财务报告类：月度、季度、年度财务报告，包括会计报表、附表、附注及文字说明，其他财务报告。

(4) 其他类：银行存款余额调节表，银行对账单，其他应当保存的会计核算专业资料，会计档案移交清册，会计档案保管清册，会计档案销毁清册。

2. 会计档案的管理

各单位每年形成的会计档案，应当由会计机构按照归档要求，负责整理立卷，装订成册，编制会计档案保管清册。当年形成的会计档案，在会计年度终了后，可暂由会计机构保管一年，期满之后，应当由会计机构编制移交清册，移交本单位档案机构统一保管；未设立档案机构的，应当在会计机构内部指定专人保管。

各单位保存的会计档案不得借出。如有特殊需要，经本单位负责人批准，可以提供查阅或者复制，并办理登记手续。各单位应当建立健全会计档案查阅、复制、登记制度。

会计档案的保管期限分为永久、定期两类。定期保管期限分为3年、5年、10年、15年、25年5类。会计档案的保管期限，从会计年度终了后的第一天算起。具体保管期限见表2-23。

表2-23　企业会计档案保管期限表

序　号	档案名称	保管期限	备　注
一	会计凭证类		
1	原始凭证	15年	
2	记账凭证	15年	
3	汇总凭证	15年	
二	会计账簿类		
4	总账	15年	包括日记总账
5	明细账	15年	
6	日记账	15年	现金和银行日记账25年
7	固定资产卡片		固定资产报废清理后5年
8	辅助账簿		
三	财务报告类		包括各级主管部门
9	月、季度财务报告	3年	包括文字分析
10	年度财务报告(决算)	永久	包括文字分析
四	其他类		
11	会计移交清册	15年	
12	会计档案保管清册	永久	
13	会计档案销毁清册	永久	
14	银行余额调节表	5年	
15	银行对账单	5年	

保管期满的会计档案，可以按规定程序销毁。由本单位档案机构会同会计机构提出

销毁意见，编制会计档案销毁清册，列明销毁会计档案的名称、卷号、册数、起止年度和档案编号、应保管期限、已保管期限、销毁时间等内容。单位负责人在会计档案销毁清册上签署意见。销毁会计档案时，应当由档案机构和会计机构共同派员监销。国家机关销毁会计档案时，应当由同级财政部门、审计部门派员参加监销。财政部门销毁会计档案时，应当由同级审计部门派员参加监销。会计档案销毁后，监销人员应当在会计档案销毁清册上签名盖章，并将监销情况报告本单位负责人。保管期满但未结清的债权债务原始凭证和涉及其他未了事项的原始凭证，不得销毁，应当单独抽出立卷，保管到未了事项完结时为止。单独抽出立卷的会计档案，应当在会计档案销毁清册和会计档案保管清册中列明。正在项目建设期间的建设单位，其保管期满的会计档案不得销毁。采用电子计算机进行会计核算的单位，应当保存打印出的纸质会计档案。具备采用磁带、磁盘、光盘、微缩胶片等磁性介质保存会计档案条件的，由国务院业务主管部门统一规定，并报财政部、国家档案局备案。单位因撤销、解散、破产或者其他原因而终止的，在终止和办理注销登记手续之前形成的会计档案，应当由终止单位的业务主管部门或财产所有者代管或移交有关档案馆代管。单位之间交接会计档案的，交接双方应当办理会计档案交接手续。

复习自测题

一．单项选择题

1. 下列项目中，不属于资产要素的是(　　)。
　　A. 应收账款　　　　B. 预收账款　　　C. 应收票据　　　D. 专利权
2. 负债是指企业由于过去的交易或事项形成的(　　)。
　　A. 过去义务　　　　B. 现时义务　　　C. 将来义务　　　D. 永久义务
3. 下列各项中属于所有者权益项目的是(　　)。
　　A. 长期股权投资　　B. 长期应付款　　C. 资本公积　　　D. 固定资产
4. (　　)是对会计对象进行的基本分类，是会计核算对象的具体化。
　　A. 会计要素　　　　B. 会计科目　　　C. 会计账户　　　D. 会计对象
5. 会计科目是(　　)。
　　A. 账户的名称　　　　　　　　　　　B. 会计报表名称
　　C. 会计等式　　　　　　　　　　　　D. 经济业务名称
6. 总分类账户是根据(　　)设置的，用于对会计要素具体内容进行总括分类核算的账户。

A. 明细分类科目 B. 会计对象 C. 会计科目 D. 总分类科目

7. 复式记账法对每项经济业务都以相等的金额在(　　)中进行登记。
   A. 一个账户 B. 两个账户
   C. 全部账户 D. 两个或两个以上的账户

8. 将现金存入银行，按规定应编制(　　)。
   A. 现金收款凭证 B. 银行存款收款凭证
   C. 现金付款凭证 D. 银行存款付款凭证

9. 如果企业取得的原始凭证出现金额错误，应采取(　　)。
   A. 由本企业在错误处更改
   B. 由出具单位更正并加盖出具单位印章
   C. 必须由出具单位重开
   D. 由本企业在错误处更改，但必须盖章

二. 多项选择题

1. 下列要素中，反映企业财务状况的会计要素(静态要素)有(　　)。
   A. 资产 B. 负债 C. 所有者权益 D. 收入 E. 费用

2. 设置会计科目应考虑的原则包括(　　)。
   A. 全面地反映会计主体会计对象的内容和特点
   B. 满足会计信息使用者的需要
   C. 统一性和灵活性相结合
   D. 保持相对的稳定性
   E. 会计科目的确定要简明扼要，通俗易懂

3. 复式记账法的优点是(　　)
   A. 能全面反映账户的对应关系
   B. 有利于检查会计分录的正确性
   C. 便于进行试算平衡
   D. 便于按会计科目进行汇总

4. 经济业务的发生，一方面引起资产项目增加，另一方面还可能引起(　　)。
   A. 负债项目增加 B. 负债项目减少
   C. 所有者权益增加 D. 所有者权益减少

5. 以下正确的会计等式有(　　)。
   A. 资产=权益
   B. 资产=负债+所有者权益
   C. 收入-费用=利润
   D. 资产+费用=负债+所有者权益+收入
   E. 资产+负债-费用=所有者权益+收入

6. 一个完整的会计循环包括以下哪几个步骤(　　)。
   A. 编审原始凭证，分析经济业务，编制会计分录
   B. 过账 C. 试算平衡 D. 结账 E. 编制会计财务报告

7. 下列属于外来原始凭证的有( )。
   A. 购买材料的发票　　　　　B. 出差住宿收据
   C. 银行结算凭证　　　　　　D. 完工产品入库单
8. 记账凭证必须具备的基本内容有( )。
   A. 填制单位和记账凭证的名称
   B. 凭证填制日期、编号和业务内容摘要
   C. 经济业务的会计分录
   D. 所附原始凭证张数和有关人员签章
9. 任何会计主体都必须设置的账簿有( )。
   A. 日记账簿　　B. 辅助账簿　　C. 总分类账簿　　D. 明细分类账簿
10. 现金日记账的一般格式(三栏式)主要项目包括( )。
    A. 日期、凭证栏　B. 摘要栏　　C. 对方科目栏　　D. 借方、贷方栏

三、简答

(1) 什么是会计要素？为什么要划分会计要素？
(2) 什么是会计等式？发生经济业务对会计等式有什么影响？
(3) 账户有什么作用？会计科目与账户有什么关系？
(4) 什么是复式记账法？复式记账法的理论依据是什么？
(5) 什么是原始凭证？什么是记账凭证？填制与审核会计凭证有什么要求？
(6) 什么是会计分录？会计分录编制的要求是什么？
(7) 科目汇总表会计核算形式的账务处理程序是怎样的？它有什么特点？

四、实训题

实训一

目的：掌握会计要素的内在联系。
资料：ABC 公司 5 月发生下表中的经济业务。

ABC 公司 5 月份发生的经济业务

5月	经济业务	资产	负债	所有者权益	收入	费用
1日	用银行存款购入材料					
3日	提供劳务收取现金					
6日	支付办公费用					
10日	收到应收款项					
12日	支付上月应付职工薪酬					
15日	职工从公司借款					
20日	买股票短期投资					
26日	收到预付的劳务费					

要求：在上表中指出每笔业务对会计等式的影响，用(+)表示增加，用(-)表示减少，

用(0)表示没有影响。

实训二

目的：熟悉会计循环。

资料：华强公司本期发生以下业务。

① 收到某投资者投资 100 000 元存入银行。

② 用银行存款购入 20 000 元的商品。

③ 售出商品，收款 18 000 元存入银行。

④ 结转售出商品的成本 10 000 元。

购入成本为 10 000 元的商品，承诺 30 天内付款。

⑥ 从银行提取现金 8 000 元。

⑦ 售出商品 9 000 元，客户承诺 60 天支付。

⑧ 结转售出商品成本 5 000 元。

⑨ 用现金支付上月员工工资 5 000 元

⑩ 用现金 500 元购买办公用品。

□ 期末将本期收入结转入"本年利润"账户。

□ 期末将本期的费用结转入"本年利润"账户。

要求：

① 根据以上资料编制会计分录，并注明应编制的记账凭证类型。

② 根据会计分录，登记总分类账(以 T 型账户代替)，结算出发生额和余额。

根据总分类账编制试算平衡表。

推荐学习书目

1. 赵德武. 会计学原理. 大连：东北财经大学出版社，2004
2. 谢获宝. 会计学原理. 武汉：湖北人民出版社，2006
3. 中华人民共和国财政部. 企业会计准则(2006). 北京：经济科学出版社，2006
4. 中华人民共和国财政部. 企业会计准则——应用指南. 北京：中国财政经济出版社，2006
5. 会计档案管理办法. 财政部与国家档案局 1984 年颁布
6. 会计基础工作规范. 财政部 1996 年 6 月颁布
7. 会计从业资格考试辅导教材编写组. 会计基础. 北京：清华大学出版社，2011

第三章 流动资产

【本章导读】

流动资产是旅游企业资产的重要组成部分。流动资产主要包括货币资金、交易性金融资产、应收和预付款项、存货等内容。本章按流动资产各项目在财务报表中出现的先后顺序进行介绍。

【关键词】

库存现金　银行存款　其他货币资金　交易性金融资产　结算方式　应收票据　应收账款　其他应收款　坏账准备　存货　原材料　低值易耗品　库存商品　存货跌价准备

【知识点】

了解库存现金和银行存款的日常核算和银行结算方式；熟悉交易性金融资产的账务处理；熟悉应收及预付款项和坏账准备的账务处理；掌握存货购入、存货发出计价方法以及期末计量。

第三章　流动资产

第一节　货币资金

货币资金是旅游企业生产经营过程中以货币形态存在的资产,货币资金一般包括库存现金、银行存款和其他货币资金。

货币资金作为支付手段,具有普遍可接受性和高度流动性的特点,拥有了货币资金,便拥有了用于购买或偿还债务的能力,因此它是衡量旅游企业短期支付能力的重要标准。

一、库存现金

库存现金是指通常存放于企业财会部门、由出纳人员经管的货币。库存现金是企业流动性最强的资产,企业应当严格遵守国家有关现金管理制度,正确进行现金收支的核算,监督现金使用的合法性和合理性。

1. 现金管理制度

根据国务院发布的《现金管理暂行条例》的规定,现金管理制度主要包括以下内容。
1) 现金的使用范围

企业可用现金支付的款项有如下几项:①职工工资、津贴。②个人劳务报酬。③根据国家规定颁发给个人的科学技术、文化艺术、体育等各种奖金。④各种劳保、福利费用以及国家规定对个人的其他支出。⑤向个人收购农副产品和其他物资的款项。⑥出差人员必须随身携带的差旅费。⑦结算起点以下的零星支出。⑧中国人民银行确定需要支付现金的其他支出。

除上述情况可用现金支付外,其他款项的支付应通过银行转账结算。
2) 现金的限额

现金的限额是指为了保证企业日常零星开支需要,允许单位留存现金的最高数额。这一限额由开户银行根据单位的实际需要核定,一般来说,库存现金额度核定为相当于旅游企业 3 天到 5 天的日常零星开支水平,边远地区和交通不便地区的库存现金额度可以适当放宽,但最多不得超过 15 天的日常零星开支。限额确定后,必须严格遵守,超过库存限额的部分必须在规定时间内送存银行。
3) 现金收支的规定

开户单位在业务经营中所获得的现金收入,要按时送存银行,不得从本单位的现金收入中直接支付,即不得"坐支"现金。因特殊情况需要坐支现金的单位,应事先报有关部门审查批准,并在核定的范围和限额内进行,同时,收支的现金必须入账。

开户单位从开户银行提取现金时,应如实写明提取现金的用途,由本单位财会部门负责人签字盖章,并经开户银行审查批准后予以支付。因采购地点不确定、交通不便、抢险救灾等特殊情况必须使用现金的单位,应向开户银行申请,由本单位财会部门负责人签字盖章,并经开户银行审查批准后予以支付。另外,不准用不符合国家统一会计制度的凭证顶替库存现金,即不得以白条抵充库存现金;支取现金要如实说明用途,不准谎报用途套取现金等。银行对于违反上述规定的单位,将按照违规金额的一定比例予以处罚。

因此,旅游企业在办理有关现金收支业务时,必须完善内部控制,现金内部控制可以发现差错,减少发生差错、舞弊、欺诈的机会。现金内部控制制度,自始至终不允许一笔经济业务由单独一人操纵和处理。旅游企业应配备专职的出纳人员,出纳人员不得兼管收入、费用、债权、债务账目的登记工作以及稽核和会计档案的保管工作。

2. 现金的账务处理

为了反映旅游企业现金的收支和结存情况,旅游企业应设置"库存现金"科目,借方登记库存现金的增加,贷方登记库存现金的减少,期末余额在借方,反应企业实际持有的库存现金金额。企业内部各部门周转使用的备用金,可用单独设置"备用金"科目进行核算。

旅游企业应当设置库存现金总账和现金日记账,分别进行企业库存现金的总分类核算和明细分类核算,"现金日记账"的格式见表3-1。

表3-1　现金日记账

年		凭证号数	摘要	对方科目	收入	支出	收或支	结存
月	日							

收入现金时,借记"库存现金"科目,贷记"主营业务收入"或其他有关科目。支出现金时,贷记"库存现金"科目,借记"原材料"或其他有关科目。"库存现金"账户余额在借方。月份终了,"现金日记账"的余额应与"库存现金"总账的余额核对相符,有外币现金的旅游企业,应当分别对人民币和各种外币设置"现金日记账"进行明细核算。旅游企业内部各部门周转使用的备用金,应在"其他应收款"科目核算,或单独设置"备用金"科目核算。

旅游企业"现金日记账",根据收付款凭证,按照业务发生顺序逐笔登记。每日终了,应当计算当日的现金收入合计额、现金支出合计额和结余额,将结余额与实际库存额核对,做到账款相符。

二、银行存款

银行存款就是旅游企业存放在银行或其他金融机构的各种款项。旅游企业应当根据业务需要,按照规定在其所在地银行开设账户,运用所开设的账户,进行存款、取款以及各种收支转账业务的结算。银行存款的收付应当严格执行银行结算制度。按照国家有关规定，凡是独立核算的旅游企业都必须在当地银行开立账户，旅游企业除按规定的限额保留现金外，超过限额的现金必须存入银行，除了在规定的范围内可以用库存现金直接支付的款项外，在经营过程中所发生的一切货币收支业务，都必须通过银行账户进行结算。

(一)银行账户的设立和常用的结算方式

1. 银行账户的设立

根据《银行账户管理办法》的规定，企业根据需要可以在银行设立四类账户，即基本存款账户、一般存款账户、专用存款账户和临时存款账户。

1) 基本存款账户

基本存款账户是指存款人办理日常转账结算和现金收付的账户。存款人的工资、奖金等现金的支取只能通过本账户办理。开立基本存款账户时，存款人应向开户银行提出开户申请，出具当地工商行政管理机关核发的《企业法人营业执照》，送交盖有存款印章的印鉴卡片，经银行审核同意，并凭中国人民银行当地分支机构核发的开户许可证，即可开立该账户。根据《银行账户管理办法》的规定，存款人只能在银行开立一个基本账户，不能多头开立基本账户。旅游企业在开立基本存款账户的同时，向开户银行购买支票和其他各种单据。

2) 一般存款账户

一般存款账户是存款人因借款或其他结算需要，在基本存款账户开户银行以外的银行营业机构开立的银行结算账户。存款人可以通过本账户办理转账结算和库存现金缴存，但不能办理库存现金支取。开立一般存款账户时，存款人应向开户银行开具借款合同、借款借据或出具基本存款账户的存款人同意其附属的非独立核算单位的开户证明，送交盖有存款人印章的印鉴卡片，经银行审核同意后，即可开立该账户。

3) 临时存款账户

临时存款账户是指存款人因临时经营活动需要开立的账户。存款人可以通过该账户办理转账结算和根据国家现金管理规定办理现金收付。外地临时机构可以申请开立该账户，并需出具当地工商行政管理机关核发的临时执照，临时经营活动需要的单位和个人可以申请开立账户，并须出具当地有权部门同意设立外来临时机构的批件。存款人送交盖有存款人印章的印鉴卡片，经审核同意后，都可开立该账户。

4) 专用存款账户

专用存款账户是指存款人因特定用途需要开立的账户。这种特定用途的资金范围包括：基本建设的资金，更新改造的资金，特定用途需要专户管理的资金。存款人应填制开户申请书，提供有权部门批准立项的文件或国家有关文件的规定，送交盖有存款人印章的印鉴卡片，经银行审核同意后即可开立账户。

旅游企业使用银行存款账户时，必须严格遵守银行的各项规定，合法使用。旅游企业应指定专人签发银行支票，不得出借出租或转让给其他单位或个人，不得签发空头支票和远期支票。

2. 常用的结算方式

根据中国人民银行发布《支付结算办法》和《国内信用证结算办法》的规定，企业发生的货币资金收付业务可以采用支票、本票、汇票、汇兑、委托收款、托收承付、信用证和信用卡等方式进行结算。被简称作"三票三式一证一卡"。企业间银行结算基本关系如图3-1所示。

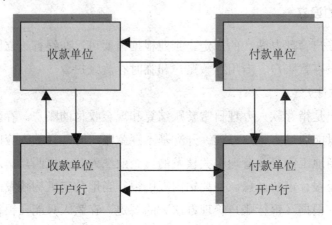

图 3-1　企业间银行结算基本关系

1) 银行支票

银行支票是银行存款人签发给收款人办理结算或委托开户银行将款项支付给收款人的收据。我国票据法规定，按照支付票款方式，将支票分为普通支票，现金支票和转账支票。现金支票只能用于支取现金，转账支票只能用于转账，不得支取现金。普通支票既可以用来支取现金，也可用来转账，目前还没有使用。支票是旅游企业结算方式中采用最多的形式之一，目前用于同城结算。旅游企业可以向开户行购买空白的转账支票和现金支票。当企业需要现金时，开出现金支票交与开户行提取现金。当企业采购材料、商品、固定资产或接受劳务时，开出转账支票交与收款单位，收款单位交其开户行进行银行间结算。支票的提示付款期限自出票日起10日，超过提示付款期限提示付款的，持票人开户行不予受理，付款人不予付款。企业支票必须记载以下事项：①表明"支票"的字样；②无条件支付的委托；③确定的金额；④付款人名称；⑤出票日期；⑥出票人签章。未记载以上事项之一的，支票无效。支票上未记载金额和收款人名称的，经出票人授权可以补记。

支票管理与保管。第一、使用支票要建立健全支票管理制度，要组织有关人员学习掌握《支付结算办法》和《中华人民共和国票据法》及有关规定，使用《转账支票手册》，加强内部空白支票购领、使用、登记、销号监控管理。第二、空白支票必须与印章分开存放，并指定专人分别保管和签发，不得随意携带空白支票外出购物，不得在空白支票上预先盖好印鉴备用，更不得出租、出借支票或转让支票给其他单位和个人使用。第三、由于银行清分机对清理、分拣的支票在平整、直挺等方面要求较高，且单联式支票未装订成本，因此应使用人民银行统一制作的支票盒和支票夹，对支票进行妥善保管，保证支票的干燥，切口边缘的齐整，外出携带支票时，保持支票的平整，以避免因计算机无法识别而影响资金的及时清算。

2) 银行本票

银行本票是银行签发的，承诺自己在见票时无条件支付确定的金额给收款人或者持票人的票据。用于同城结算。企业需要采用银行本票结算方式时，可以向开户行提出申请，从单位基本户头中将金额转给开户行取得银行本票。银行本票是银行提供的一种银行信用，见票即付，可当场抵用。银行本票分为：转账和现金两种。申请人或收款人为单位的，不得申请现金银行本票；申请人和收款人均为个人时，才能申请现金银行本票。

银行本票的提示付款期限自出票日起最长不得超过 2 个月。在银行开立存款账户的持票人向开户银行提示付款时，应在银行本票背面"背书人签章"栏签章，签章应与预留银行签章相同，并将银行本票、进账单送交开户银行，银行审查无误后办理转账。

3) 汇票

汇票是指发票人委托付款人于到期日无条件支付一定金额给收款人的票据。汇票根据不同划分标准分为数种，即银行汇票、商业汇票等。

(1) 银行汇票，是出票银行签发的，由其在见票时按照实际结算金额无条件支付给收款人或者持票人的票据。银行汇票分为：转账和现金两种。申请人或收款人为单位的，不得申请现金银行汇票；申请人和收款人均为个人时，才能申请现金银行汇票。旅游企业可以向开户行提出申请，将款项转给开户行开出银行汇票。用于异地结算。当旅游企业到外地采购时，将银行汇票转给收款单位(持票人)。持票人向银行提示付款时，在银行汇票背面"持票人向银行提示付款签章"处签章，签章应与预留银行签章相同。并将银行汇票、解讫通知和填制的进账单一并送交开户银行。银行汇票的提示付款期限自出票日起 1 个月。

(2) 商业汇票，是由出票人签发的，委托付款人在指定日期无条件支付确定的金额给收款人或者持票人的票据。商业汇票分为商业承兑汇票和银行承兑汇票。在银行开立存款账户的法人以及其他组织之间，必须具有真实的交易关系或债权关系，才能使用商业汇票。商业汇票可以流通转让。商业汇票付款期限，最长不得超过六个月；商业汇票的提示付款期限，自汇票到期日起十日。商业承兑汇票由银行以外的付款人承兑，是由出票人签发经付款人承兑，或由付款人签发并承兑，或由收款人签发经付款人承兑的票据。银行承兑汇票是由出票人签发并由其开户银行承兑的票据。持票人应在提示付款期限内作成委托收款背书，并将汇票和填制的进账单送交开户银行，通过同城票据交换收妥后入账。承兑人为异地的，持票人可匡算邮程，提前通过开户银行办理委托收款。符合条件的商业汇票持票人需要资金时，可持未到期的商业汇票连同贴现凭证向银行申请贴现。已承兑的商业承兑汇票丧失，可以由失票人通知承兑人和承兑人开户银行挂失止付。已承兑的银行承兑汇票丧失，可以由失票人通知承兑银行挂失止付。

4) 汇兑

汇兑是付款人委托银行将其款项支付给收款人的结算方式，单位和个人的各种款项结算，可使用汇兑结算。汇兑分为信汇、电汇两种方式，由汇款人在填写汇兑凭证时选择。自 1996 年 1 月 1 日起在全国各联行点实行了电子汇兑。无论采用信汇还是电汇，均可在 24 小时内到账抵用。

5) 委托收款

委托收款是收款人委托银行向付款人收取款项的结算方式。委托收款结算凭证按款项划回的方式不同，分为邮寄和电划两种，由收款人选用。单位和个人凭已承兑的商业汇票、债券、存单等付款债务证明办理款项的结算，均可使用委托收款结算方式。委托收款便于收款人主动收款，该结算方式适用范围十分广泛。无论是同域还是异地都可以使用。

收款人办理委托款应向开户银行填写委托收款凭证，提供收款依据、付款人开户银行寄来的委托收款凭证，经审查无误，应即时通知付款人，付款人接到通知和有关的附件，应在规定的付款期内付款。付款期为3天，付款人开户银行发出付款通知的次日算起(付款期内遇例假日顺延)。付款人在付款期内未向银行提出异议，银行视作同意付款，并在付款期满的次日(例假日顺延)起，第4日上午银行开始营业时，将款项主动划给收款人。如提付款，属于全部提付的，不做账务处理；属于部分拒付的，旅游企业应在付款期内出具部分拒付理由书并退回有关单位。

6) 托收承付

托收承付是根据购销合同由收款人发货后，委托开户银行向异地付款人收取款项，由付款人向银行承认付款的结算方式。按划回方式的不同，托收承付结算凭证有邮寄和电划两种，由收款人选用，每笔结算起点金额为一万元。

采用托收承付的适用范围有两个：一是使用结算方式的单位，必须是国有旅游企业，供销合作社以及生产经营管理较好，并经开户银行审查同意的城乡集体所有制工业、旅游企业；二是办理结算的款项必须是商品交易以及因商品交易而产生的劳务供应款项。除符合前述适用范围的规定外，还必须具备以下两个前提条件：一是收付双方使用托收承付结算必须签有符合《经济合同法》的购销合同，并在合同上订明使用异地托收承付结算方式；二是收款人办理托收，必须具有商品确已发运的证件(包括铁路、航运、公路等运输部门签发的运单、运单副本和邮局包裹回执)。

采用异地托收承付结算方式，结算过程包括托收和承付两个阶段。

托收是指收款人根据购销合同发货后委托银行向付款人收取款项的行为。收款人办理托收，应填制托收凭证，盖章后并发运证件或其他符合托收承付结算的有关证明和交易单寄送交银行。

承付是指由付款人向银行承认付款的行为。付款人开户银行收到托收凭证及其附件后，应当及时通知付款人。付款人在承付期内审查核对，安排资金。付款人的承付期是根据验单付款还是根据验货付款而不相同，验单付款的承付期为3天，从付款人开户银行发出承付通知的次日算起(承付期内遇例假日顺延)。验货付款的承付期为10天，从运输部门向付款人发出提货通知的次日算起，收付双方在合同中明确规定，并在托收凭证上注明验货付款期限的，银行从其规定。付款人在承付期内，未向银行表示拒绝付款，银行即作承付，并在承付期满的次日(例假日顺延)银行开始营业时，将款项主动从付款人的账户内付出，按照收款人指定的划款方式，划给收款人。付款人在承付期满银行营业终了时，如无足够资金支付，其不足部分，即为逾期未付款项，按逾期付款处理。付款人开户银行对付款人逾期支付的款项，应当根据逾期付款金额和逾期天数，按每天万分之五计算逾期付款赔偿金。

7) 国内信用证

国内信用证是一家银行(开证行)依据其客户(开证申请人)的请求或批示,向另一人(受益人)开立的一种书面约定,根据这一约定,如果受益人满足了信用证中规定的要求,则开证行将向受益人支付信用证中约定的金额。简单地说,信用证是开证行应开证申请人的请求向受益人所做的一种有条件的付款保证。

适用于国内企业之间商品交易的信用证结算。

业务特点:①一家银行做出的付款、议付或履行信用证项下其他义务的承诺不受申请人与开证行、申请人与受益人之间关系的制约;②受益人在任何情况下,不得利用银行之间或申请人与开证行之间的契约关系;③在信用证结算中,各有关当事人处理的只是单据,而不是与单据有关的货物及劳务。

使用范围:①国内信用证只限于办理转账结算,不得支取现金;②信用证与作为其依据的购销合同相互独立,银行在处理信用证业务时,不受购销合同的约束。

8) 信用卡

信用卡是银行、金融机构向信誉良好的单位、个人提供的,能在指定的银行提取现金,或在指定的商店、饭店、宾馆场所等购物和享受劳务时进行记账结算的一种信用凭证。我国目前发行的信用卡主要有:牡丹卡、长城卡、万事达卡、维萨卡、金穗卡、龙卡、太平洋卡等。使用信用卡结算具有如下特点:一是方便,可以凭卡在全国各地大中城市的有关银行提取、存入现金或在同城、异地的特约商场、商店、饭店、宾馆购物和消费。二是通用性,它可用于支取现金,进行现金结算,也可以办理同城、异地的转账业务,代替支票、汇票等结算工具,具有银行户头的功能。三是在存款余额内消费,可以善意透支。信用卡的持卡人取现或消费以卡内存款余额为限度,当存款余额减少到一定限度时,应及时补充存款。一般不透支,如急需,允许在规定限额内小额善意透支,并计付透支利息。

(二)银行存款

1. 银行存款账务处理

银行存款是旅游企业存放在银行或其他金融机构的货币资金。旅游企业应当根据业务需要,按照规定在其所在地银行开立基本账户,运用所开立的账户,进行存款、取款以及各种收支转账业务的结算。

旅游企业应当设立银行存款总账和银行存款日记账,分别进行银行存款的总分类核算和明细分类核算。按开户银行和其他金融机构、存款种类等设置"银行存款日记账",根据收付款凭证,按照业务的发生顺序逐笔登记。每日终了,应结出余额,见表3-2。

旅游企业在不同结算方式下,根据有关原始凭证编制银行存款收付款凭证,记入旅游企业的"银行存款日记账"。旅游企业将款项存入银行或其他金融机构时,借记"银行存款"科目,贷记"库存现金"或有关科目;提取或支付在银行或其他金融机构中的存款时,借记"库存现金"或其他有关科目,贷记"银行存款"科目。

2. 银行存款的核对

旅游企业的"银行存款日记账"应定期与从银行取回的"银行对账单"核对。至少每月核对一次。旅游企业"银行存款日记账"账面余额与"银行对账单"之间如有差额，应编制"银行存款余额调节表"调节，使之相符，如没有记账错误，调节后的双方余额应相等。"银行对账单"见表3-3。

表3-2 银行存款日记账

2011年		凭证号数	结算凭证		摘要	借方	贷方	借或贷	余额
月	日		种类	号数					
5	25	略			余额			贷	83 000.00
	26		汇兑	#12162	汇出邮购款		45 000.00	贷	38 000.00
	27		转支	#22171	购办公用品		1 050.00	贷	36 950.00
	28		进账单	#32172	营业款解行	8 500.00		贷	45 450.00
	29		转支	#56726	支付火车款		5 606.00	贷	39 844.00
	30		进账单	#32173	营业款解行	3 660.00		贷	43 504.00
	30		银行汇票	#10321	支付货款		10 100.00	贷	33 404.00
	31		现支	#11210	提现		500.00	贷	32 904.00

表3-3 银行存款对账单

2011年5月31日

2011年		摘要	结算凭证		借方	贷方	借或贷	余额
月	日		种类	号数				
5	25	余额					贷	83 000.00
	26	邮购款	汇兑	#12162		45 000.00	贷	38 000.00
	28	营业款	进账单	#32172	8 500.00		贷	46 500.00
	29	购办公用品	转支	#22171		1050.00	贷	45450.00
	30	代付电费	委托收款	#174		530.00	贷	44920
	30	支付货款	银行汇票	#10321		10100.00	贷	34820
	31	存款利息			136.00		贷	34956.00
	31	提现	现支	#11210		500.00	贷	34456.00

企业账与银行账不一致的原因主要有：企业记账或结账错误；银行记账或结账错误；存在未达账项。未达账项是指企业与银行之间由于结算凭证传递存在着时间上的先后，形成一方已经入账，而另一方尚未入账的款项。未达账项有四种情况：银行已经收账，而企业尚未收账的款项；银行已经付账，而企业尚未付账的款项；企业已经收账，而银

行尚未收账的款项;企业已经付账,而银行尚未付账的款项。

核对的步骤:第一步,将银行日记账与银行对账单逐笔核对勾销;第二步,发现差错立即更正,如果银行差错应立即通知银行;第三步,编制银行存款余额调节表。

【例 3.1】 某旅游企业 2011 年 5 月 31 日银行存款日记账的余额为 32 904 元,银行转来对账单的余额为 34 456 元。经逐笔核对,发现以下未达账项:①企业送转账支票 3 660 元,并已经登记入账,银行尚未记账。②企业开出转账支票 5 606 元,但持票单位尚未到银行办理转账,银行尚未记账。③银行已收存款利息 136 元,但企业尚未入账。④电业公司委托银行收款 530 元,银行已登记企业银行存款减少,但企业尚未记账。

计算结果见表 3-4。

表 3-4　银行存款余额调节表

2011 年 5 月 31 日

项目	金额	项目	金额
银行存款日记账余额	32 904.00	银行对账单余额	34 456.00
加:银行已收企业未收款项 　　利息清单存款利息	136.00	加:企业已收银行未收款项 　　进账单#32173 营业款	3 660.00
减:银行已付企业未付款项 　　委托收款#174 电费	530.00	减:企业已付银行未付款项 　　转支#22172 付火车票款	5 606.00
调节后余额	32 510.00	调节后余额	32 510.00

三、其他货币资金

其他货币资金是指旅游企业除库存现金、银行存款以外的各种货币资金,主要包括银行本票存款、银行汇票存款、信用卡存款、信用证保证金存款、外埠存款、存出投资款等。此类资金在旅游企业的经营资金中,因其存款地点和用途都与库存现金和银行存款不同,在会计上称为其他货币资金。其他货币资金核算是通过"其他货币资金"科目进行的。为了准确核算其他货币资金收付和结存的详细内容,应设置"其他货币资金"账户,并按外埠存款的开户银行、银行汇票、银行本票、信用证的收款单位等设置明细账。有信用卡业务的企业应当在信用卡明细科目中按开出信用卡的银行和信用卡的种类设置明细账。"其他货币资金"科目借方反映其他货币资金的增加数额,贷方反映其他货币资金的减少数额,余额在借方,反映其他货币资金的结存额。

1. 银行本票存款

当旅游企业采用银行本票结算方式时,向银行提出申请,并将款项提交银行,开出银行本票。

【例 3.2】 某饭店申请办理银行本票 10 000 元,在取得银行本票时,编制会计分录如下。

　　借:其他货币资金——银行本票存款　　　10 000
　　　　贷:银行存款　　　　　　　　　　　　　　10 000

使用银行本票采购原材料后，应根据发票账单等凭证，编制会计分录如下。
  借：原材料   9 360.00
    贷：其他货币资金——银行本票存款 9 360.00

2. 银行汇票存款

当旅游企业采用银行汇票结算方式时，向银行提出申请，并将款项提交银行，开出银行汇票。

【例 3.3】某饭店要求银行办理银行汇票 10 000 元，填送银行汇票委托书，并将 10 000 元交存银行，取得银行汇票后，根据银行退回的委托书存根，编制会计分录如下。
  借：其他货币资金——银行汇票存款 10 000
    贷：银行存款   10 000
某饭店使用银行汇票采购原材料后，编制会计分录如下。
  借：原材料   8 190
    贷：其他货币资金——银行汇票存款 8 190
银行汇票使用完毕将余额转销，编制会计分录如下。
  借：银行存款   1 810
    贷：其他货币资金——银行汇票存款 1 810

3. 信用卡存款

旅游企业应按规定填制信用卡申请表，连同支票和有关资料一并送交发卡银行，根据银行盖章退回的进账单第一联，借记"其他货币资金——信用卡"科目，贷记"银行存款"科目。旅游企业使用信用卡购物或支付有关费用，借记有关科目，贷记"其他货币资金——信用卡"科目。旅游企业在信用卡使用过程中，需要向其账户续存资金的，按实际续存的金额，借记"其他货币资金——信用卡"科目，贷记"银行存款"科目。

4. 信用证保证金存款

采用国内信用证结算方式的旅游企业，为取得信用证，应按规定将款项存入企业银行信用证保证金专户，开证行依照申请人的申请开出信用证。

【例 3.4】某旅游企业到银行开出信用证 60 000 元，编制会计分录如下。
  借：其他货币资金——信用证保证金 60 000
    贷：银行存款   60 000
旅游企业收到货物及所附发票账单，经核对无误后，编制会计分录如下。
  借：原材料   4 680
    贷：其他货币资金——信用证保证金 4 680
旅游企业未用完的信用证保证金余额 1 320 元，转回开户银行旅游企业户头，编制会计分录如下。
  借：银行存款   1 320
    贷：其他货币资金——信用证保证金 1 320

5. 外埠存款

外埠存款是指旅游企业为了到外地进行临时或零星采购，而汇往采购地银行开立采购专户的款项。该账户的存款不计利息、只付不收、付完清户，除了采购人员可以从中提取少量现金外，一律采用转账结算。

【例 3.5】 某饭店采购人员到外地进行临时或零星采购时，用信汇汇往采购地银行，开立采购专户的款项 40 000 元，编制会计分录如下。

借：其他货币资金——外埠存款　　　　　40 000
　　贷：银行存款　　　　　　　　　　　　　　40 000

使用采购专户款项时，根据采购员交来的供应单位发票等报销凭证 30 000 元时，编制会计分录如下。

借：原材料　　　　　　　　　　　　　　30 000
　　贷：其他货币资金——外埠存款　　　　　　30 000

采购完毕，将多余的外埠存款转回当地银行时，编制会计分录如下。

借：银行存款　　　　　　　　　　　　　10 000
　　贷：其他货币资金——外埠存款　　　　　　10 000

6. 存出投资款

存出投资款是指旅游企业已存入证券公司但尚未进行投资的资金。旅游企业向证券公司划出资金时，应按实际划出的金额，借记"其他货币资金——存出投资款"科目，贷记"银行存款"科目；购买股票债券等时，借记"交易性金融资产"等科目，贷记"其他货币资金——存出投资款"科目。

第二节　交易性金融资产

一、交易性金融资产的概念

交易性金融资产是指企业为了近期内出售而持有的金融资产。例如，为了利用闲置资金，以赚取价差为目的购入的股票、债券、基金和权证等。企业拥有交易性金融资产的目的是在保持资产较高流动性和较低风险的同时，从所买卖的金融资产价格变动中获益。

二、交易性金融资产的账务处理

为了反映旅游企业各种交易性金融资产的取得、收取现金股利或利息、期末计量、处置等业务，旅游企业应当设置"交易性金融资产"、"公允价值变动损益"、"投资收益"等科目。

"交易性金融资产"科目核算企业为交易目的所持有的债券投资、股票投资、基金投资等交易性金融资产的公允价值。"交易性金融资产"科目的借方登记交易性金融资产的取得成本、资产负债表日其公允价值高于账面余额的差额等；贷方登记资产负债表日其公允价值低于账面余额的差额，以及企业出售交易性金融资产时结转的成本和公允价值损益。按交易性金融资产的种类和品种(如股票、债券、基金、权证等)，分别设置"成本"和"公允价值变动"明细账进行明细核算。

"公允价值变动损益"科目核算企业交易性金融资产等公允价值变动而形成的应计入当期损益的利得和损失，借方登记资产负债表日企业持有的交易性金融资产的公允价值低于账面余额的差额；贷方登记资产负债表日企业持有的交易性金融资产的公允价值高于账面余额的差额。

"投资收益"科目核算企业持有交易性金融资产期间内取得的投资损益以及处置交易性金融资产等实现的投资收益或投资损失，借方登记企业出售交易性金融资产等发生的投资损失，贷方登记企业出售交易性金融资产等实现的投资收益。

1. **交易性金融资产的取得**

企业取得交易性金融资产时，应当按照该交易性金融资产取得时的公允价值作为其初始确认金额，记入"交易性金融资产——成本"科目。

【例 3.6】 2010 年 1 月 25 日，A 饭店委托证券公司从上海证券交易所购入甲上市公司股票 1 000 000 股，并将其划分为交易性金融资产。该笔股票投资在购买日的公允价值为 10 000 000 元。另支付相关交易费金额为 2.5 万元。编制会计分录如下：

购买股票时：
借：交易性金融资产——成本　　　　　10 000 000
　　贷：其他货币资金——存出投资款　　　　　10 000 000
支付相关交易费时：
借：投资收益　　　　　　　　　　　　　25 000
　　贷：其他货币资金——存出投资款　　　　　25 000

2. **交易性金融资产的现金股利和利息**

取得交易性金融资产所支付的价款中包含了已宣告发放但未发放的现金股利或已到付息期尚未领取的债券利息，应当单独确认为应收项目，记入"应收股利"或"应收利息"科目。取得交易性金融资产支付的交易费用(如印花税、手续费、佣金等)，计入当期损益。

【例 3.7】 A 饭店购入甲公司面值为 100 000 元的债券，以进行交易为目的，不准备持有至到期，并将其划分为交易性金融资产，购入时实际支付价款 120 000 元，其中包含已到期但尚未领取的债券利息 2 000 元，另付各种费用 5 000 元，购入该公司债券后，应编制会计分录如下：

借：交易性金融资产——成本　　　　　118 000
　　应收利息　　　　　　　　　　　　　2 000
　　投资收益　　　　　　　　　　　　　5 000
　　贷：其他货币资金——存出投资款　　　　　125 000

【例 3.8】 B 饭店从证券交易所购入乙公司发行的股票 10 000 股，以进行交易为目的,每股面值10元,购入时实际支付款项110 000元,当中包括了乙公司已宣告尚未支付的按每股0.5元的股利5 000元(0.5元×1 0000=5 000),交易费用3 000元,则编制会计分录如下:

借:交易性金融资产——成本　　　　　　　　105 000
　　应收股利　　　　　　　　　　　　　　　　5 000
　　投资收益　　　　　　　　　　　　　　　　3 000
　　贷:其他货币资金——存出投资款　　　　　　　　113 000

交易性金融资产在持有期间可以凭持有的交易性金融资产依法获得相关的股利或债券利息收入。交易性金融资产持有期间被投资单位宣告发放的现金股利,或在资产负债表日按分期付息到期还本债券投资的票面利率计算的利息,应作为交易性金融资产持有期间实际实现的投资收益,借记"应收股利"或"应收利息"科目,贷记"投资收益"科目。

【例3.9】 持有甲公司债券的到期利息5 000元,应先行入账。

借:应收利息——甲公司　　　　　　　　　　5 000
　　贷:投资收益　　　　　　　　　　　　　　　　5 000
实际收到该利息时:
借:银行存款　　　　　　　　　　　　　　　5 000
　　贷:应收利息——甲公司　　　　　　　　　　　5 000

3. 交易性金融资产期末计价

资产负债表日,交易性金融资产应按照公允价值计量,期末的公允价值与账面余额之间差额计入当期损益。交易性金融资产公允价值高于其账面价值时,应按其差额借记"交易性金融资产——公允价值变动"科目,贷记"公允价值变动损益";交易性金融资产公允价值低于其账面价值时,应按其差额做相反分录。

【例3.10】承例3.6,2010年6月30日,A饭店持有的甲公司股票账面价值为10 000 000元,该债券按当日收盘价计算的公允价值为12 000 000元,应调增账面价值2 000 000元,编制会计分录如下。

借:交易性金融资产——公允价值变动　　　　2 000 000
　　贷:公允价值变动损益——交易性金融资产变动损益　2 000 000

4. 交易性金融资产的处置

出售交易性金融资产时,应将该金融资产出售时的公允价值与其账面余额之间的差额确认为投资损益,同时调整公允价值变动损益。

按实际收到的金额借记"银行存款"科目,按金融资产账面余额,贷记"交易性金融资产"科目,按其差额,贷记"投资收益"科目。同时,将原计入该金融资产的公允价值变动转出,借记或贷记"公允价值变动损益"科目,贷记或借记"投资损益"科目。

【例3.11】承例3.10,假定2011年1月15日,A饭店出售了所持有的甲公司股票,售价为13 000 000元。A饭店编制会计分录如下。

借:银行存款　　　　　　　　　　　　　　　13 000 000

　　　　贷：交易性金融资产——成本　　　　　　　　　　10 000 000
　　　　　　交易性金融资产——公允价值变动　　　　　 2 000 000
　　　　　　投资收益　　　　　　　　　　　　　　　　 1 000 000
　同时：
　　　　借：公允价值变动损益——交易性金融资产变动损益　2 000 000
　　　　　贷：投资损益　　　　　　　　　　　　　　　　 2 000 000

第三节　应收及预付款项

　　应收及预付款项是指旅游企业在日常生产经营管理过程中发生的各项债权，包括应收款项和预付款项。应收款项包括应收票据、应收账款和其他应收款项；预付款项是指旅游企业按照合同规定预付的款项。

一、应收票据

　　应收票据，是指企业因销售商品、产品、提供劳务等而收到的商业汇票。商业汇票分为商业承兑汇票和银行承兑汇票。
　　为了反映和监督企业应收票据的取得和回收情况、企业应设置"应收票据"科目进行核算，借方登记取得的应收票据面值，贷方登记到期收回票款或到期前向银行贴现的应收票据票面余额，期末余额在借方，反映企业持有的商业汇票票面金额。
　　本科目可按照开出、承兑商业汇票的单位进行核算，并设置"应收票据备查簿"，逐笔登记商业汇票的种类、号数和出票日、票面金额、交易合同号和付款人、承兑人、背书人的姓名或单位名称、到期日、背书转让日、贴现日、贴现率和贴现净额以及收款日和回收金额、退票取款等资料。商业汇票到期结清票款或退票后，在备查簿中应予注销。

　　【例3.12】某饭店餐饮部为D企业提供年货一批，价款7 000元，D企业开出一张3个月期的银行承兑汇票，依据有关凭证编制会计分录如下。
　　　借：应收票据　　　　　　　　　　　7 000
　　　　贷：主营业务收入——餐饮收入　　　　　7 000
　　票据到期，收到该企业划来的款项时，编制会计分录如下。
　　　借：银行存款　　　　　　　　　　　7 000
　　　　贷：应收票据　　　　　　　　　　　　　7 000
　　企业可以将自己持有的商业票据背书转让。背书是指在票据背面或者粘单上记载有关事项并签章的票据行为。企业将持有的商业票据背书转让以取得原材料时，借记"原材料"科目，贷记"应收票据"科目，如有差额，借记或贷记"银行存款"科目。
　　对于票据贴现，企业通常应按实际收到的金额，借记"银行存款"科目，按贴现息部分，借记"财务费用"科目，按应收票据的票面价值，贷记"应收票据"科目。

二、应收及预付款项

1. 应收账款

应收账款指企业因销售商品、提供劳务等经营活动,应收取的款项。如旅行社应收取的综合服务费、酒店应收的房费、餐费、交通费,应收销售商品的各种款项等。在相互拖欠严重的企业里,加强应收款项的核算十分必要。

应收账款应当按实际发生金额记账。即商品、产品已经交付,劳务已经提供,合同已经履行,销售手续已完备时,确认应收账款的入账金额。

为了反映应收账款的增减变动情况,应设置"应收账款"户。企业发生应收账款时,借记本科目,贷记"主营业务收入"科目;收回款项时,借记"银行存款"科目,贷记本科目。期末余额在借方,表示尚未收回的应收账款数。"应收账款"账户应按不同的结算单位设置明细分类账进行核算。

【例 3.13】 某饭店部为 Z 企业提供客房服务,价款 8 000 元,以转账结算。依据有关凭证编制会计分录如下。

借:应收收款——Z 企业　　　　8 000
　　贷:主营业务收入——客房收入　　8 000

收到该企业划来的款项时,编制会计分录如下。

借:银行存款　　　　　　　　8 000
　　贷:应收账款——Z 企业　　　　8 000

企业的小额预收款项,也可以在本账户贷方核算。

【例 3.14】 某企业来饭店预订宴席 10 桌,每桌 600 元,共计 6 000 元,收到预定金 3 000 元的转账支票,存入银行,编制会计分录如下。

借:银行存款　　　　　　　　　　　　3 000
　　贷:应收账款——某企业宴席订金　　　3 000

宴席结束,10 桌宴席价款 6 000 元,外加酒水 400 元,共计 6 400 元,扣除预订金之后,收到转账支票 3 400 元,存入银行,编制会计分录如下。

借:银行存款　　　　　　　　　　　　3 400
　　应收账款——某企业宴席订金　　　　3 000
　　贷:主营业务收入——餐饮收入——菜品　　6 000
　　　　　　　　　　——餐饮收入——酒水　　400

预收款项较多的企业,也可单设"预收账款"账户,单独核算。

2. 预付账款

预付账款是指企业按照合同规定预付的款项。企业应当设置"预付账款"科目,核算预付账款的增减变动及其结存情况。预付款项情况不多的企业，可以不设置"预付账款"科目，而直接通过"应付账款"科目核算。

旅游企业根据购货合同的规定向供应单位预付款项时，借记"预付款项"科目，贷记"银行存款"科目。旅游企业收到所购物资，按应计入购入原材料成本的金额，借记"原材料"科目，贷记"预付账款"科目。

预付账款与应收账款都属于企业的债权，但两者产生的原因不同，应收账款是企业应收的销售款，预付账款是企业的购货款，即预先付给供货方客户的款项。

三、其他应收款

1. 其他应收款的内容

其他应收款是指企业除应收票据、应收账款、预付账款等以外的其他各种应收及暂收款项。包括企业应收的各种赔款、罚款；应收的出租包装物租金；应向职工收取的各项垫付款项；存出保证金、备用金以及其他各种应收、暂付款项等。

2. 其他应收账款账务处理

为了反映其他应收账款的增减变动及其结存情况，旅游企业应设置"其他应收款"科目进行核算。"其他应收款"科目的借方登记其他应收款的增加，贷方登记其他应收款的减少，期末余额一般在借方，反映旅游企业尚未收回的其他应收款项。其他应收款明细账按应收的结算单位或个人来设置，采用三栏式账，主要项目举例如下。

1) 赔偿款

【例 3.15】 某饭店采购中发生材料毁损，根据保险合同规定，应由保险公司赔偿损失 2 000 元，编制会计分录如下。

借：其他应收款——保险公司　　2000
　　贷：在途材料　　　　　　　　　　2000

收到上述赔款时，编制会计分录如下。

借：银行存款　　　　　　　　2000
　　贷：其他应收款——保险公司　　　2000

2) 垫付款

【例 3.16】 某饭店经理李××因公出差，经主管领导批准后，到财务部预借差旅费 10 000 元。10 天后出差归来，实际花费了 8 000 元，经主管领导对出差票据审核签字后，持票据和剩余 2 000 元钱到财务部报销，相应的会计处理如下。

出差时：
借：其他应收款——李××　　10 000
　　贷：库存现金　　　　　　　　　10 000

回来报销时：
借：管理费用　　　　　8 000
　　库存现金　　　　　2 000
　　贷：其他应收款——李××　　10 000

3) 备用金

备用金也称零用金,是财务部门拨付给酒店前台或采购部门用于日常零星开支、零星采购、找零和小额差旅费用等方面的现金。拨付备用金必须明确使用范围,建立领用、保管和报销制度,并由专人经管。

如果企业认为该部门的备用金没有继续设置的必要而予以取消时,该部门应在报销的同时,交回剩余的备用金。

拨付备用金时,借记"其他应收款",贷记"库存现金"科目。报销或收回备用金时,借记"库存现金",贷记"其他应收款"科目。

四、应收款项减值

企业的各项应收款项,可能会因购货人拒付、破产、死亡等原因而无法收回。这类无法收回的应收款项就是坏账。因坏账而遭受的损失为坏账损失。企业应当在资产负债表日对应收款项的账面价值进行检查,有客观证据表明该应收款项发生减值的,应当将该应收款项的账面价值减记至预计未来现金流量现值,减记的金额确认减值损失,计提坏账准备。

旅游企业应当设置"坏账准备"科目,核算应收账款的坏账准备计提、转销等情况。旅游企业当期计提的坏账准备应当计入"资产减值损失"。"坏账准备"科目的贷方登记当期计提的坏账准备金额,借方登记实际发生的坏账损失金额和冲减的坏账准备金额,期末余额一般在贷方,反映企业已计提但尚未转销的坏账准备。

当期应计提的坏账准备=当期按应收款项计算应提坏账准备金额
±"坏账准备"科目的借方(或贷方)余额

【例 3.17】 2009 年 12 月 31 日,某饭店对应收甲公司的账款进行减值测试,应收账款余额为 1 200 000 元,饭店根据甲公司的资信情况确定按 5%计提坏账准备。

2009 年末计提坏账准备会计分录如下。

坏账准备提取额=1 200 000×5%=60 000(元)

借:资产减值损失——计提的坏账准备   60 000
    贷:坏账准备   60 000

2010 年 6 月 24 日,企业发生坏账损失 20 000 元,按管理权限审批后,进行账务处理。

借:坏账准备   20 000
    贷:应收账款   20 000

2010 年 12 月 31 日,该企业应收账款余额为 1 440 000 元。经测试仍按 5%的计提比例。计提的坏账准备金额为

1 440 000×5%=72 000(元)

2010 年末计提坏账准备前,"坏账准备"科目的贷方余额为

60 000−20 000=40 000(元)

本年度应补提的坏账准备金额为

72 000-4 000=32 000(元)

当期应计提坏账准备=72 000-(60 000-20 000)=32 000(元)

有关账务处理如下。

借：资产减值损失——计提的坏账准备　　32 000
　　贷：坏账准备　　　　　　　　　　　　　　32 000

2011年5月20日，接到银行通知，企业上年度已冲销的20 000元坏账又收回，款项已存入银行。有关账务处理如下。

借：应收账款　　20 000
　　贷：坏账准备　　　20 000
借：银行存款　　20 000
　　贷：应收账款　　　20 000

或：

借：银行存款　　20 000
　　贷：坏账准备　　　20 000

第四节　存货

一、存货的确认和初始计量

1. 存货的概念与确认条件

存货是指旅游企业在日常活动中持有以备出售的产成品或商品、处在生产过程中的在产品、在生产过程或提供劳务过程中耗用的材料或物料等，包括各类原材料、商品、低值易耗品等。

存货确认需要满足的条件包括：①与存货有关的经济利益很可能流入企业。②该存货的成本能够可靠地计量。存货的构成如图3-2所示。

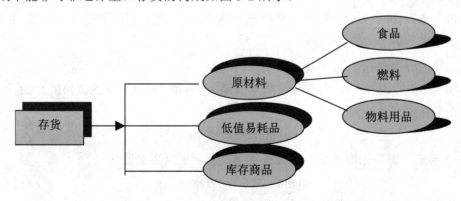

图3-2　存货的构成

2. 存货成本的初始计量

存货应该按照成本进行初始计量。旅游企业存货成本主要是采购成本，原材料、商品、低值易耗品等通过购买而取得的存货初始成本由采购成本构成。存货的采购成本包括购买价款、相关税费、运输费、装卸费、保险费以及其他可归属于存货采购成本的费用。

1) 购买价款

购买价款是指旅游企业购入材料或商品的发票账单上列明的价款，但不包括按规定可以抵扣的增值税税额等。

2) 相关税费

相关税费是指旅游企业购买、自制或委托加工存货所发生的消费税、资源税和不能从增值税额中抵扣的进项税额等。

3) 其他可归属于存货采购成本的费用

其他可归属于存货采购成本的费用即采购成本中除上述各项以外的可归属于存货采购成本的费用，如在存货采购过程中发生的仓储费、包装费、运输途中的合理损耗、入库前的挑选整理费用等。这些费用能分清负担对象的，应直接计入存货的采购成本。不能分清负担对象的，应选择合理的分配方法，分配计入有关存货的采购成本。分配方法通常包括按所购存货的重量或采购价格的比例进行分配。

对于委托外部加工完成的存货，其成本包括实际耗用的原材料或者半产品、加工费、装卸费、保险费、委托加工的往返运费等费用以及按规定应计入成本的税费。

二、存货发出的计价

在实际工作中，旅游企业发出的存货，按实际成本核算，应当根据各类存货的实物流转方式、企业管理的要求、存货的性质等实际情况，合理地确定发出存货成本的计算方法，以及当期发出存货的实际成本。对于性质和用途相同的存货，应当采用相同的成本计算方法确定发出存货的成本。在实际成本核算方式下，原材料常用的发出成本计价方法包括个别计价法、先进先出法、移动平均法和月末一次加权平均法等；低值易耗品发出成本计价方法常用的有一次转销法和五五摊销法；库存商品发出成本计价方法有售价金额核算法。

1. 个别计价法

个别计价法，又称个别认定法、具体辨认法。采用这一方法，一般是假设存货具体项目的实物流转和成本流转相一致，按照各种存货，逐一辨认各批发出存货和期末存货所属的购进批别(或生产批别)，分别按其购入时所确定的单位成本作为计算各批发出存货和期末存货成本的方法。在这种方法下，把每一种存货的实际成本作为计算发出存货成本和期末存货成本的基础。

采用个别计价法，计算发出存货成本和期末存货成本比较合理、准确，但在存货收发频繁情况下，其发出成本分辨的实务操作工作量大，因此，此方法仅适用于一般不能替代的存货，单价较高、收发次数较少的原材料。

2. 先进先出法

先进先出法是指以先购入的存货应先发出这样一种存货实物流转假设为前提,对发出存货进行计价的一种方法。采用这种方法,先购入的存货成本在后购入的存货成本之前转出,据此确定发出存货和期末存货成本。

例如,某饭店2011年3月甲材料存货明细账见表3-6。

采用先进先出法,期末存货成本比较接近现时的市场价值,缺点是会计核算工作量比较大。而且当物价上涨时,会高估企业当期利润和库存存货价值;反之,会低估企业存货价值和当期利润。

表3-6　原材料明细账

原材料名称:甲材料　　　　　　　　　　　　　　　　计量单位:千克　金额单位:元

2011年		凭证号数	摘要	收入			发出			结存		
月	日			数量	单价	金额	数量	单价	金额	数量	单价	金额
3	1									300	50	15 000
	10	1	购入	900	60	54 000				300 900	50 60	15 000 54 000
	11	2	发出				300 500	50 60	15 000 30 000	400	60	24 000
	18	3	购入	600	70	42 000				400 600	60 70	24 000 42 000
	20	4	发出				400 400	60 70	24 000 28 000	200	70	14 000
	23	5	购入	200	80	16 000				200 200	70 80	14 000 16 000
			本月发生额 期末余额	1 700	—	112 000	1 600	—	97 000	200 200	70 80	14 000 16 000

3. 移动平均法

移动平均法又称移动加权平均法,指本次采购的成本加原有库存成本,除以本次收货数量加原采购数量,据以计算加权单价,并对发出存货进行计价的一种方法。

仍以上述甲材料明细账为例,采用移动平均法计算其存货成本见表3-7。

表3-7　原材料明细账

原材料名称:甲材料　　　　　　　　　　　　　　　　计量单位:千克　金额单位:元

2011年		凭证号数	摘要	收入			发出			结存		
月	日			数量	单价	金额	数量	单价	金额	数量	单价	金额
3	1									300	50	15 000
	10	1	购入	900	60	54 000				12 000	57.5	69 000
	11	2	发出				800	57.5	46 000	400	57.5	23 000

续表

2011年		凭证号数	摘要	收入			发出			结存		
月	日			数量	单价	金额	数量	单价	金额	数量	单价	金额
	18	3	购入	600	70	42 000				1 000	65	65 000
	20	4	发出				800	65	52 000	200	65	13 000
	23	5	购入	200	80	16 000				400	72.5	29 000
	31		合计	1 700		112 000	1 600		98 000	400	72.5	29 000

移动加权平均法的优点在于能使管理者及时了解存货的结存情况，但采用这种方法，每次收货都要计算一次平均单价，计算工作量较大，适合电算化会计操作。

表 3-7 中第一批收货后的平均单位成本和第一批发货的存货成本及当时结存的存货成本计算如下。

$$存货单位成本=\frac{原有库存存货的实际成本+本次进货的实际成本}{原有库存存货的数量+本次进货数量}$$

每一批收货后的平均单位成本 $=\dfrac{15\,000+54\,000}{300+900}=57.5(元)$

第一批发货的存货成本 $=800\times57.5=46\,000(元)$

当时结存的存货成本 $=400\times57.5=23\,000(元)$

以后每批存货的计算依次类推。

4. 月末一次加权平均法

月末一次加权平均法是指以本月全部进货数量加上月初存货数量作为权数，去除本月全部进货成本加上月初存货成本，计算出存货的加权平均单位成本，以此为基础计算本月发出存货成本和期末存货成本的一种方法。仍以上述甲材料明细账为例，采用月末一次加权平均法计算其存货成本见表 3-8。

表 3-8 原材料明细账

原材料名称：甲材料　　　　　　　　　　　　　　　　计量单位：千克　　金额单位：元

2011年		凭证号数	摘要	收入			发出			结存		
月	日			数量	单价	金额	数量	单价	金额	数量	单价	金额
3	1									300	50	15 000
	10	1	购入	900	60	54 000				1 200		
	11	2	发出				800			400		
	18	3	购入	600	70	42 000				1 000		
	20	4	发出				800			200		
	23	5	购入	200	80	16 000				400		
	31	6	流转成本						101 600	400	63.5	25 400
				1 700	—	112 000	1 600	—	101 600	400	63.5	25 400

计算公式如下:

$$存货单位成本 = \frac{月初库存存货成本 + \sum(本月各批进货的实际单位成本 \times 本月各批进货的数量)}{月初库存存货的数量 + 本月各批进货数量之和}$$

$$= \frac{15000+54000+42000+16000}{300+900+600+200}$$

$$= 63.5(元)$$

本月发出存货的成本 = 本月发出存货的数量 × 存货的单位成本
$$=(800+800) \times 63.5 = 101600(元)$$

本月月末存货的成本 = 月末库存存货的数量 × 存货的单位成本
$$=(300+900+600+200-800-800) \times 63.5 = 25400(元)$$

采用加权平均法只在月末一次计算加权平均单价,简单易行,有利于简化成本计算工作,但由于平时无法从账上提供发出和结存存货的单价及金额,因此不利于存货成本日常管理和控制。

三、存货采购的账务处理

1. 原材料

原材料是指在经营过程中经加工改变其形态或性质并构成产品主要实体的各种原材料、主要材料和外购半成品,以及不构成产品实体,但有助于产品形成的辅助材料。饭店的原材料具体包括食品原材料、燃料和物料用品。

食品原材料包括:粮食类有各种米和面粉;副食类,有鸡、鸭、鱼、肉及各种蔬菜等;干菜类,有木耳、香菇、黄花菜等;酒水类有各种白酒、红酒、啤酒、饮料、矿泉水和香烟等;其他类有油、盐、酱、醋、各类调料等。

燃料包括:固体燃料有煤、炭、固体酒精等;液体燃料有汽油、煤油、酒精等;气体燃料有液化气、天然气等。

物料用品包括旅游企业的日常用品、办公用品、包装物品、日常维修用品、零配件等。日常用品:指为旅游客人备用的茶叶、小食品、纪念品等,旅游客房、餐厅等营业部门的清洁用品、纸制用品、碗筷瓷器及玻璃器皿等。办公用品:指为客人备用的文具纸张、企业办公室卫生用品等;包装物品:指企业的各种桶、筐、箱、坛、袋等包装用品。日常维修用品:指维修工具、修理用材料等,如电灯、铁锁、玻璃、木材等。零配件:指维修用的零件、配件等。

原材料按实际成本计价核算时,为了反映其收发存情况,应设置"原材料"科目和"在途物资"科目。材料验收入库后计入"原材料"科目,材料在路途中计入"在途物资"科目。

"原材料"科目借方表示各种原材料的购入及其他原因增加的数额,贷方表示各种原材料发出及其他原因减少或转出,其余额在借方,表示各种原材料库存的实际额。本科目可按食品原材料、燃料、物料用品等设置明细账。

"在途物资"科目借方登记购入的在途物资的实际成本,贷方登记验收入库的在途物资的实际成本,期末余额在借方,反映企业在途物资的采购成本。本科目应按供应单位和物资品种进行明细核算。

原材料明细账格式见表3-9。

表3-9 原材料明细账

年		凭证号数	摘要	收入			支出			结存		
月	日			数量	单价	金额	数量	单价	金额	数量	单价	金额

饭店购入食品原材料并验收入库的,借记"原材料——食品原材料"账户,购入原材料直接交厨房耗用的,则不通过"原材料——食品原材料"账户核算,可直接借记"主营业务成本"账户。

【例3.18】某大饭店5月2日购进大米100千克,单价3.00元/千克,金额300元,增值税30元,货款以支票支付,大米已验收入库,另以现金支付运费20元,编制会计分录如下。

原材料的采购成本=300+30+20=350(元)
 借:原材料——食品原材料——粮食类 350
  贷:银行存款 330
   库存现金 20

【例3.19】某饭店6月4日购进活螃蟹20千克,单价50元/千克,金额1000元,以现金支付,螃蟹由厨房直接验收领用,编制会计分录如下。

 借:主营业务成本——餐饮部 1 000
  贷:库存现金 1 000

【例3.20】某饭店7月5日购进一批维修用配件,价税金额为6000元,货款以银行本票支付,并以现金支付运费50元,已验收入库,编制会计分录如下。

 借:原材料——物料用品——零配件 6 050
  贷:库存现金 50
   其他货币资金——银行本票存款 6 000

【例3.21】某饭店7月7日购进一批燃料,发票及账单已经收到,燃料价款为7000元,增值税1190元,保险费500元,款项以银行汇票支付,燃料尚未到达,编制会计分录如下。

燃料的采购成本=7000+1190+500=8690(元)
 借:在途物资 8 690
  贷:其他货币资金——银行汇票存款 8 690

【例3.22】承例3.21,上述购入的燃料已经收到,并验收入库。编制会计分录如下。

借：原材料——燃料　　　　　　8 690
　　　贷：在途物资　　　　　　　　　8 690

饭店原材料发出核算与工业企业有所不同，根据行业的特点，饭店设置"主营业务成本"、"营业费用"和"管理费用"等科目，不设"生产成本"、"制造费用"和"销售费用"等科目。按照惯例，食品原材料发出可直接计入"主营业务成本"科目，其他原材料按照受益单位分别计入"营业费用"和"管理费用"科目。

【例 3.23】 某饭店 8 月 5 日厨师从冷库领出冻肉一批，发出金额 1000 元，编制会计分录如下。

借：主营业务成本　　　　　　　1 000
　　　贷：原材料——食品原材料　　　1 000

【例 3.24】 某饭店 9 月 4 日仓库发出办公用品一批，客房部 200 元、餐饮部 300 元、管理部门 400 元，共计 900 元。编制会计分录如下。

借：营业费用——客房部　　　　　200
　　营业费用——餐饮部　　　　　300
　　管理费用　　　　　　　　　　400
　　　贷：原材料——物料用品　　　　900

2. 低值易耗品

旅游企业在业务经营活动中的低值易耗品是指不能作为固定资产核算的各种用具物品，如工具、管理用具、玻璃器皿、劳动保护用品，以及在经营过程中周转使用的容器等。低值易耗品的特点是价值低，易损耗，品种多，数量大。有的使用期限较短，购置和报废比较频繁。为了方便管理和简化核算，将低值易耗品列入流动资产进行核算。

为反映低值易耗品的增减变化及结存情况，应设置"周转材料——低值易耗品"科目，借方登记低值易耗品的增加数；贷方登记低值易耗品的减少数，期末余额在借方，表示低值易耗品的期末实存数。

低值易耗品要投入使用，并且在使用过程中不断发生磨损，从而使其价值逐渐减少，直至报废。因此，必须按一定的方法计算低值易耗品的磨损价值，一次或分次摊入有关费用。按实际成本计价核算时，低值易耗品摊销的方法有一次转销法和五五摊销法，企业可根据低值易耗品的各种特点和管理的要求选用。

1) 一次转销法

一次转销法，是指在领用时将低值易耗品的全部价值，借记"营业费用(管理费)—低值易耗品摊销"科目，贷记"周转材料—低值易耗品"科目。采用一次摊销法的优点是核算手续简便，缺点是企业费用负担不均衡，不利于实物管理。这种方法适用于价值低、使用期短、一次领用不多的低值易耗品。

2) 五五摊销法

采用五五摊销法摊销低值易耗品，低值易耗品在领用时先摊销其账面价值的一半，在报废时再摊销其账面价值的另一半。即低值易耗品分为两次各按照百分之五十进行摊销。五五摊销法通常既适用于价值较低、使用期限较短的低值易耗品，也用于每期领用数量和报废数量大致相同的低值易耗品。在采用五五摊销法的情况下，需要单独设立"周转材料——低值易耗品——在用"、"周转材料——低值易耗品——在库"和"周转材料——低值易耗品——摊销"明细科目。

【例 3.25】 某饭店 5 月 3 日购入低值易耗品一批，价款 10 000 元，增值税 1 700 元，运费 500 元，以转账支票支付，并已验收入库，编制会计分录如下。

低值易耗品采购成本=10 000+1 700+500=12 200(元)
借：周转材料——低值易耗品——在库　　　12 200
　　贷：银行存款　　　　　　　　　　　　　　　12 200

【例 3.26】 某饭店 6 月 6 日餐饮部领用低值易耗品一批，发出价 5 000 元，采用五五摊销法进行摊销，编制会计分录如下。

领用时：
借：周转材料——低值易耗品——在用　　　5 000
　　贷：周转材料——低值易耗品——在库　　　　5 000
同时：
借：营业费用——餐饮部　　　　　　　　　2 500
　　贷：周转材料——低值易耗品——摊销　　　　2 500
报废时：
借：营业费用——餐饮部　　　　　　　　　2 500
　　贷：周转材料——低值易耗品——摊销　　　　2 500
同时：
借：周转材料——低值易耗品——摊销　　　5 000
　　贷：周转材料——低值易耗品——在用　　　　5 000

3. 委托加工物资

委托加工物资是指饭店委托外单位加工的各种材料、商品等物资。委托外单位加工物资的成本包括加工中实际耗用物资的成本、支付的加工费用及应负担的运杂费等。

为了反映和监督委托加工物资增减变动及结存情况，企业应当设置"委托加工物资"科目，借方登记委托加工物资的实际成本，贷方登记加工完成验收入库的物资实际成本和收回剩余物资的实际成本，期末余额在借方，反映企业尚未完工的委托加工物资的实际成本等。

【例 3.27】 某饭店 7 月 5 日委托外单位加工一批豆腐，发出黄豆一批 800 元，以银行转账支票支付加工费 300 元，以现金支付往返运费 200 元，并已验收入库，编制会计分录如下。

发出物资时：
借：委托加工物资　　　　　　　800
　　贷：原材料——食品原材料　　　800
支付加工费和运杂费时：
借：委托加工物资　　　　　　　500
　　贷：银行存款　　　　　　　　　300

  库存现金   200

加工完成验收入库时：

  借：原材料——食品原材料 1300

    贷：委托加工物资   1300

4. 库存商品

  库存商品是指饭店商品部(柜台)、客房部(迷你酒吧)等库存的各种商品，如烟、酒、饮料、服装、工艺品等。

  饭店库存商品常用的核算方法是实物管理售价核算法。为了反映其收发存情况，应设置"库存商品"科目和"商品进销差价"科目。"库存商品"科目借方以售价登记购入商品的金额，贷方以售价登记发出商品的金额，期末余额在借方，表示尚未出售商品额。"商品进销差价"科目贷方登记售价高于购入商品成本的差额，月末分配商品进销差价时由其借方转出，其本期贷方发生额反映本期商品进销差价的总额，月末结转后贷方余额为库存商品尚未摊销的进销差价数额。

  采用实物管理售价核算法购进商品时，实物保管人按商品的销售价验收入库，会计也按销售价计入"库存商品"科目，该商品售价与进价的差额通过"商品进销差价"科目加以反映。期末，计算商品进销差价率将进销差价按本期已销商品份额分摊进入成本，调整为本期实际销售成本。

$$商品进销差价率=\frac{期初库存商品进销差价+本期购入库存商品进销差价}{期初库存商品售价+本期购入库存商品售价} \times 100\%$$

本期销售商品应分摊的商品进销差价=本期商品销售收入×商品进销差价率

本期销售商品的成本=本期商品销售收入-本期销售商品应分摊的商品进销差价

  商品购销业务与客房、餐饮经营业务不同，按国家税法规定要缴纳增值税。依据经营规模可分为小规模纳税人和一般纳税人两种。小规模纳税人，采购商品时将货款、税金和运费均记入商品成本。销售时将不含税的商品销售收入乘以适用增值税率算出增值税额纳税。一般纳税人，则在采购商品时，将按不含税货款所适用的增值税率计算支付出税金(进项税)记入"应交税费"账户借方，销售商品时，将按不含税售价所适用的增值税率计算收回的税金(销项税)记入"应交税费"账户贷方，月末，将销项税(贷方)减去进项税(借方)的差额(增值额)，计算缴纳增值税。

      进项税额=不含税采购额×增值税率

      销项税额=不含税销售额×增值税率

  【例 3.28】 某饭店商品部采用售价核算法进行核算。2011 年 7 月期初库存商品的进价成本为 100 万元，售价总额为 110 万元，本月购入该商品的进价成本为 75 万元，价款 90 万元，本月销售收入为 120 万元。增值税率为 17%。以转账支票支付，并已验收入库，编制会计分录如下。

  商品进销差价率={[(110-100)+(90-75)]/(110+90)}×100%=12.5%

  已销商品应分摊的商品进销差价=120×12.5%=15(万元)

  本期销售商品的实际成本=120-15=105(万元)

  期末结存商品的实际成本=100+75-105=70(万元)

进项税额=75×17%=12.75(万元)

销项税额=120×17%=20.4(万元)

本月购进时：

借：库存商品　　　　　　　900 000
　　应交税费　　　　　　　127 500
　　贷：商品进销差价　　　　　　　150 000
　　　　银行存款　　　　　　　　　877 500

本月销售时：

借：银行存款　　　　　　1 404 000
　　贷：应交税费　　　　　　　　　204 000
　　　　主营业务收入　　　　　　1 200 000

结转本月销售成本时：

借：主营业务成本　　　　1 200 000
　　贷：库存商品　　　　　　　　1 200 000

分摊进销差价调整成本：

借：商品进销差价　　　　　150 000
　　贷：主营业务成本　　　　　　　150 000

四、存货的清查

存货清查是通过对存货的实地盘点，确定存货的实有数量，并与账面结存数核对，从而确定存货的实存数与账面结存数是否相符的一种专门方法。

企业进行存货清查盘点，应当编制"存货盘存报告单"，并将其作为存货清查的原始凭证，其格式见表3-10。

表3-10　存货盘存报告单

编号	名称	规格	堆位	单位	上月库存数			本月购进			本月发出			账面结存			盘存数			盘存或盘亏		
					数量	单价	金额	数量	单价	金额	数量	单价	金额	数量	单价	金额	数量	单价	金额	数量	单价	金额
合计																						

总经理：　　　食品管理部门经理：　　　总会计师：　　　食品主管：　　　材料会计：　　　仓管员：　　　稽核：
制表：

经过存货盘存记录的实存数与存货的账面记录核对,若账面存货小于实际存货,为存货的盘盈;反之,为存货的盘亏。对于盘盈盘亏的存货情况,旅游企业应设置"待处理财产损益"科目,借方表示盘亏、毁损金额和盘盈转出数额,贷方表示盘盈金额和盘亏转出数额,旅游企业清查的各种存货损益,应在期末结账之前处理完毕,期末处理后,本科目应无余额。

1. 存货的盘盈核算

企业在财产清查中盘盈的存货,根据"存货盘存报告单"所列的金额,编制会计分录如下:

借:原材料(低值易耗品、库存商品)
　　贷:待处理财产损益

盘盈的存货,通常是由企业日常收发计量差错造成的,其盘盈的存货按规定手续报经批准后,可冲减管理费用,编制会计分录如下。

借:待处理财产损益
　　贷:管理费用

2. 存货的盘亏核算

企业对于盘亏的存货,根据"存货盘存报告单"编制会计分录如下。

借:待处理财产损益
　　贷:原材料(低值易耗品、库存商品)

对于盘亏的存货应根据造成盘亏的原因,分别进行转账处理。

(1) 属于定额内损耗以及存货日常收发计量上的差错,经批准后转作管理费用。

借:管理费用
　　贷:待处理财产损益

(2) 属于应由过失人赔偿的损失,应做其他应收款处理。

借:其他应收款
　　贷:待处理财产损益

(3) 属于自然灾害等不可抗拒的原因而发生的存货损失,应做营业外支出处理。

借:营业外支出——非常损失
　　贷:待处理财产损益

(4) 属于无法收回的其他损失,经批准后记入"管理费用"科目,编制会计分录如下。

借:管理费用
　　贷:待处理财产损益

上述账务处理如图 3-3 所示。

旅游企业存货的清查盘点,可分为定期盘点和不定期盘点两种,定期盘点一般在月末、季末、年终进行。不定期盘点是指临时性的盘点以及发生事故损失、会计交接、存货调价等进行的盘点清查。

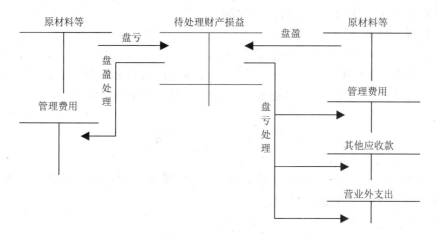

图 3-3　盘盈盘亏账务处理

五、存货的期末计量

1. 存货期末计量原则

存货的初始计量虽然以成本入账，但存货进入企业后可能发生毁损、陈旧或价格下跌等情况，因此，在会计期末，存货的价值并不一定按成本记录，而是应按成本与可变现净值孰低计量。其中，可变现净值是指在日常活动中，存货的估计售价减去至完工时估计将要发生的成本、估计的销售费用以及相关税费后的金额；存货成本是指期末存货的实际成本。

当存货成本低于可变现净值时，存货按成本计价；当存货成本高于可变现净值时，存货可按可变现净值入账；存货成本高于可变现净值表明存货可能发生损失，应在存货销售之前提前确认这一损失，计提存货跌价准备，计入当期损益，并相应的减少存货的账面价值。以前减记存货价值的影响因素已经消失的，减记的金额应当予以恢复，并在原已计提的存货跌价准备金额内转回，转回的金额计入当期损益。

可变现净值=估计售价-估计完工成本-估价费用

应当计提存货跌价准备=存货成本-可变现净值

2. 存货跌价准备的账务处理

旅游企业应当设置"存货跌价准备"科目，核算存货的存货跌价准备，贷方登记计提的存货跌价准备金额；借方登记实际发生的存货跌价损失金额和冲减的存货跌价准备金额，期末余额一般在贷方，反映企业已计提但尚未转销的存货跌价准备。

(1) 存货跌价准备的计提。

资产负债表日，存货的成本高于其可变现净值的，企业应当计提存货跌价准备。

借：资产减值损失——计提的存货跌价准备

　　贷：存货跌价准备

(2) 存货跌价准备的转回。

当以前减记存货价值的影响因素已经消失，减记的金额应当予以恢复，并在原已计提的存货跌价准备金额内转回，转回的金额计入当期损益。

借：存货跌价准备
　　贷：资产减值损失——计提的存货跌价准备

【例 3.29】 2010 年 12 月 31 日，某饭店 A 材料的账面金额为 10 000 元。由于市场价格下跌，预计可变现净值为 8 000 元，应计提的存货跌价准备为 2 000 元。

编制会计分录如下：

借：资产减值损失——计提的存货跌价准备　2 000
　　贷：存货跌价准备　　　　　　　　　　　　　2 000

假设 2011 年 6 月 30 日，由于市场价格上升，使得 A 材料的预计可变现净值为 9 500 元，应转回的存货跌价准备为 1500 元。

编制会计分录如下：

借：存货跌价准备　　　　　　　　　　　1 500
　　贷：资产减值损失——计提的存货跌价准备　1 500

复习自测题

一、单项选择题

1. 下列业务会导致企业银行存款日记账的账面余额小于银行对账单余额的是（　　）。

　　A. 企业开出商业汇票，对方尚未到银行提示承兑
　　B. 企业送存支票，银行尚未入账
　　C. 银行代收款项，企业尚未接到收款通知
　　D. 银行代付款项，企业尚未接到付款通知

2. 某公司 2009 年末应收账款余额 750 万元，经减值测试确定的坏账准备计提比例为 5%。2010 年 2 月确认坏账损失 15 万元，2010 年 11 月收回已作为坏账损失处理的应收账款 3 万元，2010 年末应收账款余额 600 万元，经减值测试确定的坏账准备计提比例为 2%，该企业 2010 年末坏账准备的余额是（　　）万元。

　　A. 9　　　　　　B. 15　　　　　　C. 12　　　　　　D. 3

3. 一般纳税人委托其他单位加工材料收回后直接对外销售的，其发生的下列支出中，不应计入委托加工材料成本的是（　　）。

　　A. 发出材料的实际成本　　　　　　B. 支付给受托方的加工费
　　C. 支付给受托方的增值税　　　　　D. 受托方代收代缴的消费税

4. 企业在存货清查中，发生盘盈的存货，按规定手续报经批准后，应计入( )科目。
   A. 营业外收入　　　　　　　　B. 管理费用
   C. 其他业务收入　　　　　　　D. 营业外支出

5. 下列各项中，不通过"其他货币资金"科目核算的是( )。
   A. 信用证保证金存款　　　　　B. 商业汇票
   C. 银行汇票存款　　　　　　　D. 银行本票存款

6. 下列各项中不能构成应收账款入账价值的是( )。
   A. 确认主营业务收入时尚未收到的价款
   B. 代购货方垫付的包装费
   C. 代购货方垫付的运杂费
   D. 销售货物发生的商业折扣

7. 某饭店商部月初"库存商品"账户余额为5 000元，"商品进销差价"账户余额为500元。本月购买商品进价为55 000元，售价为65 000元；本月销售商品45 000元。则月末库存商品实际成本为( )元。
   A. 18 504　　　B. 21 250　　　C. 34 695　　　D. 45 000

二、多项选择题

1. 下列各项业务中，应记入"坏账准备"科目贷方的有( )。
   A. 当期实际发生的坏账损失　　B. 冲回多提的坏账准备
   C. 当期应补提的坏账准备　　　D. 已转销的坏账当期又收回

2. 下列各项与存货有关的费用中，应计入存货成本的有( )。
   A. 材料采购过程中发生的保险费　B. 材料入库前发生的挑选整理费
   C. 材料入库后发生的储存费用　　D. 材料采购过程中发生的装卸费用

3. 下列各项中关于企业存货的表述正确的有( )。
   A. 存货应按照成本进行初始计量
   B. 存货成本包括采购成本、加工成本和其他成本
   C. 存货期末计价应按照成本与可变现净值孰低计量
   D. 存货采用计划成本核算的，期末应将计划成本调整为实际成本

4. 按现行制度规定，"应收票据"科目核算的票据包括( )。
   A. 银行汇票　　B. 银行本票　　C. 商业承兑汇票　　D. 银行承兑汇票

5. 下列各项，不计入交易性金融资产入账价值的有( )。
   A. 支付的手续费
   B. 债券的买入价
   C. 支付给券商的佣金
   D. 包含在买价中的已到付息期但尚未支付的利息

6. 下列各项中，应计提坏账准备的有( )。
   A. 应收账款　　　　　　　　　B. 应收票据
   C. 预付账款　　　　　　　　　D. 其他应收款

7. 下列各项中，会引起交易性金融资产账面价值发生变化的有( )。
   A. 交易性金融资产的公允价值发生变动
   B. 出售交易性金融资产
   C. 当交易性金融资产为债权投资时，确认应该收取的利息
   D. 当交易性金融资产为股权投资时，被投资单位宣告分配现金股利

三、简答题

(1) 银行常用的结算方式有哪些？
(2) 存货的采购成本是由哪几部分构成的？
(3) 原材料包括哪些内容？
(4) 物料用品包括哪些内容？
(5) 对低值易耗品有哪两种摊销方法？
(6) 存货发出有哪几个计价方法？
(7) 为什么要计提存货的跌价准备？

四、实训题

实训一
目的：练习流动资产的核算。
资料：某饭店 2006 年 12 月份发生的部分经济业务如下。
① 客房部经理张×预借差旅费 3 000 元，以现金支付。
② 开出转账支票支付购买原材料的货款 18 900 元(含税)，运杂费 1 100 元，材料已验收入库。
③ 预付货款 9 000 元购买食品材料，以银行转账支票支付。
④ 收到某旅行社付前欠旅行团的费用 29 000 元，已存入银行。
⑤ 采购部拟去外地采购，委托银行汇款开立 25 000 元外埠采购专户存款。
⑥ A 客户所欠账款 4 500 元，因企业已撤销确认，已经全部无法收回，经批准作坏账处理。
⑦ 购物料用品 A 20 包，@50 元/包，物料用品 B 10 包，@16 元/包，物料用品已验收入库，货款尚未支付(@表示单价)。
⑧ 购入燃料乙 10 包，@400 元/包，运杂费 150 元，税率 17%，燃料已验收入库，货款已付。
⑨ 客房部经理张×出差回来报销差旅费 2 600 元，余款退回。
⑩ 收到以前年度已转为坏账的应收账款 18 000 元，款项已存入银行。
⑪ 月末对本月领用材料汇总见下表。

领用材料汇总

材料名称	客房部	餐饮部	管理部门
食品原材料		5 600	
燃料	1 200	890	600
物料用品	670	350	450

⑫ 食品原材料盘亏 20 公斤，@1.3 元/公斤，经调查，其中 3 公斤属定额内消耗，其余 17 公斤属仓库保管人员失职造成的，经批准决定由保管人员赔偿。

要求：根据上述业务编制会计分录。

实训二

甲公司 2010 年 12 月份发生与银行存款有关的业务如下：

(1) ①12 月 28 日，甲公司收到 A 公司开出的 500 万元转账支票，交存银行。该笔款项系 A 公司支付给甲公司的预付货款，甲公司确认为预收账款。

②12 月 29 日，甲公司开出转账支票支付 B 公司咨询费 300 万元，并于当日交给 B 公司。

(2) 12 月 31 日，甲公司银行存款日记账余额为 410 万元，银行转来对账单余额为 580 万元。经逐笔核对，发现以下未达账项：

①甲公司已将 12 月 28 日收到的 A 公司预付货款登记入账，但银行尚未记账。

②B 公司尚未将 12 月 29 日收到的支票送存银行。

③12 月份甲公司发生借款利息 30 万元，银行已减少其存款，但甲公司尚未收到银行的付款通知。

④甲公司委托银行代收 C 公司购货款 400 万元，银行已于 12 月 30 日收妥并登记入账，但甲公司尚未收到收款通知。

要求：

(1) 编制甲公司上述业务(1)的相关会计分录。

(2) 根据上述资料编制甲公司银行存款余额调节表。(答案中的金额单位用万元表示)

银行存款余额调节表

2010 年 12 月 31 日　　　　　　　　　　　　单位：万元

项　目	金　额	项　目	金　额
银行存款日记账余额		银行对账单余额	
加：银行已收、企业未收		加：企业已收、银行未收	
减：银行已付、企业未付		减：企业已付、银行未付	
调节后余额		调节后余额	

推荐学习书目

1. 中华人民共和国财政部制定. 企业会计准则. 北京：经济科学出版社，2006
2. 中华人民共和国财政部制定. 企业会计准则—应用指南. 北京：中国财政经济出版社，2006
3. 财政部会计资格评价中心. 全国专业技术资格考试参考法规汇编. 北京：经济科学出版社，2007
4. 财政部会计资格评价中心. 初级会计实务. 北京：中国财政经济出版社，2010

第四章 非流动资产

【本章导读】

非流动资产是旅游企业资产核算的一个重要方面。阐述了长期股权投资、固定资产、无形资产和其他资产等非流动资产的概念及其确认条件，详细介绍非流动资产的初始计量、后续计量、期末计量及其处置的核算。

【关键词】

长期股权投资　成本法　权益法　固定资产　无形资产
其他资产　累计折旧　累计摊销　资产减值准备

【知识点】

了解长期股权投资、固定资产、无形资产、其他资产的概念及其内容；熟悉各种资产的取得方式及其入账成本；掌握固定资产折旧和无形资产摊销的方法，熟悉计提各项减值准备的和各种资产处置的会计处理。

第一节 长期股权投资

一、长期股权投资概述

1. 长期股权投资的概念

长期股权投资是指通过投资取得被投资企业的股权，投资企业成为被投资企业的股东，按所持股份的比例享有权益并承担责任的一种长期投资。包括企业持有的对其子公司、合营企业及联营企业的权益性投资以及企业持有的对投资单位不具有控制、共同控制或重大影响，且在活跃市场中没有报价、公允价值不能可靠计量的权益性投资。

控制是指有权决定一个企业的财务和经营，并能据以从该企业的经营活动中获取利益。拥有控制权的投资企业一般称为母公司，被母公司控制的企业，一般称为子公司。

共同控制是指按照合同约定对某项经济活动所共有的控制，仅在与该项经济活动相关的重要财务和经营决策需要分享控制权的投资方一致同意时存在。投资企业与其他方对被投资单位实施共同控制的，被投资单位为其合营企业。

重大影响是指对一个企业的财务和经营政策有参与决策的权力，但并不能控制或者与其他方一起共同控制这些政策的制定。投资企业能够对被投资单位施加重大影响的，被投资单位为其联营企业。

2. 长期股权投资核算方法

长期股权投资的核算方法有两种：一是成本法，二是权益法。企业对子公司采用成本法核算，编制合并财务报表时按权益法调整。企业对被投资单位不具有控制、共同控制或重大影响，且在活跃市场中没有报价、公允价值不能可靠计量的长期股权投资也采用成本法核算。企业对合营企业和联营企业采用权益法核算。

为了核算企业的长期股权投资，企业应当设置"长期股权投资"、"投资收益"等科目。

"长期股权投资"科目借方登记取得时的成本及采用权益法时按被投资企业实现的净利润等计算的应分享的份额，贷方登记收回长期股权投资的价值或采用权益法时，按被投资企业宣告分派现金股利或利润时，企业按持股比例计算应享有的份额以及按被投资企业发生的净亏损等计算的应分担的份额，期末借方余额，反映企业持有的长期股权投资的价值。

二、采用成本法的账务处理

成本法是企业以实际投出成本计价的方法。在成本法下，长期股权投资以取得的初始投资成本来计价；实际收到现金股利时，属于被投资方当期净利润分配的部分，确认投资收益，属于超过当期净利润分配的部分，则冲减长期股权投资成本；其后，除了投资企业追加投资、收回投资或发生永久性贬值等情形外，长期股权投资的账面价值一般应保持不变。投资企业确认的投资收益，仅限于获得被投资单位在投资后产生累计净利润的分配额。

1. 初始成本的确定

除企业合并形成的长期股权投资以外，以支付现金取得的长期股权投资，应当按照实际支付的购买价款作为初始投资成本。企业发生的与取得长期股权投资相关的费用、税金及其他必要支出应计入长期股权投资的初始成本。实际支付的价款中包含的已宣告但尚未发放的现金股利或利润，作为应收项目处理。

2. 取得长期股权投资

企业取得长期股权投资时，应按照初始投资成本计价。借记"长期股权投资"科目，如果实际支付的价款中包含已宣告但尚未发放的现金股利或利润，借记"应收股利"，贷记"银行存款"科目。

【例4.1】2011年2月15日，C旅游公司又从证券交易所购入乙公司股票56 000股，每股买价3.20元，共计179 200元，其中含有已宣告发放的股利14 000元，另支付购入手续费3 584元，合计182 784元，款项由银行支付，股票收到入库，编制会计分录如下。

初始成本=179 200+3 584-14 000=168 784(元)

借：长期股权投资　　　　　　168 784
　　应收股利　　　　　　　　 14 000
　　贷：银行存款　　　　　　　　　182 784

2011年3月15日，收到乙公司已宣告发放的股利14 000元时：

借：银行存款　　　　　　　　14 000
　　贷：应收股利　　　　　　　　　 14 000

3. 持有期间被投资企业宣告分派现金股利或利润

长期股权投资持有期间被投资企业宣告分派现金股利或利润时，采用成本法核算的，企业按应享有的部分确认为投资收益，借记"应收股利"科目，贷记"投资收益"科目。

【例4.2】承例4.1，2011年6月20日，C旅游公司收到甲公司宣布发放股利13 056元通知时，编制会计分录如下。

借：应收股利　　　　　　　　13 056
　　贷：投资收益　　　　　　　　　 13 056

4. 长期股权投资的处置

处置长期股权投资时，按实际取得的价款与长期股权投资账面价值的差额确认为投资收益,并应同时结转已计提的长期股权投资减值准备。账务处理是:处置长期股权投资时,应按实际收到的金额,借记"银行存款"等科目,按原已计提的减值准备,借记"长期股权投资减值准备"科目。按该项长期股权投资的账面余额,贷记"长期股权投资"科目,按尚未领取的现金股利或利润,贷记"应收股利"科目,按其差额,贷记或借记"投资收益"科目。

【例4.3】 2011年8月15日,C旅游公司将持有的乙公司股票56 000股,以每股4元价格全部卖出,共计224 000元,另支付相关税费4 000元,取得价款220 000元,款项由银行收妥,该长期股权投资账面价值为168 784元,假定没有计提减值准备,编制会计分录如下。

投资收益=224 000-4 000-168 784=51 216(元)
借:银行存款　　　　　　　　　　220 000
　　贷:长期股权投资　　　　　　　　168 784
　　　　投资收益　　　　　　　　　　51 216

三、采用权益法的账务处理

权益法是指投资最初以投资成本计价,以后根据投资企业享有被投资企业所有者权益份额的变动对投资账面价值进行调整的方法。在权益法下,长期股权投资的账面价值随着被投资企业所有者权益的变动而变动,包括被投资企业实现净利润或发生净亏损以及其他所有者权益项目的变动。

采用权益法进行长期股权投资的核算,应在"长期股权投资"科目下,设置"成本"、"损益调整"、"其他权益变动"等明细科目。在权益法下,"长期股权投资"科目的余额,反映全部投资成本。其中,"成本"明细科目反映购入股权时在被投资企业按公允价值确定的所有者权益中占有的份额;"损益调整"明细科目反映购入股权以后随着被投资企业留存收益的增减变动而享有份额的调整数;"其他权益变动"明细科目反映购入股权以后随着被投资企业资本公积的增减变动而享有份额的调整数。

1. 取得长期股权投资

取得长期股权投资时,长期股权投资初始投资成本大于投资时,应享有被投资单位可辨认净资产公允价值份额的,不调整已确认的初始投资成本;借记"长期股权投资——成本"科目,贷记"银行存款"等科目。长期股权投资的初始投资成本小于投资时应享有被投资企业可辨认净资产公允价值份额的,借记"长期股权投资——成本"科目,贷记"银行存款"等科目,按其差额,贷记"营业外收入"科目。

【例4.4】D旅游公司于2010年1月1日,以500 000元投资甲公司的普通股,占甲公司普通股的30%。另外,购买该股票时发生相关税费50 000元,款项已由银行存款支付,投资时甲公司的所有者权益为1 400 000元,D旅游公司按权益法核算对甲公司的投资。

D旅游公司的投资初始成本=500 000+50 000=550 000(元)
D旅游公司应享有甲公司所有者权益的份额=1 400 000×30%=420 000(元)

D旅游公司的投资初始成本大于投资时应享有被投资单位可辨认净资产公允价值份额，不调整长期股权投资成本。D旅游公司编制会计分录如下。

借：长期股权投资——成本　　　　　550 000
　　贷：银行存款　　　　　　　　　　　　　550 000

2. 持有长期股权投资期间被投资企业实现净利润或净亏损

根据被投资企业实现的净利润计算应享有的份额，借记"长期股权投资——损益调整"科目，贷记"投资收益"科目。被投资单位发生净亏损作相反的会计分录，但以本科目的账面价值减记至零为限，借记"投资收益"科目，贷记"长期股权投资——损益调整"科目。上述以本科目的账面价值减记至零为限的所指"本科目"是指由"成本"、"损益调整"、"其他权益变动"三个明细科目组成的"长期股权投资"科目，账面价值减记至零即意味着这三个明细科目合计为零。

被投资单位以后宣告发放现金股利或利润时，企业计算应分得的部分，借记"应收股利"科目，贷记"长期股权投资——损益调整"科目。

【例4.5】承例4.4，2010年甲公司实现净利润100 000元。D旅游公司按照持股比例30%确认投资收益30 000元。2011年5月10日，甲公司宣告发放现金股利，D旅游公司可分得10 000元。2011年6月10日，D旅游公司收到甲公司分派的现金股利。D旅游公司编制会计分录如下。

确认D旅游公司投资收益时：
借：长期股权投资——损益调整　　　30 000
　　贷：投资收益　　　　　　　　　　　　30 000
甲公司宣告发放现金股利时：
借：应收股利　　　　　　　　　　　10 000
　　贷：长期股权投资——损益调整　　　　10 000
D旅游公司收到分派的现金股利时：
借：银行存款　　　　　　　　　　　10 000
　　贷：应收股利　　　　　　　　　　　　10 000

3. 长期股权投资的处置

处置长期股权投资，应按实际收到价款与长期股权投资账面价值的差额，确认为当期损益，应同时结转已计提的长期股权投资减值准备。账务处理是：企业处置长期股权投资时，应按实际收到的金额，借记"银行存款"等科目，按原已计提的减值准备，借记"长期股权投资减值准备"科目，按该长期股权投资的账面余额，贷记"长期股权投资"科目，按尚未领取的现金股利或利润，贷记"应收股利"科目，按其差额，贷记或借记"投资收益"科目。

【例4.6】承例4.4和例4.5，2011年2月10日，D旅游公司出售所持有的甲公司的股票，收到价款600 000元，款项已经存入银行。D旅游公司编制会计分录如下。

借：银行存款　　　　　　　　　　　600 000
　　贷：长期股权投资——成本　　　　　　550 000

——损益调整	20 000
投资收益	30 000

四、长期股权投资减值

1. 长期股权投资减值概述

企业对子公司、合营企业及联营企业的长期股权投资，在资产负债表日存在可能发生减值迹象时，其可收回金额低于账面价值的，应当将该长期股权投资的账面价值减记至可收回金额，减记的金额确认为减值损失，计入当期损益，同时计提相应的资产减值准备。

企业对被投资单位不具有控制、共同控制或重大影响、且在活跃市场中没有报价、公允价值不能可靠计量的权益性投资，应当将该长期股权投资在资产负债表日的账面价值，与按照类似金融资产当时市场收益率对未来现金流量折现确定的现值之间的差额，确认为减值损失，计入当期损益。

2. 长期股权投资减值的账务处理

企业计提长期股权投资减值准备，应当设置"长期股权投资减值准备"科目核算。企业按应减记的金额，借记"资产减值损失——计提的长期股权投资减值准备"科目，贷记"长期股权投资减值准备"科目。长期股权投资减值损失一经确认，在以后会计期间不得转回。

第二节 固定资产

一、固定资产概述

固定资产是指同时具有下列两个特征的有形资产。①为生产商品、提供劳务、出租或经营管理而持有的资产。②使用寿命超过一个会计年度的资产。使用寿命是指企业使用固定资产的预计期间，或者该固定资产所能生产产品或提供劳务的数量。

1. 固定资产的特点

固定资产与流动资产相比较，具有如下特点：

(1) 可长期地服务于业务经营过程中，并在较长的使用期限中不明显改变原来的实物形态。

(2) 购置的价值一般较高，其投入资金不能像投入原材料那样可以一次性地从产品销售收入中得到回收，而是在使用过程中，随着磨损程度加深以折旧的形式逐渐地、部分地计入费用，并从服务收入或产品销售收入中得到补偿。因此其核算的方法不同于流动资产。

固定资产与低值易耗品的区别在于使用年限和价值大小的不同。有些如玻璃器皿和专用工具虽然符合固定资产条件,但也因易损坏而列入低值易耗品。

2. 固定资产的分类

旅游企业的固定资产种类繁多,为了便于核算,可以按照经济用途和使用情况进行分类。在实际工作中,旅游企业的固定资产多采用经济用途和使用情况相结合的形式进行分类。

1) 按照经济用途分类

(1) 经营用固定资产,是指直接参加企业生产经营活动或服务于企业经营过程的固定资产,如房屋、机器设备、交通运输工具等。①房屋及建筑物。房屋指企业各部门用房,以及与房屋不可分离的附属设备,如电梯、卫生设备等。建筑物指房屋以外的围墙和企业内花园、喷水池等。②机器设备。指用于经营服务的厨房设备、洗衣设备;用于产生电力、冷暖气的各种设备,以及各种通信设备、电子计算机系统设备等。③交通运输工具。指用于经营服务和企业内部运输的各种车辆,如小汽车、卡车、电瓶车等。④家具设备。指用于经营服务和经营管理部门的各种家具设备、办公用设备、各类地毯等。⑤电器及影视设备。指用于企业经营服务或管理用的闭路电视播放设备、音响、电视机、电冰箱、摄像机等。⑥文体娱乐设备。指健身房、娱乐厅用的各种设备,如台球桌、各种乐器等。⑦其他设备。指不属于以上各类的其他经营管理用固定资产,如工艺摆设、消防设备。

这种分类可以反映各类不同的固定资产类别,并为确定不同类别固定资产的折旧年限奠定了基础。

(2) 非经营用固定资产是指不直接参加和服务于旅游企业经营活动的固定资产,如职工食堂、托儿所、医务室等用于职工生活和福利的房屋、设备等。

(3) 租出固定资产是指租给其他企业使用的房屋、设备等。

按经济用途分类,便于分类反映和监督不同经济用途固定资产之间的组成、变化情况,使企业合理配置固定资产。

2) 按照使用情况分类

(1) 使用中的固定资产是指正在使用的营业用和非营业用固定资产。对于淡季停用和大修理暂停使用以及存放在使用部门备用的机器设备,均应列入使用中的固定资产。

(2) 未使用的固定资产指旅游企业已购进而尚未使用、尚待安装或进行改建扩建的固定资产以及经批准停止使用的固定资产。

(3) 不需用固定资产指不适于本企业使用或多余的等待处理的固定资产。

按使用情况分类,可以正确反映和监督旅游企业固定资产的使用情况,促使其提高固定资产利用效率,便于正确计提固定资产折旧。

3) 按经济用途和使用情况等综合分类为:经营用固定资产;非经营用固定资产;租出用固定资产;不需用固定资产;未使用固定资产;土地(指过去已经估价单独入账的土地。因征地而支付的补偿费,应计入与土地有关的房屋、建筑物的价值内,不单独作为土地价值入账。企业取得的土地使用权,应作为无形资产管理,不作为固定资产管理);融资租入固定资产(指企业以融资租赁方式租入的固定资产,在租赁期内应视同自有固定资产进行管理)。

二、固定资产的取得

旅游企业的固定资产应当按照成本进行初始计量。其成本是指旅游企业构建某项固定资产并使其达到预定可使用状态前所发生的必要支出。这些支出不仅包括直接发生的价款、运杂费、包装费和安装成本等，还包括间接发生的借款利息、外币借款折算差额以及其他间接费用。

在具体确定固定资产的成本时，应在基本原则的基础上，根据具体的取得方式分别确定。为了全面地反映固定资产的特点，以及与固定资产相适应的计价标准，需要设置"固定资产"科目。它始终按原始价值反映固定资产增减变动和结存情况。其借方反映固定资产增加的原始价值，贷方反映固定资产减少的原始价值，余额在借方，表示旅游企业期末拥有固定资产的原始价值。

1. 外购固定资产

外购固定资产的成本，包括购买价款、相关税费、使固定资产达到预定可使用状态前所发生的可归属于该项资产的运输费、装卸费、安装费和专业人员服务费等。

旅游企业外购固定资产可分为不需要安装和需要安装两种。

1) 不需要安装

购入不需要安装的固定资产，其入账的原始价值包括购进价、运杂费和包装费等。核算时，借记"固定资产"科目，贷记"银行存款"等科目。若企业为增值税一般纳税人，则企业购进机器设备等固定资产的进项税额不纳入固定资产成本核算，可以在销项税额中抵扣。

【例 4.7】 某饭店购入一台不需要安装的厨房设备一台，取得的增值税专用发票上注明的设备价款为 100 000 元，增值税额 17 000 元，另支付运费 500 元、装卸费 100 元，以银行存款支付，设备已验收使用，假设该饭店属于增值税一般纳税人，增值税进项税额不纳入固定资产成本核算。

编制会计分录如下。

取得成本=100 000+500+100=100 600(元)

借：固定资产	100 600	
应交税费——应交增值税(进项税额)	17 000	
贷：银行存款		117 600

2) 需要安装

购入需要安装的固定资产，其入账价值除了包括购进价、运杂费和包装费外，还要加上安装费用。核算时，先在"在建工程"科目核算，待工程完工后，再由"在建工程"科目转入"固定资产"科目。

"在建工程"科目，主要核算企业进行各项工程，包括固定资产新建工程、改扩建工程、大修理工程等所发生的实际支出。其借方登记为购置、建造、安装固定资产所发生的一切支出，贷方登记工程完工交付使用固定资产的实际成本。如有借方余额表示尚未完工，或虽已完工但尚未办理竣工结算的工程实际成本。该科目下应根据工程项目分设明细账,如"在建工程——仓库"、"在建工程——××设备"等。同时应单设"工程物资"明细科目,核算所购买的工程用物资。

【例 4.8】 某饭店购入一台需安装的洗涤设备一台,取得的增值税专用发票上注明的设备价款为 80 000 元,增值税额 13 600 元,支付运费 600 元、装卸费 200 元,支付安装费 1000 元,假设该饭店属于增值税一般纳税人,增值税进项税额不纳入固定资产成本核算。

编制会计分录如下。

取得成本=80 000+600+200=80800(元)

(1) 购入安装时,编制会计分录如下。

借:在建工程　　　　　　　　　　　　　　80 800
　　应交税费—应交增值税(进项税额)　　 13 600
　　贷:银行存款　　　　　　　　　　　　　　 94400

(2) 支付安装费用时,编制会计分录如下。

借:在建工程　　　　　　　　　　　　　　1 000
　　贷:银行存款　　　　　　　　　　　　　　 1 000

(3) 安装完毕交付使用时,编制会计分录如下。

固定资产成本=80 800+1 000=81 800(元)

借:固定资产　　　　　　　　　　　　　　81 800
　　贷:在建工程　　　　　　　　　　　　　　 81 800

2. 自行建造固定资产

自行建造固定资产的成本,按建造该项资产达到预定可使用状态前所发生的必要支出,作为入账价值。

旅游企业自行建造的固定资产,可以有自营建造和出包建造两种方式,应按不同的方式分别进行会计处理。

1) 自营建造

自营工程是指企业自行组织工程物资采购、自行组织施工人员施工的建筑工程和安装工程。购入工程物资时,借记"工程物资"科目,贷记"银行存款"等科目。领用工程物资时,借记"在建工程"科目,贷记"工程物资"科目。在建工程领用本企业原材料时,借记"在建工程"科目,贷记"原材料"等科目。自营工程发生的费用(如分配工程人员工资等),借记"在建工程"科目,贷记"银行存款"、"应付职工薪酬"等科目。自营工程达到预定使用状态时,按其成本,借记"固定资产"科目,贷记"在建工程"科目。

【例 4.9】 某饭店采用自营方式建筑房屋一幢,为工程购置物资 190 000 元,全部用于工程建设,为工程支付建设人员工资 48 000 元,工程完工验收交付使用。

(1) 购买工程物资,编制会计分录如下。

借:工程物资　　　　　　　　　190 000
　　贷:银行存款　　　　　　　　　 190 000

(2) 领用工程物资，编制会计分录如下。
借：在建工程　　　　　　　　　190 000
　　贷：工程物资——专用材料　　　　190 000
(3) 支付建设人员工资，编制会计分录如下。
借：在建工程——房屋工程　　　 48 000
　　贷：应付职工薪酬　　　　　　　　 48 000
(3) 工程完工验收，结转工程成本，编制会计分录如下。
工程完工转入固定资产的成本=190000+48000=238000(元)
借：固定资产——房屋　　　　　238 000
　　贷：在建工程——房屋　　　　　　238 000

2) 出包建造

出包工程是指企业通过招标方式将工程项目发包给建造承包商，由建造承包商组织施工的建筑工程和安装工程。旅游企业采用出包方式建造固定资产，工程的具体支出由承包单位核算，在这种方式下，"在建工程"科目实际成为企业与承包单位的结算科目。企业按合理估计的发包工程进度和合同固定向建造承包商结算进度款项，借记"在建工程"科目，贷记"银行存款"等科目；工程完成时，按合同规定补付的工程款，借记"在建工程"科目，贷记"银行存款"等科目，工程达到预定可使用状态时，按其成本，借记"固定资产"科目，贷记"在建工程"。

【例4.10】某饭店以出包方式建造仓库一座，预付工程款200 000元，工程完工决算，根据竣工工程决算表，需补付工程价款15 000元。编制会计分录如下。

(1) 预付工程款。
借：在建工程——仓库工程　　 200 000
　　贷：银行存款　　　　　　　　　 200 000
(2) 补付工程价款。
借：在建工程——仓库工程　　　15 000
　　贷：银行存款　　　　　　　　　　15 000
(3) 根据竣工工程决算表，结转工程成本。
借：固定资产——仓库　　　　　215 000
　　贷：在建工程——仓库工程　　　　215 000

三、固定资产折旧

1. 固定资产折旧概念

固定资产折旧，是指在固定资产使用寿命内，按照确定的方法对应计折旧额进行系统分摊。

应计折旧额，是指应计提折旧的固定资产原价扣除其预计净残值后的金额。已计提减值准备的固定资产，还应当扣除已计提的固定资产减值准备累计金额。预计净残值，是指假定固定资产预计使用寿命已满并处于使用寿命终了时的预期状态，企业目前从该项资产处置中获得的扣除预计处置费用后的金额。

旅游企业应当根据固定资产的性质和使用情况，合理确定固定资产的使用寿命和预计净残值。固定资产的使用寿命、预计净残值一经确定，不得随意变更。

旅游企业应当定期对固定资产的使用寿命进行复核，如果固定资产使用寿命的预期数与原先的估计数有重大差异，则应当相应调整固定资产折旧年限；另外，还应当定期对其折旧方法进行复核，如果固定资产所包含经济利益的预期实现方式有重大改变，则应当相应改变固定资产折旧方法。

2. 固定资产折旧性质

企业的固定资产可以长期参加生产经营活动而仍保持其原有的实物形态，但其价值随着固定资产使用而逐渐转移到生产的产品中，构成成本或费用，然后通过销售商品，收回货款，弥补成本费用，从而使这部分价值损耗得到补偿。

固定资产损耗分为有形损耗和无形损耗两种。有形损耗是指固定资产由于使用和自然力影响引起使用价值和价值的损失，如机械磨损和自然条件侵蚀等。无形损耗是指由于科学技术进步、产品升级换代等引起固定资产价值的损失。随着科学技术的飞速发展，无形损耗造成的固定资产贬值显得越来越突出。

3. 固定资产折旧的范围

以下固定资产应计提折旧，具体为：①房屋和建筑物。②在使用的机器设备、仪器仪表、运输工具。③融资租入的固定资产。

以下固定资产不计提折旧，具体为：①未使用、不需用的机器设备。②在建工程项目达到预定可使用状态以前的固定资产。③处于更新改造过程中(从停止使用开始到达到预定可使用状态之前)的固定资产。④已提足折旧继续使用的固定资产。⑤未提足折旧提前报废的固定资产。

在确定计提折旧的范围时，还应注意，应以月初可提取折旧的固定资产账面原值为依据。当月增加的固定资产，当月不提折旧，从下月起计提折旧；当月内减少的固定资产，当月仍计提折旧，从下月起停止计提折旧。因此，企业各月计算提取折旧时，可以在上月计提折旧的基础上，对上月固定资产的增减情况进行调整后计算当月应计提的折旧额。

$$\text{当月固定资产应计提的折旧额} = \text{上月固定资产计提的折旧额} + \text{上月增加固定资产应计提的折旧额} - \text{上月减少固定资产应计提的折旧额}$$

企业至少应当于每年年度终，对固定资产的使用寿命、预计净残值和折旧方法进行复核。使用寿命预计数与原先估计数有差异的，应当调整固定资产使用寿命。预计净残值预计数与原先估计数有差异的，应当调整预计净残值。与固定资产有关的经济利益预期实现方式有重大改变的，应当改变固定资产折旧方法。

4. 固定资产折旧方法

会计上计算折旧的方法很多，不同折旧方法的选用直接影响到企业成本、费用的计算，以及企业的收入和纳税，从而影响国家财政收入。可选用的折旧方法包括年限平均法、工作量法、双倍余额递减法和年数总和法。

1) 年限平均法

年限平均法又称直线法,是将固定资产折旧均衡地分摊到各期的一种方法,计算公式如下。

$$固定资产年折旧额 = \frac{固定资产原值 - 预计净残值}{固定资产预计使用年限}$$

$$月折旧额 = 年折旧额/12$$

固定资产折旧率是指某期间固定资产折旧额和原值的比率。它反映了固定资产在某期间内的磨损和损耗程度。运用固定资产折旧率来计算固定资产折旧的公式如下。

$$固定资产年折旧率 = \frac{1 - 预计净残值率}{固定资产预计使用年限} \times 100\%$$

月折旧率 = 年折旧率/12

年折旧额 = 固定资产原值 × 年折旧率

月折旧额 = 年折旧额/12

由于固定资产种类繁多,数额大且经常变化,运用折旧率来计算折旧可以避免计提折旧手续繁琐。同时,固定资产折旧可以分为个别或单项折旧率、分类折旧率和综合折旧率,应根据具体情况与需要来计算固定资产的折旧。

【例 4.11】 某饭店有客车一辆,原值 150 000 元,预计净残值率为 5%,预计使用年限为 5 年。求月折旧率和月折旧额。

$$月折旧率 = \frac{1 - 5\%}{5 \times 12} \times 100\% = 1.58\%$$

月折旧额 = 150 000 × 1.58% = 2370(元)

2) 工作量法

工作量法是根据实际工作量计提折旧的一种方法,计算公式如下。

$$每一工作量折旧额 = \frac{固定资产原值 \times (1 - 净残值率)}{预计总工作量}$$

某项固定资产月折旧额 = 该项固定资产当月工作量 × 每一工作量折旧额

【例 4.12】 某饭店有冷藏车一辆,原值 63 000 元,在预计使用年限内可以行驶 500 000 公里,本月份共行驶 12 000 公里,计算该项固定资产折旧额。

单位工作量应提折旧额 = 63 000/500 000 = 0.126(元/公里)

本月份应计提折旧额 = 0.126 × 12 000 = 1 512(元)

3) 双倍余额递减法

双倍余额递减法是在不考虑固定资产净残值的情况下,根据每期期初固定资产账面余额和双倍的直线法折旧率计算固定资产折旧的一种方法,计算公式如下。

$$折旧率 = \frac{2}{预计使用年限} \times 100\%$$

折旧额 = (原值 - 已提折旧额) × 折旧率

= 固定资产账面净值 × 折旧率

实行双倍余额递减法计提固定资产折旧,应当在其固定资产折旧年限到期以前两年内,将固定资产净值扣除残值后平均摊销。

【例 4.13】 某饭店有中型空调一台,原值 90 000 元,预计使用 10 年,残值 6 000

元,其折旧额计算如下。

$$折旧率=2/10\times100\%=20\%$$

$$第一年折旧额=90\,000\times20\%=18\,000(元)$$

$$第二年折旧额=(90\,000-18\,000)\times20\%=14\,400(元)$$

$$第三年折旧额=(72\,000-14\,400)\times20\%=11\,520(元)$$

$$第四、五年折旧额=\frac{(57\,600-11\,520)-6\,000}{2}=20\,040(元)$$

4) 年数总和法

年数总和法是将固定资产原值减去净残值后的净额,乘以一个逐年递减的分数,计算每年的折旧额。这个分数的分子代表固定资产尚可使用的年数,分母代表使用年数的逐年数字总和,计算公式如下。

$$年折旧率=\frac{尚可使用年数}{预计使用年限的年数总和}=\frac{预计使用年限-已使用年限}{预计使用年限\times(预计使用年限+1)\div2}$$

$$年折旧额=(固定资产原值-预计净残值)\times年折旧率$$

【例 4.14】某饭店固定资产原值 50 000 元,预计使用年限为 5 年,预计净残值 2 000 元。用年数总和法计算每年折旧额,见表 4-1。

表 4-1 某饭店固定资产折旧额计算表

年 份	尚可使用年限	原值-净残值	折旧率	每年折旧额
1	5	48 000	5/15	16 000
2	4	48 000	4/15	12 800
3	3	48 000	3/15	9 600
4	2	48 000	2/15	6 400
5	1	48 000	1/15	3 200

5. 固定资产折旧账务处理

企业固定资产计提折旧直接计入有关成本费用。企业计提固定资产折旧只做一笔分录,即借记有关成本费用科目,贷记"累计折旧"科目。旅游企业计提固定资产折旧时,通过"累计折旧"科目处理。

固定资产由于磨损而使价值减少时,之所以不直接记入"固定资产"科目的贷方,而登记在专设的"累计折旧"科目的贷方,主要是为了在两个科目中分别反映固定资产的原价和已提折旧额,以便于固定资产的管理。

"累计折旧"科目反映固定资产由于磨损而减少的价值。其贷方反映本期计提固定资产的折旧额,借方反映固定资产因出售、清理、盘亏等原因减少时已提折旧额的冲销。该科目的余额在贷方,反映企业现有固定资产的累计折旧额。在资产负债表中,累计折旧作为固定资产的扣除项目,不单独列示。

在会计实务中,各月计提折旧的工作一般是通过编制"固定资产折旧计算表"来完成的。

【例 4.15】某饭店某月份的固定资产折旧计算表见表 4-2。

表 4-2　固定资产折旧计算表

使用部门	固定资产项目	上月折旧额	上月增加固定资产		上月减少固定资产		本月折旧额	分配费用
			原价	折旧额	原价	折旧额		
客房部	房屋	3 000					3 000	营业费用
	电器设备	15 000					15 000	
	家具	900					900	
	小计	18 900					18 900	
餐饮部	房屋	2 000					2 000	
	电器设备	12 000	40 000	200			12 200	
	小计	14 000					14 200	
商品部	房屋	2 100					2 100	
	运输工具	14 000			30 000	900	13 100	
	小计	16 100					15 200	
管理部	房屋建筑	1 200					1 200	管理费用
	运输工具	1 500					1 500	
	小计	2 700					2 700	
合计		51 700	40 000	200	30 000	900	51 000	

根据表 4-2 显示的固定资产折旧计算资料，编制会计分录如下。

　　借：营业费用——客房部　　　　18 900
　　　　　　　　——餐饮部　　　　14 200
　　　　　　　　——商品部　　　　15 200
　　　　管理费用——管理部　　　　2 700
　　　　贷：累计折旧　　　　　　　51 000

四、固定资产减值

　　旅游企业的固定资产由于使用期长，市场条件和经营环境的变化、科学技术的进步以及企业经营管理不善等原因，都可能导致固定资产创造未来经济利益的能力大大下降。因此，固定资产的真实价值有可能低于账面价值，在期末必须对固定资产价值减值损失进行确认。

　　为了客观、真实、准确地反映期末固定资产的实际价值，旅游企业应在会计期末判断固定资产是否存在发生减值的迹象。资产的可收回金额低于其账面价值的，应当将资产的账面价值减记至可收回金额，减记的金额确认为固定资产减值损失，计入当期损益，同时计提相应的固定资产减值准备。固定资产减值损失一经确认，在以后会计期间不得转回。

　　旅游企业应当合理地计提固定资产减值准备，并设置"固定资产减值准备"科目，期末贷方余额反映企业已提取但尚未转销的固定资产减值准备。在资产负债表中，固定资产减值准备作为固定资产的扣除项目,不单独列示。旅游企业已全额计提减值准备的固定资产,不再计提折旧。

其账务处理是:资产负债表日,旅游企业发生固定资产减值的,按应减记的金额(可收回金额低于其账面价值的差额),借记"资产减值损失"科目,贷记"固定资产减值准备"科目。

【例 4.16】 某旅游企业于 2010 年 1 月 1 日购入一台设备,价值 130 万元,使用年限为 10 年,预计净残值为 10 万元。2010 年底资产负债表日,该资产的市场公允价为 100 万元。2011 年底资产负债表日,该资产的市场公允价值为 95 万元。

编制会计分录如下。

(1) 计提 2010 年折旧

应提折旧额=(130-10)/10=120 000(元)

借:管理费用　　　　　　　120 000
　　贷:累计折旧　　　　　　　　　120 000

(2) 2010 年 12 月 31 日,计提固定资产减值准备。

计提固定资产减值准备=130-12-100=180 000(元)

借:资产减值损失　　　　　180 000
　　贷:固定资产减值准备　　　　　180 000

(3) 2011 年 12 月 31 日,计提折旧

计提折旧额=(100-10)/9=100 000(元)

借:管理费用　　　　　　　100 000
　　贷:累计折旧　　　　　　　　　100 000

从以上会计处理可以看出,该设备在 2011 年底的账面价值为 90 万元(100 万元-10 万元),虽然此时该资产的市场公允价为 95 万元,按照新会计准则规定,该企业不得进行转回处理,即该资产的账面价值就是 90 万元。

五、固定资产后续支出

固定资产的后续支出通常包括固定资产在使用过程中发生的日常修理费、大修理费用、更新改造支出、房屋的装修费用等。

1. 资本化的后续支出

若固定资产的后续支出增强了固定资产获取未来经济利益的能力,提高了固定资产的性能,如固定资产发生的更新改造支出、房屋装修费用等,使可能流入企业的经济利益超过原先估计,符合固定资产的确认条件,则称该固定资产发生了资本化的后续支出,应当计入固定资产成本。

当旅游企业固定资产发生资本化的后续支出时,通过"在建工程"科目核算。在后续支出项目过程中,停止计提折旧。待固定资产发生的后续支出完工并达到预定可使用状态时,再从"在建工程"科目转为"固定资产"科目,并按重新确定的使用寿命、预计净残值和折旧方法计提折旧。

【例 4.17】 某旅游企业 2010 年自营建造一条观光索道，建造成本 80 万元，已提折旧 20 万元，已提减值准备 5 万元。为了吸引顾客，现对其进行更新改造，共发生支出 35 万元，全部以银行存款支付。

该企业的账务处理如下。

(1) 该索道转入更新改造时。

借：在建工程　　　　　　　　550 000
　　累计折旧　　　　　　　　200 000
　　固定资产减值准备　　　　 50 000
　　　贷：固定资产　　　　　　　　800 000

(2) 发生固定资产后续支出时。

借：在建工程　　　　　　　　350 000
　　　贷：银行存款　　　　　　　　350 000

(3) 更新改造工程达到预定可使用状态时。

借：固定资产　　　　　　　　900 000
　　　贷：在建工程　　　　　　　　900 000

固定资产发生资本化的后续支出时，可能会替换该固定资产的某个组成部分，旅游企业应当终止确认被替换部分的账面价值，以免将替换部分的成本和被替换部分的账面价值同时记入固定资产成本。

2. 费用化的后续支出

如果固定资产的后续支出不会提高固定资产原定的创利能力，只是使固定资产恢复到正常工作状态，如固定资产的大修理费用和日常修理费用，通常不符合固定资产的确认条件，应在发生时计入当期管理费用，不得采用预提或待摊方式处理。核算时，借记"管理费用"科目，贷记"银行存款"科目。

六、固定资产处置

企业在生产经营过程中，可能将不适用或不需用的固定资产对外出售转让，或因磨损、技术进步等原因对固定资产进行报废，或因遭受自然灾害而对毁损的固定资产进行处理。对于上述事项在进行核算时，应按规定程序办理有关手续，结转固定资产的账面价值，计算有关的清理收入、清理费用及残料价值等。固定资产处置，包括固定资产的出售、转让、报废和毁损、对外投资、非货币性资产交换、债务重组等。

旅游企业出售、转让、报废固定资产或发生固定资产毁损，应当将处置收入扣除账面价值和相关税费后的金额计入当期损益。固定资产的账面价值是固定资产成本扣减累计折旧和累计减值准备后的金额。

企业因出售、报废、捐赠、毁损等原因减少的固定资产，应通过"固定资产清理"科目核算。它核算企业因出售、报废和毁损等原因转入清理的固定资产净值以及在清理过程中所发生的清理费用和清理收入。另外，企业捐赠转出、以固定资产清偿债务及以非货币性交易换出的固定资产也通过本科目核算。其借方反映转入清理的固定资产净值和发生的清理费用；贷方反映清理固定资产的变价收入和由保险公司或过失人承担的损失等；期末余额反映尚未清理完毕的固定资产价值或清理净损益。固定资产清理完成后，经过上级部门批准，可通过"营业外收入"、"营业外支出"等科目转销。

1. 固定资产的出售

旅游企业中存在不需用的固定资产，需要予以出售。企业出售固定资产，首先要将其现值转入清理。取得收入时，借记"银行存款"科目，贷记"固定资产清理"科目，发生出售费用时，借记"固定资产清理"科目，贷记"银行存款"等科目。通过"固定资产清理"科目来核算固定资产出售的净收益或净损失。按照有关规定，企业销售不动产，还应按销售额计算交纳营业税。

【例 4.18】 某饭店有一建筑物，原价 200 万元，已使用 6 年，计提折旧 30 万元，固定资产减值准备 1 万元，支付清理费 1 万元，出售的变价收入为 190 万元，营业税率 5%。编制会计分录如下。

(1) 固定资产转入清理。

借：固定资产清理　　　　　　1 690 000
　　累计折旧　　　　　　　　　 300 000
　　固定资产减值准备　　　　　　10 000
　　贷：固定资产　　　　　　　　　　　2 000 000

(2) 支付清理费用。

借：固定资产清理　　　　　　　10 000
　　贷：银行存款　　　　　　　　　　　10 000

(3) 收到价款时。

借：银行存款　　　　　　　　1 900 000
　　贷：固定资产清理　　　　　　　　1 900 000

计算应交纳的营业税：

应交纳的营业税=1 900 000×5%=95 000(元)

借：固定资产清理　　　　　　　95 000
　　贷：应交税费——应交营业税　　　　 95 000

结转清理后净收益：

1 900 000−95 000−10 000−1 690 000=105 000(元)

借：固定资产清理　　　　　　　105 000
　　贷：营业外收入——处置非流动资产利得　105 000

2. 固定资产的报废

旅游企业购入的固定资产由于长期使用而不断磨损，以致丧失了使用功能，就需要进行报废清理。进行固定资产报废的会计处理时，首先应注销报废固定资产的净值。若旅游企业取得固定资产变价收入，借记"银行存款"科目，贷记"固定资产清理"科目；若发生清理费用，借记"固定资产清理"科目，贷记"银行存款"等科目，并通过"固定资产清理"科目来核算固定资产清理的净收益或净损失，固定资产报废清理的净收益贷记"营业外收入——处置非流动资产利得"科目，净损失借记"营业外支出——处置非流动资产损失"科目。

【例 4.19】 某饭店有旧房屋一幢，原值 450 000 元，已提折旧 435 000 元，无减值准备，使用期满经批准报废。清理过程中，以银行存款支付清理费 12 700 元，拆除的残料变卖收入 16 800 元存入银行。编制会计分录如下。

(1) 固定资产转入清理。
借：固定资产清理　　　　　15 000
　　累计折旧　　　　　　　435 000
　　　贷：固定资产　　　　　　　　450 000
(2) 支付清理费用。
借：固定资产清理　　　　　12 700
　　　贷：银行存款　　　　　　　　12 700
(3) 残料出售收入。
借：银行存款　　　　　　　16 800
　　　贷：固定资产清理　　　　　　16 800
(4) 结转固定资产清理净损益。
借：营业外支出——处置非流动资产损失　　10 900
　　　贷：固定资产清理　　　　　　　　　　10 900

七、固定资产清理

旅游企业应定期或者至少于每年年末对固定资产进行清查盘点，以保证固定资产核算的真实性，充分挖掘旅游企业现有固定资产的潜力。在固定资产清查过程中，如果发现盘盈、盘亏的固定资产，应填制固定资产盘盈盘亏报告表。清查固定资产的损溢，应及时查明原因，并按照规定程序报批处理。

1. 固定资产盘盈

旅游企业在财产清查中盘盈的固定资产，作为前期差错处理。企业在财产清查中盘盈的固定资产，在按管理权限报经批准处理前应先通过"以前年度损益调整"科目核算。盘盈的固定资产，应按重置成本确定其入账价值，借记"固定资产"科目，贷记"以前年度损益调整"科目。

【例 4.20】 2011 年 1 月 30 日，某饭店在财产清查中，发现 2010 年 12 月购入的设备一台尚未入账，重置成本为 50000 元，该盘盈固定资产作为前期差错进行处理。假定该饭店按净利润的 10%计提法定盈余公积，不考虑相关税费和其他因素的影响。编制会计分录如下。

盘盈固定资产时：
借：固定资产　　　　　　　　　　　　50 000
　　　贷：以前年度损益调整　　　　　　　　50 000
结转为留存收益时：

借：以前年度损益调整	50 000	
贷：盈余公积——法定盈余公积		5 000
利润分配——未分配利润		45 000

2. 固定资产盘亏

旅游企业在财产清查中盘亏的固定资产，按盘亏固定资产的账面价值，借记"待处理财产损益——待处理固定资产损益"科目，按已提的累计折旧，借记"累计折旧"科目，按该项固定资产已计提的减值准备，借记"固定资产减值准备"科目，按固定资产的原价，贷记"固定资产"科目。按管理权限报经批准后处理时，按可收回的保险赔偿或过失人赔偿，借记"其他应收款"科目，按应计入营业外支出的金额，借记"营业外支出—盘亏损失"科目，贷记"待处理财产损溢"科目。

【例 4.21】 某旅游企业进行财产清查时盘亏设备一台，其账面原价为 50 000 元，已提折旧 15 000 元，该设备已计提的减值准备为 5 000 元，有关账务处理如下。

(1) 盘亏固定资产。

借：待处理财产损益——待处理固定资产损益	30 000
累计折旧	15 000
固定资产减值准备	5 000
贷：固定资产	50 000

(2) 报经批准转销。

借：营业外支出	30 000
贷：待处理财产损益——待处理固定资产损益	30 000

第二节　无形资产及其他资产

一、无形资产

1. 无形资产的概念及特征

无形资产，是指企业拥有或控制的没有实物形态的可辨认非货币性资产。

资产满足下列条件之一的，符合以上定义中的可辨认性标准。

(1) 能够从企业中分离或划分出来，并能单独或与相关合同、资产或负债一起，用于出售、转移、授予许可、租赁或交换。

(2) 源自合同性权利或其他法定权利，无论这些权利是否可以从企业或其他权利和义务中转移或分离。

区别于其他资产，无形资产具有以下重要特征：①它是能够为企业带来经济利益的无实物形态资产。②它是可以辨认的资产。③它是非货币性资产，但其价值能够用货币计量。

2. 无形资产的内容

无形资产主要包括专利权、非专利技术、商标权、著作权、土地使用权、特许经营权等。

专利权是指一国政府或专利局依法授予发明创造人或其权利受让人在一定期限内对该发明创造享有独占或专有的权利。

非专利技术是指尽管不构成或未达到申请专利权的某项技术，却由于使用这项技术能为企业带来一定收益的一种技术。非专利技术不受法律保护，而是靠技术保密来自我保护。饭店管理公司正是凭借其拥有的饭店管理知识与经验、管理程序、制度等非专利技术获得高额收益。当旅游饭店从饭店管理公司购入饭店运转管理程序等无形资产时，应作为购入非专有技术处理。

商标权是商标专用权的简称，它是经工商管理局核准注册的商标，得到国家法律确认和保护，商标注册人对注册商标享有专用的权利。注册商标是企业保护自己独有的商品区别于其他经营者经营同一商品的特殊标识。旅游业属于服务性行业，注册服务商标，创立服务"名牌"在国内外早已成为激烈竞争之势。我国有不少饮食服务企业，由于长期一流的高质量服务，其店名在广大消费者心目中享有较高的信誉，如全聚德、东来顺、白天鹅等。这些成名的招牌店号是来之不易的，需十几年甚至上百年才能创立，是企业十分宝贵的无形资产。

土地使用权，我国的城镇土地一律归国家所有，但在一定时间、条件下其使用权归属某个单位和个人，这就在客观上形成了企业的一定资产。企业为自身发展、对外联营，可以用土地使用权作价对外投资，来参与另一企业的经营，从而从另一企业分得利润。

特许经营权也称专营权，是指企业在某一地区经营或销售某种特定商品的权利或是一家企业接受另一家企业使用其商标、商号、技术秘密等的权利。前者一般是由政府机构授权，准许企业使用或在一定地区享有经营某种业务的特权，如水、电、邮电通信等专营权、烟草专卖权等；后者是指企业间依照签订的合同，有限期或无限期使用另一家企业的商标、商号、技术秘密等的权利，如连锁店分店使用总店的名称等。饭店特许经营权是饭店联号公司给予某一饭店以使用其商标、商号、专利权、经营管理技术等的权利。饭店通过购买特许经营权而成为饭店联号公司的成员。在饭店会计中，特许经营权作为无形资产来处理。

二、无形资产的核算

1. 无形资产的取得

无形资产应当按照成本进行初始计量。企业取得无形资产的主要方式有外购和自行研究开发等。取得的方式不同，其会计处理也有所差别。

(1) 外购无形资产。外购无形资产的成本包括购买价款、相关税费以及直接归属于使该项资产达到预定用途所发生的其他支出。

旅游企业购入无形资产时，应按实际支付的价款，借记"无形资产"科目，贷记"银行存款"等科目。

【例 4.22】 某饭店购入一项非专利技术，支付的买价和有关费用合计 80 000 元，以银行存款支付。编制会计分录如下。

借：无形资产——非专利技术　　80 000
　　贷：银行存款　　　　　　　　　　80 000

(2) 自行研究开发无形资产。对于企业自行研究开发无形资产项目，应当区分研究阶段与开发阶段分别进行核算。

研究是指为获取并理解新的科学或技术知识而进行独创性的有计划调查。企业内部研究开发项目研究阶段的支出，在发生时应当费用化计入当期损益，借记"管理费用"科目，贷记"银行存款"等科目。

开发是指在进行商业性生产或使用前，将研究成果或其他知识应用于某项计划或设计，以生产出新的或具有实质性改进的材料、装置、产品等。企业开发阶段的支出，若能够同时满足以下五个条件，应予以资本化处理：①完成该无形资产以使其能够使用或出售在技术上具有可行性。②具有完成该无形资产并使用或出售的意图。③无形资产产生经济利益的方式，包括能够证明运用该无形资产生产的产品存在市场或无形资产自身存在市场，无形资产将在内部使用的，应当证明其有用性。④有足够的技术、财务资源和其他资源支持，以完成该无形资产的开发，并有能力使用或出售该无形资产。⑤归属于该无形资产开发阶段的支出能够可靠地计量。

企业自行开发无形资产发生的研发支出，不满足资本化条件的，借记："研发支出——费用化支出"科目，满足资本化条件的，借记："研发支出——资本化支出"科目，贷记"原材料"、"银行存款"、"应付职工薪酬"等科目。研究开发项目达到预定使用形成无形资产的，应按"研发支出——资本化支出"科目的余额，借记"无形资产"科目，贷记"研发支出——资本化支出"科目。期末，应将"研发支出——费用化支出"科目归集的金额转入"管理费用"科目，借记"管理费用"科目，贷记"研究支出——费用化支出"科目。如果无法可靠区分研究阶段的支出和开发阶段的支出，应将其所发生的研发支出全部费用化，计入当期损益。

【例 4.23】 某饭店自行研究开发一项技术，2010 年 12 月 31 日，发生研发支出合计 100 000 元，经测试该研发活动完成了研究阶段，从 2011 年 1 月 1 日进入开发阶段。2011 年发生开发支出 30000 元，假定符合资本化条件，2011 年 6 月 30 日，该项研发活动结束，最终开发出一项专利技术。

(1) 2010 年发生的研发支出。

借：研发支出——费用化支出　　100 000
　　贷：银行存款　　　　　　　　　　100 000

(2) 2010 年 12 月 31 日，将研究阶段费用计入当期损益。

借：管理费用　　　　　　　　　100 000
　　贷：研发支出——费用化支出　　　100 000

(3) 2011 年开发费用资本化。

借：研发支出——资本化支出　　30 000
　　贷：银行存款　　　　　　　　　　30 000

(4) 2011 年 6 月 30 日，将该技术结转无形资产。
借：无形资产　　　　　　　　30 000
　　贷：研发支出——资本化支出　30 000

2. 无形资产的摊销

无形资产能在较长的时间里给企业带来效益。但无形资产通常也有一定的使用寿命，其价值将随着时间的推移而消失，因此，企业应将入账的无形资产在一定年限内摊销。

旅游企业应于取得无形资产时分析判断其使用寿命。无形资产的使用寿命为有限的，应当估计该使用寿命的年限或者构成使用寿命的产量等类似计量单位数量；无法预见无形资产为企业带来经济利益期限的，应当视为使用寿命不确定的无形资产。使用寿命不确定的无形资产不应摊销。

1) 摊销方法的确定

使用寿命有限的无形资产，其应摊销金额应当在使用寿命期内合理摊销。旅游企业既可采用直线法，也可采用余额递减法和工作量法摊销无形资产，但选择的摊销方法应当反映与该项无形资产有关经济利益的预期实现方式。无法可靠确定预期实现方式的，应当采用直线法摊销。

2) 摊销的会计处理

企业摊销无形资产，应当自无形资产可供使用时起，至不再作为无形资产确认时止的有限使用寿命期内摊销。无形资产的应摊销金额为其成本扣除预计残值后的金额。已计提减值准备的无形资产，还应扣除已计提的无形资产减值准备累计金额。一般情况下，使用寿命有限的无形资产，其残值应当视为零。无形资产摊销时，通过"累计摊销"科目处理。该科目的余额在贷方，反映企业无形资产的累计摊销额。在资产负债表中，累计摊销作为无形资产的扣除项目，不单独列示。无形资产的摊销金额一般应当计入当期损益。旅游企业按期(月)计提无形资产的摊销时，应按计算的摊销额，借记"管理费用"、"其他业务成本"等科目，贷记"累计摊销"科目。处置无形资产还应同时结转累计摊销。

【例 4.24】 2011 年 1 月 1 日，某酒店外购 A 无形资产，实际支付的价款为 120 万元。该酒店估计 A 无形资产使用寿命为 6 年。该酒店有关账务处理如下。

(1) 2011 年 1 月 1 日，购入无形资产。
借：无形资产　　　1 200 000
　　贷：银行存款　　　1 200 000

(2) 2011 年，无形资产摊销 120 万元÷6 年=20 万元。
借：管理费用——无形资产摊销　　200 000
　　贷：累计摊销　　　　　　　　　200 000

旅游企业应当至少于每年年度终，对使用寿命有限的无形资产使用寿命及摊销方法进行复核。在复核时，一旦发现无形资产使用寿命及摊销方法与以前估计不同时，则应当改变摊销期限和摊销方法。此外，企业也应当在每个会计期间对使用寿命不确定的无形资产使用寿命进行复核。如果有证据表明无形资产使用寿命是有限的，应当估计其使用寿命,并按规定计提累计摊销。

3. 无形资产的减值

旅游企业应在资产负债表日判断无形资产是否存在发生减值的迹象。对使用寿命不确定的无形资产,无论是否存在减值迹象,每年都应当进行减值测试。测试方法按照判断资产减值的方法进行处理,如经减值测试表明已发生减值,则需要计提相应的减值准备。无形资产减值损失一经确认,在以后会计期间不得转回。

为核算企业计提的无形资产减值准备,应设置"无形资产减值准备"科目。其期末贷方余额,反映企业已计提但尚未转销的无形资产减值准备。相关账务处理是:按应减记的金额,借记"资产减值损失"科目,贷记"无形资产减值准备"科目。

4. 无形资产的出售

旅游企业出售无形资产,应当将取得价款与该无形资产账面价值的差额计入当期损益。按实际收到金额,借记"银行存款"等科目,按该无形资产已计提的累计摊销,借记"累计摊销"科目,按其账面余额,贷记"无形资产"科目,按应支付的相关税费,贷记"银行存款"、"应交税费"等科目,按其差额,贷记"营业外收入——处置非流动资产利得"科目或借记"营业外支出——处置非流动资产损失"科目。已计提减值准备的,还应同时结转减值准备。

【例 4.25】某饭店将拥有的一项专利权出售,取得收入 150 000 元,应交营业税 7 500 元。该专利权账面余额为 140 000 元,已计提累计摊销 15 000 元,已提减值准备 5 000 元,有关账务处理如下。

借:银行存款　　　　　　　　　　　　150 000
　　累计摊销　　　　　　　　　　　　 15 000
　　无形资产减值准备　　　　　　　　　5 000
　　贷:无形资产　　　　　　　　　　　　　140 000
　　　　应交税费——应交营业税　　　　　　7 500
　　　　营业外收入——处置非流动资产利得　22 500

5. 无形资产的出租

旅游企业出租无形资产时,所取得的租金收入,借记"银行存款"等科目,贷记"其他业务收入"等科目;发生的相关支出,借记"其他业务成本"科目,贷记"银行存款"等科目。

6. 无形资产的报废

无形资产预期不能为旅游企业带来经济利益时,应当将该无形资产的账面价值予以转销。转销时,应按已计提的累计摊销,借记"累计摊销"科目,按其账面余额,贷记

"无形资产"科目,按其差额,借记"营业外支出——处置非流动资产损失"科目。

三、其他资产的核算

1. 长期待摊费用

长期待摊费用是指企业已经发生,但应由本期和以后各期负担、摊销期限在一年以上的各项费用,如以经营租赁方式租入固定资产的改良支出、企业在筹建期间发生的费用等。

由于以经营租赁方式租入的固定资产不属于本企业所有,其改良支出,不应计入"固定资产"科目,而作为长期待摊费用分期摊销进入管理费用。其摊销时间按固定资产改良而受益的期限或工程耐用期限,其摊销方法也是平均分期摊销。

如果企业长期待摊的费用项目不能使以后会计期间受益,应当将尚未摊销的该项目摊余价值全部转入当期损益。

为核算企业已经支出、但摊销期限在一年以上的各项费用,设置"长期待摊费用"科目。其借方余额反映企业尚未摊销的各项长期待摊费用摊余价值。该科目应按费用种类设置明细账。会计核算时,企业发生的长期待摊费用,借记"长期待摊费用",贷记"银行存款"、"原材料"等科目。摊销时,借记"管理费用"、"营业费用"等科目,贷记"长期待摊费用"科目。

【例 4.26】 某饭店租入一办公用房,租入后进行改良,共支出 300 000 元,其中原材料 180 000 元,人员工资 50 000 元,日常开支 70 000 元。交付使用后每月摊销 5 000 元。

编制会计作分录如下。

(1) 租入时。

借:长期待摊费用——租入固定资产改良支出　　300 000
　　贷:原材料　　　　　　　　　　　　　　　　　　180 000
　　　　银行存款　　　　　　　　　　　　　　　　　　70 000
　　　　应付职工薪酬　　　　　　　　　　　　　　　　50 000

(2) 摊销时。

借:管理费用——长期待摊费用摊销　　　　　　　5 000
　　贷:长期待摊费用——租入固定资产改良支出　　　5 000

2. 商誉

商誉是一种无形的获取超额利润的能力,它通常是由于企业所处的地理位置优越、生产经营出色、商品质量优异、技术先进、生产效率高、历史悠久、信誉卓著等综合因素,使生产经营特别兴旺,与同行业其他企业比较,可获得超额利润而形成的价值。它与作为整体的企业有关,因而它不能单独存在,也不能与企业可辨认的各种资产分开出售。

商誉按照取得途径的不同可分为外购商誉和自创商誉。外购商誉是在企业合并过程中形成的,而自创商誉是企业在长期生产经营过程中形成的获取超额利润的能力。根据企业会计准则规定,可以确认入账的商誉只能是企业合并活动产生的商誉,即外购商誉,其原始成本按照净资产的并购价与其公允价值的差额计价。商誉入账后,应作为所有者权益的抵消项目,在科目上永久保留和分期摊销。

企业合并形成的商誉,无论是否存在减值迹象,每年都应当进行减值测试。经减值测试,如相关资产组或资产组组合的可收回金额低于其账面价值的,应当确认为商誉的减值损失。

复习自测题

一、单项选择题

1. 长期股权投资采用成本法核算时,持有期内应于( )时确认投资收益。
   A. 被投资单位接收捐赠   B. 被投资单位宣告发放股利
   C. 实际收到被投资单位发放的现金股利   D. 被投资单位实现净利润

2. 长期股权投资采用成本法核算时,下列各种情况下,投资企业应相应挑减"长期股权投资"账面价值的是( )。
   A. 被投资企业当年实现净利润时
   B. 被投资企业当年实现净亏损时
   C. 被投资企业所有者权益的其他变动时
   D. 投资企业对持有的长期股权投资计提减值时

3. 企业闲置的固定资产计提的折旧应计入的科目是( )。
   A. 制造费用   B. 销售费用   C. 管理费用   D. 财务费用

4. 甲公司为增值税一般纳税人,2009年1月5日以2700万元购入一项专利权,另支付相关税费120万元。为推广由该专利权生产的产品,甲公司发生广告宣传费60万元。该专利权预计使用5年,预计净残值为零,采用直线法摊销。假定不考虑其他因素,2009年12月31日该专利权的账面价值为( )万元。
   A. 2160   B. 2256   C. 2304   D. 2700

5. 某企业2007年12月31日购入一台设备,入账价值为200万元,预计使用寿命为10年,预计净残值为20万元,采用年限平均法计提折旧。2008年12月31日该设备存在减值迹象,经测试预计可收回金额为120万元。2008年12月31日该设备账面价值应为( )万元。
   A. 120   B. 160   C. 180   D. 182

6. 某公司有运输车一辆,采用工作量法计提折旧。原值为200 000元,预计使用10

年，每年行驶里程为60 000公里，净残值为5%，当月行驶里程为4 000公里，则该运输车的当月折旧额为(　　)。

A. 1 266. 67　　B. 12 666. 67　　C. 1 333. 33　　D. 3 000

7. 企业为固定资产发生的支出根据以下各项不能确认为固定资产改良支出的是(　　)。

A. 使固定资产的使用年限延长　　B. 使固定资产的生产能力提高

C. 使固定资产的原有生产能力恢复　D. 使产品质量提高

二、多项选择题

1. 下列固定资产应计提折旧的是(　　)。

A. 闲置的固定资产　　　　　　B. 单独计价入账的土地

C. 经营租出的固定资产　　　　D. 已计提折旧仍继续使用的固定资产

2. 企业对使用寿命有限的无形资产进行摊销时，其摊销额应根据不同情况分别计入(　　)。

A. 管理费用　　B. 制造费用　　C. 财务费用　　D. 其他业务成本

3. 在固定资产使用前几年，提取固定资产折旧时，需要考虑固定资产净残值的折旧方法有(　　)。

A. 直线法　　　　　　　　　　B. 双倍余额递减法

C. 工作量法　　　　　　　　　D. 年数总和法

4. 下列资产减值准备中，在符合相关条件时可以转回的有(　　)。

A. 坏账准备　　　　　　　　　B. 存货跌价准备

C. 无形资产减值准备　　　　　D. 固定资产减值准备

5. 下列属于无形资产会计处理的表述中，正确的有(　　)。

A. 无形资产均应确定预计使用年限并分期摊销

B. 有偿取得的自用土地使用权应确认为无形资产

C. 内部研发项目开发阶段支出应全部确认为无形资产

D. 无形资产减值损失一经确认在以后会计期间不得转回

6. 采用成本法核算长期股权投资，下列各项中不会导致长期股权投资账面价值发生增减变动的有(　　)。

A. 长期股权投资发生减值损失

B. 持有长期股权投资期间被投资企业实现净利润

C. 取得长期股权投资时包含在价款中的已宣告但尚未发放的现金股利

D. 持有期间被投资单位宣告发放的现金股利

7. 下列有关盘盈、盘亏的叙述中错误的有(　　)。

A. 现金盘亏在扣除责任赔款后的净损失应列入"营业外支出"

B. 存货盘亏的净损失属于营业利润范畴

C. 固定资产盘亏属于重大前期差错，应该进行追溯调整

D. 固定资产的盘盈应列入发现当期的"营业外收入"

三、简答题

(1) 固定资产如何分类？
(2) 固定资产有几种计价方法？
(3) 什么是固定资产折旧？折旧的主要方法有哪些？
(4) 什么是无形资产？简述其特点及内容。
(5) 什么是长期待摊费用？主要包括哪几种？
(6) 什么是固定资产减值准备？怎样计提？
(7) 什么是无形资产减值准备？怎样进行账务处理？

四、实训题

实训一

已知某饭店 2006 年发生下列业务。

(1) 2 月 7 日，向长城电脑公司购进 5 台计算机，每台 40 000 元，计价款 200 000 元，包装费 200 元，运杂费 100 元，款项已支付，验收入库。

(2) 2 月 10 日，请安装队安装并连网，领用电线电缆等材料 1 000 元，予以转账。

(3) 2 月 14 日，支付安装费 500 元，予以转账。

(4) 2 月 15 日，安装完毕，调试成功，验收合格交付使用，予以转账。

(5) 4 月 7 日，有不需用空调设备一台，原始价值 40 000 元，已提折旧 12 000 元，经领导批准准备出售，予以转账。

(6) 4 月 10 日，将上项不需用空调设备出售，价格 25 000 元，存入银行。

(7) 4 月 11 日，将出售空调的净损失转账。

(8) 4 月 30 日，盘亏不需用自备发电机一台，原值 5 000 元，已提折旧 4 000 元，予以转账。

(9) 4 月 30 日，盘亏的发电机一台，经领导批准，予以核销转账。

要求：编制会计分录。

实训二

甲企业为增值税一般纳税人，增值税税率为 17%。2010 年发生的固定资产业务如下：

(1) 1 月 20 日，企业管理部门购入一台不需安装的 A 设备，取得的增值税专用发票上注明的设备价款为 590 万元，增值税为 100.3 万元，增值税可以抵扣，另发生运输费 10 万元，款项均以银行存款支付。

(2) A 设备经过调试后，于 1 月 22 日投入使用，预计使用 10 年，预计净残值为 35 万元，决定采用双倍余额递减法计提折旧。

(3) 7 月 15 日，企业生产车间购入一台需要安装的 B 设备，取得的增值税专用发票上注明的设备价款为 600 万元，增值税为 102 万元，增值税可以抵扣，另发生保险费 8 万元，款项均以银行存款支付。

(4) 8 月 19 日，将 B 设备投入安装，以银行存款支付安装费 2 万元。B 设备于 8 月 25 日达到预定使用状态，并投入使用。

(5) B 设备采用工作量法计提折旧，预计净残值为 10 万元，预计总工时为 5 万小时。

9月，B设备实际使用工时为720小时。

假设上述资料外，不考虑其他因素。

要求：

(1) 编制甲企业2010年1月20日购入A设备的会计分录；

(2) 计算甲企业2010年2月A设备的折旧额并编制会计分录；

(3) 编制甲企业2010年7月15日购入B设备的会计分录；

(4) 编制甲企业2010年8月安装B设备及其投入使用的会计分录；

(5) 计算甲企业2010年9月B设备的折旧额并编制会计分录。

("应交税费"科目要求写出明细科目和专栏名称，答案中的金额单位用万元表示)

推荐学习书目

1. 中华人民共和国财政部制定. 企业会计准则(2006). 北京：经济科学出版社，2006
2. 中华人民共和国财政部制定. 企业会计准则——应用指南. 北京：中国财政经济出版社，2006
3. 财政部会计资格评价中心. 全国专业技术资格考试参考法规汇编. 北京：经济科学出版社，2007
4. 财政部会计资格评价中心. 初级会计实务. 北京：中国财政经济出版社，2010

第五章 负 债

【本章导读】

负债是第二大会计要素,也是企业资金来源的一个重要组成部分。负债包括流动负债和长期负债两大部分,负债结构对企业的经营风险和经济效益产生重大影响。因此,流动负债和长期负债的确认及计量,直接影响企业的财务状况和经营成果。本章主要讲述负债的概念、特点和分类,流动负债和长期负债账务处理。

【关键词】

流动负债 长期负债 短期借款 应付账款 应付票据 其他应付款 应付职工薪酬 应交税费 应付利息 应付股利 其他应付款 长期借款 长期债券

【知识点】

了解银行借款的核算;熟悉职工薪酬的账务处理;掌握应交税费的种类和税金的计算;了解长期债券的核算。

第一节 负债概述

一、负债的概念及特征

负债是指过去的交易、事项形成的现时义务,履行该义务预期会导致经济利益流出企业。

负债具有如下基本特征:

(1) 负债是企业的现时义务。负债作为企业承担的一种义务,是由企业过去的交易或事项形成的、现时承担的义务。比如,应付账款是因为赊销商品或接受劳务形成的,在这种购买发生之前,相应的应付账款并不存在。

(2) 负债的清偿预期会导致经济利益流出企业。无论负债以何种形式出现,作为一种现时义务,最终的履行均会导致经济利益流出企业。

二、负债的内容及分类

负债按流动性大小,即偿还期长短,分为流动负债和非流动负债,具体为:

(1) 流动负债。是指将在1年(含1年)或超过1年的一个营业周期内偿还的债务。主要包括短期借款、应付账款、应付票据、应付职工薪酬、应交税费、应付利息、应付股利、其他应付款等项目。流动负债的目的一般是为了满足企业正常生产经营周转的需要,偿还期较短。

(2) 非流动负债。是指流动负债以外的负债项目,又称为长期负债。非流动负债主要包括长期借款、长期债券、长期应付款等项目。长期负债主要目的是用于购置设备、改扩建或进行技术改造等资本性支出,偿还期较长。

第二节 流动负债

一、短期借款

1. 短期借款的概念

短期借款指企业向银行或其他金融机构借入的期限在1年以下的各种借款。我国目前的短期借款按照目的和用途分为若干种,主要有生产周期借款、临时借款、结算借款等。

企业在生产经营过程中所需的资金,除由投资各方投入以及生产经营过程中积累形成以外,对于临时所需的资金,可以向银行及其他金融机构申请取得短期借款解决。取得短期借款主要是为了维持企业正常生产经营活动所需的资金,如用于购买材料、支付各种费用等。有时，也可用短期借款偿还到期的其他债务。

2. 短期借款的科目设置

短期借款业务一般会经过借入、利息计算或偿还、偿还本金和利息等环节，为将这些经济活动反映转化为会计信息，需要设置以下科目。

1) 短期借款

该科目属于负债类会计科目，用来核算企业短期借款的借入和归还。短期借款的取得数额登记在贷方，归还数额登记在借方。期末余额在贷方，表示已借入但尚未归还的短期借款数额。"短期借款"科目应按债权人设置明细账，并按借款种类进行明细核算。

2) 财务费用

短期借款利息属于筹集资金所发生的费用，同时，由于是1年之内归还的贷款，所以利息计入期间费用，以"财务费用"科目核算。该科目属于损益类科目，借方核算利息的发生，贷方核算结转的金额，期末，应将本科目余额转入"本年利润"科目，结转后本科目应无余额。

3) 应付利息

该科目属于负债类会计科目，用来核算企业按照合同的约定应支付的利息，包括短期借款、分期付息到期还本的长期借款、企业债券等应支付的利息。按照债权人设置明细科目进行明细核算，该科目期末贷方余额反映企业按照合同约定应支付但尚未支付的利息。实际支付利息时，借记本科目，贷记"银行存款"等科目。

3. 短期借款的核算

1) 短期借款借入的核算

企业取得短期借款时，应借记"银行存款"科目，贷记"短期借款"科目。

【例5.1】某旅游企业4月1日向某金融机构借入一笔短期借款，金额300 000元，借款合同规定7月15日一次还本付息，年利率为6%，借入时应，编制会计分录如下。

借：银行存款　　　　　　　　　300 000

　　贷：短期借款——某金融机构　　300 000

2) 短期借款利息的核算

在实务中，短期借款利息有如下两种核算方法。

(1) 预提法。如果短期借款的利息是按期(一个季度或半年)支付，或者利息是在借款到期时连同本金一起归还，并且数额较大的，按照权责发生制原则，一般按月预提计入财务费用，即借记"财务费用"科目，贷记"应付利息"科目；实际支付时，按照已经预提的利息金额，借记"应付利息"科目，按实际支付的利息金额与预提数的差额(尚未提取的部分)，借记"财务费用"科目，按实际支付的利息金额，贷记"银行存款"科目。

(2) 直接支付法。如果短期借款利息按月支付，或者利息在借款到期时连同本金一起归还，但是数额不大的，可以不采用预提的方法，而在实际支付或收到银行的计息通知时，直接计入当期损益，借记"财务费用"科目，贷记"银行存款"科目。

【例5.2】承例5.1，该旅游企业短期借款利息采取按月支付的办法结算，4月支付

130

1 500元，应编制会计分录如下。

当月应支付的利息=300 000×6%÷12=1500(元)
借：财务费用——利息支出　　1 500
　　贷：银行存款　　　　　　　　1 500

【例5.3】承例5.1，该旅游企业短期借款利息采取按季度支付结算的办法。前三个月，每月应按预提数，编制会计分录如下。
借：财务费用——利息支出　　1 500
　　贷：应付利息　　　　　　　　1 500

3) 偿还短期借款的核算

企业因归还短期借款而减少负债时，借记"短期借款"科目，贷记"银行存款"科目。

【例5.4】承例5.3，短期借款到期，还本付息。企业已累计预提利息4 500元，而7月份应计算14天利息为700元(300 000×6%/12×14/30=700)，不必再预提，可直接记入财务费用，编制会计分录如下。
借：短期借款——某金融机构　　300 000
　　应付利息　　　　　　　　　　4 500
　　财务费用——利息支出　　　　700
　　贷：银行存款　　　　　　　　　305 200

二、应付账款

1. 应付账款的概念和确认方法

应付账款是指因企业购买材料、商品或接受劳务等而发生应付供应单位的款项。应付账款与应付票据是不同的，前者是尚未结清的债务，后者是延期付款的证明。

应付账款一般应按应付金额入账，如果购入资产形成应付账款时带有折扣(现金折扣、销售折扣)不影响账务处理。应付账款的入账金额确定有如下两种方法。

1) 总价法

即按发票上记载的应付金额入账，如果在折扣期限内支付货款，所享受的购货折扣，应视为企业的理财收益，冲减当期财务费用。

2) 净价法

即按发票上记载的全部金额扣除最大折扣后的净额入账。如果企业超过折扣期付款，所丧失的折扣优惠，应视为企业资金调度不力，作为理财损失，计入财务费用。我国一般采用总价法。

2. 应付账款的核算

为了总括地反映和监督企业应付账款的发生、偿付和转销等情况，应设置"应付账款"科目。该科目核算企业因购买材料、商品或接受劳务而应支付给供应者的款项。购入时借记"原材料"等相关科目，贷记本科目。付款时，借记本科目，贷记"银行存款"等相关科目。期末贷方余额表明应付未付款项。该科目应按客户设置明细账，进行分类核算。

【例 5.5】 某饭店赊购原材料计 30 000 元，发票标明折扣 2/10，n/20，增值税 5 100 元。假定计算现金折扣时不需考虑增值税。应编制会计分录如下。

(1) 购入时。

借：原材料　　　　　　35 100
　　贷：应付账款　　　　　　35 100

(2) 若 10 天内付款。

现金折扣=30000×2%=600(元)

借：应付账款　　　　　　35 100
　　贷：银行存款　　　　　　34 500
　　　　财务费用　　　　　　　 600

(3) 若 10 天后付款，则丧失折扣优惠。

借：应付账款　　　　　　35 100
　　贷：银行存款　　　　　　35 100

三、应付票据

应付票据是指企业购买材料商品和接受劳务供应等而开出、承兑的商业汇票，包括商业承兑汇票和银行承兑汇票。企业应当设置"应付票据备查簿"，详细登记商业汇票的种类、号数和出票日期、到期日、票面余额、交易合同号和收款人姓名或单位名称以及付款日期和金额等资料。应付票据到期结清时，应当在备查簿内予以注销。

为了总括地反映监督应付票据的发生和偿还情况，企业应设置"应付票据"科目，企业开出承兑汇票或以承兑汇票抵付货款时，记入该科目贷方，借记"原材料"、"低值易耗品"、"库存商品"等科目；票据到期付款时，应借记本科目，贷记"银行存款"科目。

商业汇票按票面是否注明利率分为带息票据和不带息票据，在会计核算上应视情况分别处理。

1. 带息票据的会计处理

应付票据若为带息票据，其应付利息在会计核算中有两种处理方法。

(1) 按期预提利息。企业按票据票面价值和票据规定利率计算预提应付利息，借记"财务费用"，贷记"应付票据"。

(2) 利息支付时处理。如果票据期限较短，且利息金额较小，为简化会计核算手续，可以在票据到期支付票据金额和利息时，将利息支出一次计入"财务费用"科目。

由于应付票据期限较短，最长承兑期不超过 6 个月，是否按期预提利息对损益计算影响不大，因此，我国的会计实务中一般采用第二种方法。

2. 不带息票据的会计处理

不带息票据，其面值就是票据到期时应支付的金额。

【例 5.6】 某旅游企业于 2010 年 4 月 15 日开出面值 117 000 元,于 2010 年 5 月 15 日到期的商业汇票一张。用于采购原材料,采购价 100 000 元,增值税 17 000 元。

(1) 购入时,编制会计分录如下。

借:原材料——物料用品　　　117 000
　　贷:应付票据　　　　　　　　　　117 000

(2) 到期付款,编制会计分录如下。

借:应付票据　　　　　　　　117 000
　　贷:银行存款　　　　　　　　　　117 000

若为带息票据。到期付款时,企业除应支付票面金额外,还应支付利息。仍以例 5.6 为例,票面利率为 5%,编制会计分录如下。

应付票据利息=117000×5%÷12=487.5(元)

(1) 购入时。

借:原材料——物料用品　　　117 000
　　贷:应付票据　　　　　　　　　　117 000

(2) 到期付款时。

借:应付票据　　　　　　　　117 000
　　财务费用——利息支出　　　487.5
　　贷:银行存款　　　　　　　　　　117487.5

若票据到期,企业无款支付,则应将应付票据转入"应付账款"或"短期借款"中,以例 5.6 中不带息票据为例,编制会计分录如下。

(1) 商业承兑汇票到期无款支付,编制会计分录如下。

借:应付票据　　　　　　　　117 000
　　贷:应付账款　　　　　　　　　　117 000

(2) 银行承兑汇票到期无款支付,编制会计分录如下。

借:应付票据　　　　　　　　117 000
　　贷:短期借款　　　　　　　　　　117 000

四、应付职工薪酬

1. 职工薪酬的组成

职工薪酬是指职工在职期间和离职后提供给职工的全部货币性薪酬和非货币性薪酬,既包括提供给职工本人的薪酬,也包括提供给职工配偶、子女或其他被赡养人的福利等。其中,职工是指与企业订立劳动合同的所有人员,含全职、兼职和临时职工;也包括虽未与企业订立劳动合同但由企业正式任命的人员,如董事会成员、监事会成员等。在企业的计划和控制下,虽未与企业订立劳动合同或未由其正式任命,但为其提供与职工类似服务的人员,也纳入职工范畴,如劳务用工合同人员。

职工薪酬包括如下内容。

(1) 职工工资、奖金、津贴和补贴,是指按照国家统计局《关于职工工资总额组成的规定》,构成工资总额的计时工资、计件工资、支付给职工的超额劳动报酬和增收节支的劳动报酬、为了补偿职工特殊或额外的劳动消耗和因其他特殊原则支付给职工的津贴，以及为了保证职工工资水平不受物价影响支付给职工的物价补贴等。企业按规定支付给职工的加班加点工资，根据国家法律、法规和政策规定，企业职工因病、工伤、产假、计划生育、婚丧假、事假、探亲假、定期休假、停工学习、执行国家或社会义务等特殊情况，按照计时工资或计件工资标准的一定比例支付的工资，也属于职工工资范畴，在职工休假时，不应当从工资总额中扣除。

(2) 职工福利费，主要是企业内设医务室、职工浴室、理发室、托儿所等集体福利机构人员的工资、医务经费，职工因公负伤赴外地就医路费、职工生活困难补助以及按照国家规定开支的其他职工福利支出。

(3) 医疗保险费、养老保险费、失业保险费、工伤保险费和生育保险费等社会保险费，是职工指企业按照国家规定的基准和比例计算，向社会保险经办机构缴纳的医疗保险费、基本养老保险费、失业保险费、工伤保险费和生育保险费以及以商业保险形式提供给职工的各种保险待遇也属于企业提供的职工薪酬。

(4) 住房公积金是指企业按照国务院《住房公积金管理条例》规定的基准和比例计算，向住房公积金管理机构缴存的住房公积金。

(5) 工会经费和职工教育经费是指企业为了改善职工文化生活、提高职工业务素质用于开展工会活动和职工教育及职业技能培训，根据国家规定的基准和比例，从成本费用中提取的金额。

(6) 非货币性福利是指企业以自己的产品或外购商品发放给职工作为福利，企业提供给职工无偿使用自己拥有的资产或租赁资产供职工无偿使用和为职工无偿提供服务等，比如提供给企业高级管理人员使用的住房等，免费为职工提供诸如医疗保健的服务、或向职工提供企业支付了一定补贴的商品或服务等。

(7) 因解除与职工的劳动关系给予的补偿是指由于分离办社会职能、实施主辅分离、辅业改制、分流安置富余人员、实施重组、改组计划、职工不能胜任等原因，企业在职工劳动合同尚未到期之前解除与职工的劳动关系，或者为鼓励职工自愿接受裁减而提出补偿建议的计划中给予职工的经济补偿。

(8) 其他与获得职工提供的服务相关的支出，是指除上述七种薪酬以外的其他为获得职工提供的服务而给予的薪酬。

2. 应付职工薪酬的账务处理

企业为了核算应付职工薪酬，应该设置"应付职工薪酬"科目，核算应付职工薪酬的提取、结算、使用等情况。"应付职工薪酬"科目的贷方登记应付但尚未支付的职工薪酬，借方登记实际发放的职工薪酬的金额，包括扣还的款项等，期末贷方余额表示尚未支付的应付职工薪酬。"应付职工薪酬"科目应按照"工资"、"职工福利"、"社会保险费"、"住房公积金"、"工会经费"、"职工教育经费"、"非货币性福利"等应付职工薪酬项目设置明细科目，进行明细核算。应付职工薪酬的账务处理主要包括确认和发放两个方面。

1) 确认应付职工薪酬

(1) 货币性职工薪酬。按照权责发生制原则，对于本月应发放的工资，在月份终了时都要根据《工资费用分配汇总表》进行分配，按照受益对象计入有关费用。饭店经营部门人员的职工薪酬，借记"营业费用"科目，贷记"应付职工薪酬"科目。管理部门人员的职工薪酬，借记"管理费用"科目，贷记"应付职工薪酬"科目。应由在建工程、研发支出负担的职工薪酬，借记"在建工程"、"研发支出"科目，贷记"应付职工薪酬"科目。

【例5.7】 某饭店月份终了将应付工资总额50 000元，工资费用分配表中列示的经营部门人员工资30 000元，管理部门人员工资8 000元，在建工程应负担的工资12 000元，编制会计分录如下。

借：营业费用　　　　　　　　　30 000
　　管理费用　　　　　　　　　 8 000
　　在建工程　　　　　　　　　12 000
　　贷：应付职工薪酬——工资　　　50 000

【例5.8】 承例5.7根据国家规定的计提标准计算，本月应向社会保险经办机构缴纳职工基本养老保险共计10 000元，其中，应计入经营部门的金额为6 000元，应计入管理部门的金额为1 600元，应计入在建工程的金额为2 400元，编制会计分录如下。

借：营业费用　　　　　　　　　 6 000
　　管理费用　　　　　　　　　 1 600
　　在建工程　　　　　　　　　 2 400
　　贷：应付职工薪酬——工资　　　 1 000

(2) 非货币性职工薪酬。将企业拥有的房屋等资产无偿提供给职工使用的，应当根据受益对象，按照住房每期应计提的折旧计入相关资产成本或当期损益，同时确认应付职工薪酬，借记"营业费用"、"管理费用"等科目，贷记"应付职工薪酬——非货币性福利"科目，并且同时借记"应付职工薪酬——非货币性福利"科目，贷记"累计折旧"科目。

租赁住房等资产供职工无偿使用的，应当根据受益对象，将每期应付的租金计入相关资产成本或当期损益，并确认应付职工薪酬，借记"营业费用"、"管理费用"等科目，贷记"应付职工薪酬——非货币性福利"科目，并且同时借记"应付职工薪酬——非货币性福利"科目，贷记"累计折旧"科目。

【例5.9】 某饭店为各部门经理级别以上职工提供汽车免费使用，部门经理级别以上职工20名，每人提供轿车免费使用，假定每辆轿车每月计提折旧1000元。

提供汽车=20×1 000=20 000(元)
借：管理费用　　　　　　　　　　　　20 000
　　贷：应付职工薪酬——非货币性福利　　20 000
借：应付职工薪酬——非货币性福利　　20 000
　　贷：累计折旧　　　　　　　　　　　20 000

【例5.10】 某饭店为副总经理以上高级管理人员每人租赁一套住房。该饭店共有副总经理以上高级管理人员5名，为其每人租赁一套面积为150平方米有家具和电器的公寓，月租金为每套8 000元。编制会计分录如下：

租赁房屋=5×8 000=40 000(元)

借：管理费用 40 000
    贷：应付职工薪酬——非货币性福利 40 000

2) 发放职工薪酬

(1) 支付职工工资、奖金、津贴和补贴。旅游企业的工资形式一般以计时工资为主，企业以人事、劳动工资部门职工录用、考勤、调动、工资级别调整和工资津贴变动情况的书面凭证作为工资结算依据。

应发工资＝工资总额－事假应扣工资－病假应扣工资

但企业发给职工的工资，不一定是职工实际应得工资的全部，有些必须由职工个人负担的费用，需要由企业代扣代缴，如企业为职工代垫房租，水电费、个人所得税等，因此实发工资计算公式如下。

实发工资＝应发工资－代扣代缴款项

企业在发放工资之前，应按照应发现金合计数提取现金，借记"库存现金"科目，贷记"银行存款"科目；实际发放工资时，按实发工资额，借记"应付职工薪酬——工资"科目，贷记"库存现金"科目；如果企业将应发给职工的工资通过银行转账方式直接转入职工的银行存款科目，则不必提取现金，应按照实发工资数额，借记"应付职工薪酬——工资"科目，贷记"银行存款"科目；结转代扣款时，借记"应付职工薪酬——工资"科目，贷记"库存现金"、"银行存款"、"其他应收款"、"应交税费——应交个人所得税"等科目。

【例5.11】 某旅游公司本月发生下列工资支出事项：经营部门人员工资30 000元，管理部门人员工资 8 000 元，基建工程人员工资 12 000 元，其中代扣职工房租水电费3 500 元，个人所得税1000元。编制会计分录如下。

应发工资＝30 000＋8 000＋12 000＝50 000(元)
实发工资＝50 000－3 500－1 000＝45 500(元)

从银行提取现金时：
借：库存现金 45 500
    贷：银行存款 45 500

发放工资时：
借：应付职工薪酬——工资 50 000
    贷：库存现金 45 500
        其他应收款——房租水电费 3 500
        应交税费——应交个人所得税 1 000

(2) 支付职工福利费。企业向医务室、生活困难职工等支付职工福利费时，借记"应付职工薪酬——职工福利"科目，贷记"银行存款"、"库存现金"等科目。

(3) 支付工会经费、职工教育经费和缴纳社会保险费、住房公积金。企业支付工会经费和职工教育经费，或按照国家有关规定缴纳社会保险或住房公积金时，借记"应付职工薪酬——工会经费(或职工教育经费、社会保险、住房公积金)"科目，贷记"银行存款"、"库存现金"等科目。

(4) 发放非货币性福利。企业支付租赁住房等资产供职工无偿使用所发生的租金时，借记"应付职工薪酬——非货币性福利"科目,贷记"银行存款"等科目。

五、应交税费

旅游企业作为纳税义务人,按照现行税法规定,应缴纳的税有:营业税、城市维护建设税、教育费附加、增值税、企业所得税、房产税、车船税、土地使用税、印花税、个人企业所得税等。

企业应通过"应交税金"科目,总括反映各种税费的缴纳情况,并按照应交税费的种类进行明细核算。该科目贷方登记应缴纳的各种税费等,借记登记实际缴纳的税费;期末余额一般在贷方,反映企业尚未缴纳的税费,期末余额如在借方,反映企业多交或尚未抵扣的税费。印花税以及其他不需要预计应交数的税金不在"应交税费"科目核算。

1. 营业税、城市维护建设税和教育费附加

1) 营业税

营业税是指在我国境内提供劳务、转让无形资产或销售不动产的单位和个人按其营业收入征收的一种税。营业税是旅游企业缴纳的主要税种,饭店、旅馆等企业应按营业收入计征营业税,旅行社应按营业收入净额计征营业税。旅游企业营业税业税率一般为5%,娱乐业的营业税税率为5%~20%。

营业税应纳税额计算公式

$$营业税应纳税额=营业收入合计×适应税率$$

企业应在"应交税费"科目下设置"应交营业税"明细科目,核算应交营业税的发生和缴纳情况。该科目贷方登记应纳的营业税,借方登记已交纳的营业税,期末贷方余额为尚未交纳的营业税。

企业按照营业额及其适用的税率,计算应交的营业税,借记"营业税及附加"科目,贷记"应交税费——应交营业税"科目;企业出售不动产时,计算应交的营业税,借记"固定资产清理"等科目,贷记"应交税费——应交营业税"科目;实际缴纳营业税时,借记"应交税费——应交营业税"科目,贷记"银行存款"科目。

2) 城市维护建设税

城市维护建设税是国家为了扩大和稳定城市乡镇公共设施和基础建设,对享用市政设施的企业,以其应纳营业税和增值税为计税依据征收的一种地方税。因此,城市维护建设税因企业所在地的不同而以不同的税率计征,并与营业税和增值税同时缴纳。城市维护建设税税率如下:纳税人所在地在市区的,税率为7%;纳税人所在地在县城、镇的,税率为5%;纳税人所在地不在市区、县城或镇的,税率为1%。

城市维护建设税额计算公式

$$城市维护建设税额=(应交营业税+应交增值税)×适应税率$$

企业应在"应交税费"科目下设"应交城市维护建设税"明细科目,核算应交城市维护建设税的发生和缴纳情况。该科目贷方登记应纳的城市维护建设税,借方登记已交纳的城市维护建设税,期末贷方余额为尚未交纳的城市维护建设税。

企业应按应交的城市维护建设税额，借记"营业税及附加"科目，贷记"应交税费——应交城市维护建设税"科目。交纳时，借记"应交税费——城市维护建设税"科目，贷记"银行存款"科目。

3) 教育费附加

教育费附加是为了发展教育事业而向企业征收的附加费用，企业按应交流转税的一定比例计算交纳。教育费附加率为3%。

教育费附加额计算公式

教育费附加额=(应交营业税+应交增值税)×教育费附加费率

企业应在"应交税费"科目下设置"应交教育费附加"明细科目。企业按规定计提教育费附加，借记"营业税金及附加"科目，贷记"应交税费——应交教育费附加"科目，交纳时，借记"应交税费——应交教育费附加"科目，贷记"银行存款"科目。

【例5.12】某饭店2011年5月实现主营业务收入100 000元，计算应交的营业税、城市维护建设税和教育费附加，营业税税率为5%，城市维护建设税为7%，教育费附加为3%，编制会计分录如下。

应交营业税=100 000×5%=5 000(元)

应交城市维护建设税=5 000×7%=350(元)

应交教育费附加=5 000×3%=150(元)

借：营业税金及附加　　　　　　　　　　5 500

　　贷：应交税费——应交营业税　　　　　　5 000

　　　　　　——城市维护建设税　　　　　　350

　　　　　　——应交教育费附加　　　　　　150

2. 增值税

增值税是指对在我国境内销售货物或提供加工、修理修配劳务，以及进口货物的单位和个人，就其取得的货物或应税劳务销售额以及进口货物金额计算税款，并实行税款抵扣的一种流转税。旅游饭店的商品购销业务应缴纳增值税。2009年1月1日起实施的修订后的《中华人民共和国增值税暂行条例》规定，企业购入货物或接受应税劳务支付的增值税(即进项税)，可从销售货物或提供劳务按规定收取的增值税(即销项税)中抵扣。企业购入固定资产所支付的增值税额允许在购置当期全部一次性扣除。

按照纳税人的经营规模及会计核算的健全程度，增值税的纳税人分为一般纳税人和小规模纳税人两种。

1) 一般纳税人

一般纳税人应纳增值税额，根据当期销项税额减去当期进项税额计算确定。旅游服务企业主要以零售业务为主，在销售商品时一般填制普通发票或不填发票，商品的售价中已包含了增值税额，取得的销售收入是含税收入。增值税是价外税，因此，在月末应将含税收入调整为不含税的销售额，以此作为计税依据计算销项税额，其计算公式

不含税销售额=含税销售收入÷(1+增值税税率)

销项税额=销售额×增值税税率

应纳税额=销项税额-进项税额

为了核算企业应交增值税的发生、抵扣、交纳、退税及转出等情况,应在"应交税费"科目下设置"应交增值税明细"科目,并在"应交增值税"明细账内设置"进项税额"、"已交税金"、"销项税额"、"出口退税"、"进项税额转出"等专栏。

【例 5.13】 某饭店本月购入商品一批,共计 10 000 元,进项税 1 700 元,当月该商品全部售出,含税销售额 23 400 元,税款以银行存款缴纳,假定库存商品按售价法核算,编制增值税会计分录如下。

进项税=1 700(元)
不含税销售额=23 400÷(1+17%)=20 000(元)
销项税额=20 000×17%=3 400(元)
应纳税额=3 400-1 700=1 700(元)

(1) 购进商品时
借:库存商品　　　　　　　　　　　　20 000
　　应交税费——应交增值税(进项税额)　1 700
　　贷:商品进销差价　　　　　　　　　　　10 000
　　　　银行存款　　　　　　　　　　　　　11 700

(2) 销项税
借:银行存款　　　　　　　　　　　　23 400
　　贷:主营业务收入　　　　　　　　　　　20 000
　　　　应交税费——应交增值税(销项税额)　3 400

(3) 交纳税款
借:应交税费——应交增值税(已交税金)　1 700
　　贷:银行存款　　　　　　　　　　　　　1 700

2) 小规模纳税人

小规模纳税人是指年销售额在财政部门规定数额以下、会计核算不健全的纳税人。小规模纳税人企业应当按照不含税销售额和规定的增值税征收率计算交纳增值税。小规模纳税企业不享有进项税额的抵扣权,其购进货物或接受应税劳务支付的增值税计入有关货物或劳务的成本。小规模纳税企业只需在"应交税费"科目下设"应交增值税"明细科目即可,不需要再设专栏。小规模纳税企业购进商品和接受应税劳务时,借记"原材料"、"库存商品"科目,贷记"银行存款"科目。销售商品时,借记"银行存款"科目,贷记"主营业务收入"和"应交税费——应交增值税"科目。

3. 房产税、车船使用税、土地使用税、印花税

房产税是指拥有房产的企业按其计税价值(余额或出租收入)征收的一种税。房产税依照房产原值一次扣除 10%～30%的余额后,按 1.2%的比例计算,分季交纳。

车船税由拥有并且使用车船的单位和个人交纳。

土地使用税是国家为了合理利用城镇土地,调节土地级差收入,提高土地使用效益,加强土地管理而开征的一种税。土地使用税以纳税人实际占用的土地面积为计税依据。

印花税是对书立、领受购销合同等凭证行为征收的税款,实行由纳税人自行计算应纳税额,购买并一次贴足印花税票的办法。

房产税、车船使用税、土地使用税也通过"应交税费"科目核算。发生时,借记"管理费用"科目,贷记"应交税费——应交房产税(土地使用税、车船使用税)"科目,而印花税采用由纳税人一次购买并贴足印花税票的纳税办法,因此在购买时借记"管理费用"科目,贷记"银行存款"科目。

4. 个人所得税、企业所得税

1) 个人所得税

按税法规定,企业对职工薪酬有代扣代缴个人所得税的义务。企业应当在"应交税费"科目下设"应交个人所得税"明细科目,专门用来核算企业代扣代缴个人所得税的情况。该科目的贷方登记企业代扣的个人所得税情况,借方登记企业代缴的个人所得税情况,其余额在贷方反映企业已经代扣而尚未向税务机关缴纳的个人所得税情况。企业代扣代缴时,编制会计分录如下。

按规定计算代扣个人所得税时:

借:应付职工薪酬

　　贷:应交税金——应交个人所得税

实际缴纳个人所得税时:

借:应交税费——应交个人所得税

　　贷:银行存款

2) 企业所得税

企业所得税是国家以企业的应纳税所得额为课税对象征收的一种税。它是国家以社会管理者身份参与企业收益分配的一种形式。这里的应纳税所得额是指企业利润总额按规定扣减有关项目后的计税所得,其计算公式

纳税所得额=收入总额-准予扣除项目金额

应纳所得税额=纳税所得额×税率

式中,收入总额包括:生产经营收入、财产转让收入、利息收入、租赁收入、特许权使用费收入、股息收入和其他收入。准予扣除项目包括:成本、费用、税金和损失。不得扣除项目包括:资本性支出,无形资产受让、开发支出,违法经营的罚款和被没收财物的损失,各项税收的滞纳金、罚金和罚款,自然灾害或者意外事故损失有赔偿的部分,超过国家规定允许扣除的公益、救济性的捐赠以及非公益、救济性的捐赠,各种赞助支出,与取得收入无关的其他各项支出。

企业应当在"应交税费"科目下设"应交企业所得税"明细科目,同时设置"所得税费"科目,用以核算企业确认的应从当期利润总额中扣除的所得税。具体核算见第七章第三节利润核算。

六、应付股利

应付股利,是指企业经股东大会或类似机构审议批准分配的现金股利或利润。旅游企业应设置"应付股利"科目,核算企业分配的股利或利润,按投资者进行明细核算。企业股东大会或类似机构审议批准的利润分配方案、宣告分派的现金股利或利润,在实

际支付前,形成企业的负债,借记"利润分配"科目,贷记"应付股利"科目。实际支付时,借记"应付股利"科目,贷记"银行存款"等科目。

企业董事会或类似机构通过的利润分配方案中拟分配的现金股利或利润,不应确认为负债,但应在附注中披露。

七、其他应付款

其他应付款是指除了短期借款、应付票据、应付账款、预收账款、应付职工薪酬、应付利息、应交税费、应付股利等以外的其他各种应付、暂收的款项,如应付租入包装物租金、存入保证金等。企业应设置"其他应付款"科目,核算其他应付款的增减变动及其结存情况,并按照其他应付款的项目和对方单位(或个人)设置明细核算。该科目贷方登记发生的各种应付、暂收款项,借方登记偿还或转销的各种应付、暂收款项;该科目期末贷方余额,反映企业应付未付的其他应付款项。

企业发生其他应付、暂收款项时,借记"管理费用"对科目,贷记"其他应付款"科目,支付或退还各种其他应付、暂收款项时,借记"其他应付款"科目,贷记"银行存款"等科目。

【例5.14】某饭店将一台厨房设备出租给B企业,租期3个月,收取押金1500元,收取押金和退还押金时,编制会计分录如下。

(1) 收到押金时。
借:银行存款　　　　　　1 500
　　贷:其他应付款——B企业　1 500
(2) 3个月后,B企业退还该设备后,退还其押金。
借:其他应付款——B企业　1 500
　　贷:银行存款　　　　　　1 500

第三节　非流动负债

一、长期借款

1. 长期借款的概念和种类

长期借款,是指企业向银行或其他金融机构借入期限在一年以上的各种借款。它一般用于固定资产购置、固定资产建造工程以及配套流动资产正常需要等方面。

企业长期借款可按不同的标准进行分类。按照偿还方式可以将长期借款分为定期偿还的长期借款和分期偿还的长期借款;按借款条件可分为抵押借款、担保借款和信用借款;按借入的币种分,可分为人民币借款和外汇借款。

2. 长期借款核算的科目设置

长期借款业务一般会经过借入、利息计算或偿还、偿还本金等环节,为将这些经济活动反映转化为会计信息，需要设置"长期借款"科目，可按照贷款单位和贷款种类设置明细账，分别"本金"、"利息调整"等进行明细核算。该科目的贷方登记长期借款本息的增加额，借方登记本息的减少额，贷方余额表示企业尚未偿还的长期借款。

3. 长期借款的账务处理

1) 取得长期借款

企业申请取得的长期借款本金，应借记"银行存款"科目，贷记"长期借款"科目。

【例 5.15】某饭店为增值税一般纳税人，于 2010 年 11 月 30 日向银行借入资金 2 600 000 元，年利率为 7%，借款期限为 3 年，每年年底支付借款利息，借款期满后一次偿还本金。企业用借款当日购买不需要安装设备一台 2 000 000 元，增值税额 340 000 元，另付保险费 100 000 元，运输费 10 000 元，设备已经验收投入使用。编制会计分录如下。

(1) 取得借款时。

借：银行存款　　　　　　　　　2 600 000
　　贷：长期借款——本金　　　　　　　2 600 000

(2) 支付设备款时。

固定资产成本=2 000 000+100 000+10 000=2 110 000(元)

借：固定资产　　　　　　　　　2 110 000
　　应交税费——应交增值税　　　340 000
　　贷：银行存款　　　　　　　　　　　2 450 000

2) 长期借款利息的核算

长期借款利息费用应当在资产负债表日按照实际率计算确定，实际利率与合同利率差异较小的，也可以采用合同利率计算确定利息费用。

长期借款计算确定的利息费用，应当按以下原则计入有关的成本和费用：属于筹建期间的，计入管理费用；属于生产经营期间的，计入财务费用。如果长期健康用于购建固定资产等符合资本化条件的资产，在资产尚未达到预定可使用状态前，则所发生的利息支出应当资本化，计入在建工程等相关资产成本；资产达到预定可使用状态后发生的利息支出以及按规定不予资本化的利息支出，计入财务费用。

长期借款按合同利率计算确定的应付未付利息，借记"在建工程"、"财务费用"、"研发支出"等科目，贷记"应付利息"科目。

【例 5.16】承例 5.14 某饭店于 2010 年 12 月 31 日计提并支付长期借款利息，编制会计分录如下。

2010 年 12 月长期借款利息=2 600 000×7%÷12=15 166.67(元)

(1) 预提当月利息时。

借：财务费用　　　　　　　15 166.67
　　贷：应付利息　　　　　　　　15 166.67

(2) 支付当月利息时。

借：应付利息　　　　　　　15 166.67
　　贷：银行存款　　　　　　　　15 166.67

2011年1月至2013年10月月末预提和支付利率同上。

3) 长期借款偿还的核算

企业长期借款到期偿还时，应按归还的金额，借记"长期借款——本金"科目，贷记"银行存款"科目；按归还的当月利息，借记"应付利息"科目，贷记"银行存款"科目。

【例5.17】 承例5.15，2013年11月末，某饭店归还借款本金和当月利息时，编制会计分录如下。

(1) 预提当月利息时。

借：财务费用　　　　　　15 166.67
　　贷：应付利息　　　　　　　　15 166.67

归还借款本金和当月利息时

借：长期借款——本金　　2 600 000.00
　　应付利息　　　　　　　　15 166.67
　　贷：银行存款　　　　　　　2 615 166.67

二、应付债券

1. 应付债券的概念

应付债券是企业为筹集长期资金而对外发行的债券，债券一种长期借款性质的书面凭证。企业发行债券以后，债券持有者拥有收取固定利息和到期收回本金的权利；而发行企业则承诺在未来某一日期，向债券持有者偿付本金和约定的利息，或在债券的存续期内分期支付利息。

企业债券发行有面值发行、溢价发行和折价发行三种情况。债券发行价格的高低一般取决于债券票面金额、债券票面利率、发行当时的市场利率以及债券期限的长短等因素。当票面利率与市场利率相等时，按其面值发行；当票面利率小于市场利率相等时，折价发行；当票面利率大于市场利率相等时，溢价发行。本书只介绍面值发行的应付债券会计处理。

2. 应付债券的账务处理

为了核算企业为筹集长期资金而实际发行的债券及应付利息，应设置"应付债券"科目。并在该科目下设"面值"、"利息调整"、"应计利息"等明细科目。该科目贷方登记应付债券的本息，借方登记归还债券的本息。贷方余额为企业尚未偿还的债券本息数。

1) 发行债券

企业按面值发行债券时，应按实际收到的金额，借记"银行存款"等科目，按债券面值金额，贷记"应付债券——面值"科目，存在差额的，还应借记或贷记"应付债券——利息调整"科目。

【例5.18】 某旅游公司2010年4月1日发行5年期债券，到期一次还本付息，票面利率为7%(不计复利)，面值为1 000 000元，假定年利率等于实际利率，该债券按面值发行,编制会计分录如下。

  借:银行存款   1 000 000
    贷:应付债券——面值   1 000 000

 2) 发生债券利息

  发行债券的企业,应按票面金额和票面利率定期计提利息。利息计入成本和费用的原则与长期借款相同。计提利息时,借记"在建工程"、"财务费用"、"研发支出"等科目;其中,对于分期付息、到期一次还本的债券,贷记"应付利息"科目,对于到期一次还本付息的债券,贷记"应付债券——应计利息"科目。

 【例 5.19】 承例 5.18 某旅游公司将发行债券所筹资金当日投资建设一个 1 年期的工程项目,计提本年长期债券利息,编制会计分录如下。

  每年应计债券利息=1 000 000×7%÷12×9=52 500(元)

  借:在建工程   52 500
    贷:应付债券——应计利息   52 500

  按利息计入成本和费用的原则,从次年 4 月 1 日工程完工之后的 4 年里,计提的利息应计入"财务费用"。

  每月应计提利息=1 000 000×7%÷12=5833.33(元)

  借:财务费用   5833.33
    贷:应付债券——应计利息   5833.33

 3) 归还债券本金的核算

  债券到期偿还本息时,借记"应付债券"科目下"应计利息"和"债券面值",贷记"银行存款"。

 【例 5.20】 承例 5.18、例 5.19,计提当月利息,然后,以银行存款支付本息,编制会计分录如下。

 (1) 计提当月利息时。

  借:财务费用   5833.33
    贷:应付债券——应计利息   5833.33

 (2) 支付全部本息时。

  借:应付债券——本金   1 000 000
    应付债券——应计利息   350 000
    贷:银行存款   1 350 000

三、长期应付款

  长期应付款是指企业发生除长期借款和应付债券以外的长期负债,包括应付融资租入固定资产的租赁费、以分期付款方式购入固定资产等发生的应付款项等。企业应设置"长期应付款"科目,并按长期付款的种类和债权人进行明细核算。

1. 融资租入固定资产

  融资租入固定资产时,在租赁期开始日,按应计入固定资产成本的金额(租赁开始日租赁资产公允价值与最低租赁付款额现值两者中较低者,加上初始直接费用),借记"在建工程"或"固定资产"科目,按最低租赁付款额,贷记"长期应付款"科目,按发生的初始直接费用,贷记"银行存款"等科目,按其差额,借记"未确认融资费用"科目。按期支付融资租赁费时,借记"长期应付款——应付融资租赁款"科目,贷记"银行存款"科目。

2. 以分期付款方式购入固定资产发生的应付款

企业分期付款购买固定资产时,按所购固定资产购买价款的现值,借记"固定资产"、"在建工程"等科目,按应支付的金额,贷记"长期应付款"科目,按其差额,借记"未确认融资费用"科目。支付购买价款时,借记"长期应付款"科目,贷记"银行存款"科目。

复习自测题

一、单项选择题

1. 某企业 2011 年 1 月 1 日向银行借款 100 000 元,期限 6 个月,年利率 6%。按规定于每月末计提利息,每季度末支付短期借款利息,2011 年 3 月末企业对短期借款利息应当作( )会计处理。

    A. 借:财务费用   1000
          应付利息   500
        贷:银行存款   1500
    B. 借:财务费用   500
          应付利息   1000
        贷:银行存款   1500
    C. 借:财务费用   500
        贷:银行存款   500
    D. 借:财务费用   1500
        贷:银行存款   1500

2. 下列各项中,应通过"其他应付款"科目核算的是( )。
    A. 应付管理人员工资   B. 应交教育费附加
    C. 应付现金股利   D. 应付租入包装物租金

3. 下列各项中,会导致负债总额发生变化的是( )。

A. 预付购货款 B. 赊购原材料
C. 接受现金投资 D. 用盈余公积转增资本

4. 企业按规定计算缴纳的下列税金，应计入相关资产成本的是( )。
   A. 印花税　　B. 房产税　　C. 城市维护建设税　　D. 车辆购置税

5. 下列各项中，不应在"应付账款"科目借方登记的是( )。
   A. 开出商业汇票抵付应付账款的款项
   B. 冲销无法支付的应付账款
   C. 偿还的应付账款
   D. 购买材料所形成的应付未付款项

6. 下列税费中，不应该计入管理费用的是( )。
   A. 契税　　B. 印花税　　C. 土地使用税　　D. 车船税

7. 甲公司2011年1月1日发行5年期分期付息、一次还本的公司债券。该债券的实际发行价格为2000万元(不考虑发行费用)，债券面值总额为2000万元，票面利率为6%。该债券于每年6月30日和12月31日支付利息。2011年12月31日"应付债券"科目的余额为( )。
   A. 2120　　B. 2060　　C. 1940　　D. 2000

二、多项选择题

1. 下列各项中属于负债的基本特征的有( )。
   A. 负债是企业承担的现时义务
   B. 负债预期会导致经济利益流出企业
   C. 负债是由企业过去的交易或者事项形成的
   D. 未来流出的经济利益的金额能够可靠地计量

2. 下列资产负债表各项目中，属于流动负债的有( )。
   A. 预收款项　　　　　　B. 其他应付款
   C. 预付款项　　　　　　D. 一年内到期的非流动负债

3. 长期借款所发生的利息支出，可能借记的科目有( )。
   A. 在建工程　　B. 财务费用　　C. 营业费用　　D. 管理费用

4. 下列有关应付票据的处理中，正确的有( )。
   A. 企业支付的银行承兑汇票手续费，计入当期"财务费用"
   B. 企业到期无力支付的商业承兑汇票，应按账面余额转入"短期借款"
   C. 应付票据到期支付时，按账面余额结转
   D. 企业开出银行承兑汇票时，应按其票面金额贷记"应付票据"

5. 下列各项中，属于应付职工薪酬核算内容的有( )。
   A. 因解除与职工的劳动关系给与的补偿
   B. 养老保险金
   C. 工会经费和职工教育经费
   D. 职工因公出差的差旅费

6. 企业发生的下列各项利息支出，可能计入财务费用的有( )。

A. 应付债券的利息　　　　　　　B. 短期借款的利息
C. 带息应付票据的利息　　　　　D. 筹建期间的长期借款利息

7. 下列属于"长期应付款"核算内容的有(　　)。
   A. 以分期付款方式购入固定资产、无形资产等发生的应付款项(具有融资性质的)
   B. 应付融资租赁款
   C. 应付经营租入固定资产租赁费
   D. 应付职工未按期领取的工资

三、简答题

(1) 什么是负债？负债有何特征？
(2) 流动负债包括哪些种类？有何特点？
(3) 非流动负债包括哪些种类？有何特点？
(4) 职工薪酬包括哪些内容？工资总额包括哪些内容？
(5) 应交税费主要包括哪些项目？核算的内容是什么？
(6) 什么是债券？债券可分为哪几类？
(7) 什么是长期借款？借款费用资本化的条件是什么？

四、实训题

实训一

目的：练习流动负债的核算。

东方饭店 2007 年 7 月份发生有关流动负债业务如下。

(1) 采购食品原材料，共应支付货款 6 700 元，材料已验收入库，货款尚未支付。
(2) 开出并承兑商业汇票一张，面值 28 000 元，用以购入电子设备，设备不需安装，已投入使用。
(3) 从银行取得为期 3 个月的短期借款 120 000 元，已转入企业存款户。
(4) 预提本期短期借款利息 1 800 元。
(5) 开出并经银行承兑商业汇票一张，期限 6 个月，年利率 12%，面值 56 000 元，用以抵付前欠货款。
(6) 分配本月工资费用，其中餐饮部职工工资 58 700 元，客房部职工工资 47 500 元，商品部职工工资 28 400 元，管理部门职工工资 46 000 元。
(7) 按工资总额的 14% 提取职工福利费。
(8) 发放本月职工工资 17 100 元，同时代扣应由职工个人负担的水电费 9 600 元。
(9) 报销职工医疗费 1 920 元，以现金支付。

要求：根据上述业务编制会计分录。

实训二

目的：练习长期借款的核算。

某企业用长期借款建造厂房一幢，借入长期借款 600 000 元存入银行。以银行存款支付工程价款 546 000 元。工程达到预定可使用状态之前，银行通知应付借款利息 14 200 元，工程达到预定可使用状态之后，应付借款利息 3 900 元，还款日企业以银行存款归还长期借款的本息。

要求：编制取得借款、支付工程款、核算利息和归还本息的会计分录。

推荐学习书目

1. 企业会计准则(2006). 2006年2月15日财政部发布，自2007年1月1日起施行
2. 企业会计准则——应用指南. 2006年10月30日财政部发布，自2007年1月1日起施行
3. 李亚利，范英杰. 旅游会计(第2版). 天津：南开大学出版社，2004
4. 财政部会计资格评价中心. 中级会计实务. 北京：经济科学出版社，2007
5. 财政部会计资格评价中心. 初级会计实务. 北京：中国财政经济出版社，2010

第六章　所有者权益

【本章导读】

所有者权益是指企业资产扣除负债后由所有者享有的剩余权益。会计报表上所提供的所有者权益信息，是报表使用者关注的焦点。本章主要讲述所有者权益各组成部分的基本概念和账务处理。

【关键词】

所有者权益　实收资本　股本　资本公积　留存收益　盈余公积　利润分配

【知识点】

通过本章学习，应掌握所有者权益的基本概念，了解不同组织形式企业所有者权益的特点，掌握投入资本、资本公积、留存收益的账务处理。

第一节 所有者权益概述

一、所有者权益的含义

所有者权益是指企业资产扣除负债后由所有者享有的剩余权益。在数量上，所有者权益=资产总额-负债总额，即当企业因歇业或其他原因进行清算时，变现后的资产首先必须用于偿还企业的负债，剩余的资产才可按出资比例在所有者之间进行分配。

二、所有者权益与债权人权益的区别

所有者权益和债权人权益(负债)都是对企业资产的要求权，均形成企业资金的来源，但是二者却存在着本质的区别，主要区别如下。

1. 对象不同

负债是对债权人负担的经济责任；所有者权益是对投资人负担的经济责任。

2. 性质不同

负债是在经营或其他事项中发生的债务，是债权人对其债务的权利；所有者权益是投资者对投入资本及其投入资本运用所产生盈余(或亏损)的权利。

3. 偿还期限不同

负债必须于一定时期(特定日期或确定的日期)偿还；所有者权益一般只有在企业解散清算时(除按法律程序减资等外)，其破产财产在偿付了破产费用、债权人的债务等以后，如有剩余资产，才可能还给投资者，在企业持续经营的情况下，一般不能收回投资。

4. 享受的权利不同

债权人只享有收回债务本金和利息的权利，而无权参与企业收益分配；所有者在某些情况下，除了可以获得利益外，还可参与经营管理。

5. 风险不同

负债事先约定了还本付息，而且利息一般是按一定利率计算、预先可以确定的固定数额，所以债权人承担的风险相对较小。而所有者权益受企业盈利水平的影响，而且所有者承担企业的亏损。在企业清算时，负债的清偿优先于所有者权益的清算。因而，投资者投入资本是一种典型的风险资本。

三、所有者权益的构成内容

所有者权益按其产生或形成的主要原因，可分为投资者投入的资本和企业经营获取收益的留置部分。企业只能用留存收益分配利润，这不仅反映了企业持续经营的愿望，而且也是法律为保护债权人利益所作的约束。这种分类，还有助于投资者将投入资本与累计收益进行比较，判断企业的获利能力和经营者的经营效益。所有者权益分为：实收资本、资本公积和留存收益。

四、不同组织形式企业所有者权益的特点

企业的组织形式多种多样。不同组织形式的企业，其所有者权益也有所不同。

1. 有限责任公司

有限责任公司是指由 50 个以下股东共同出资建立的企业。有限责任公司是法律主体，公司以其全部资产对公司的债务承担有限责任。有限责任公司注册资本的最低限额为人民币 3 万元，全体股东的货币出资金额不得低于有限责任公司注册资本的 30%，全体股东的首次出资额不得低于注册资本的 20%，也不得低于法定注册资本的最低限额，其余部分由股东自公司成立之日起两年内缴足。股东可以用货币出资，也可以用实物、知识产权、土地等可以用货币估价并可以依法转让的非货币资产作价出资。有限责任公司是纳税主体，公司作为法人，取得的收益应按照企业所得税法计算缴纳企业所得税，股东只需根据个人分得的股利，计算缴纳个人所得税。股东持有的公司股份不得抽回但可以转让。股东在公司登记注册后，不得抽回出资，但可以在股东之间相互转让全部出资或部分出资。

有限责任公司的所有者权益应划分为实收资本、资本公积和留存收益三部分。

2. 股份有限公司

股份有限公司是指将全部注册资本划分为若干等额股份，并通过发行股票的方式筹集资本的企业。股份有限公司与有限责任公司相比，有很多相似之处，如公司是法律主体和纳税主体，公司以其全部资产对其债务承担有限责任等。股份有限公司与有限责任公司的不同之处在于，公司的设立方式与股东持有股份的转让方式不同。

设立股份有限公司，应当有 2 人以上 200 人以下为发起人，其中须半数以上的发起人在中国境内有住所。股份有限公司注册资本的最低限额为人民币 500 万元。股份有限公司的设立可以采取发起设立和募集设立两种方式。

采取发起设立方式，发起人应认购公司发行的全部股份，首次出资额不应低于注册资本的 20%。

采取募集设立方式，发起人应认购公司发行股份的一部分，《公司法》规定不得少于公司发行股份总额的 35%，其余部分向社会公众募集。

不论采取发起方式或募集方式设立股份有限公司，均由全体股东组成股东大会。股东一般不直接参与企业管理，而是先选举董事会，由董事会来维护其合法权益；然后再由董事会任命总经理，由总经理全面负责公司的日常经营管理。股份有限公司股东持有的可流通股份，可以在依法设立的证券交易所自由转让，而不受其他股东的制约。

股份有限公司与有限责任公司的所有者权益基本相同，分为投入资本、资本公积和留存收益三部分。两者不同之处在于，股份有限公司的投入资本为发行股票面值，一般称为股本；资本公积中的资本溢价为股东认购股票实际出资额大于面值的差额，称为股本溢价。

第二节 实收资本

实收资本是指企业按照章程规定或合同、协议约定，接受投资者投入企业的资本。实收资本应等于注册资本。由投资者投入的资本金额中，超过法定资本部分的资本，或者其他人(或单位)投入的不形成实收资本的资产，形成了资本公积。即，实收资本与投入资本可以不相等，差额就是资本公积。

为核算企业的投入资本及其相关经济业务，会计上应设置"实收资本"科目、"股本"科目等。由于企业组织形式不同，所有者投入资本的会计核算方法也不同。除股份有限公司对股东投入资金应在"股本"科目中反映外，其余企业对所有者投入的资本，在"实收资本"科目中反映，核算企业实际收到的投资人投入的资本。

投资者投资于企业，可以采取多种出资方式，包括货币资金、实物资产和无形资产等。企业收到投资人投入的现金，应以实际收到或存入企业开户银行的金额，借记"现金"或"银行存款"科目，贷记"实收资本"科目；收到投资人投入的房屋、建筑物、材料、无形资产等，应按投资合同或协议约定的价值，借记"固定资产"、"原材料"、"无形资产"等科目，贷记"实收资本"科目。

"实收资本"或"股本"账户属于所有者权益类账户。贷方登记投入资本的增加额，包括投资者投入的货币资金、实物和无形资产，以及从"资本公积"、"盈余公积"账户中转来的转增资本额；借方登记投入资本的减少额；期末余额在贷方，表示期末企业实收资本的总额。该账户应按投资者设置明细分类账，进行明细分类核算。

下面分别介绍不同组织形式企业投入资本的核算。

一、有限责任公司的实收资本

有限责任公司的投入资本在"实收资本"科目核算时，应注意以下几个问题：

(1) 按照公司章程所规定的出资方式、出资额和出资缴纳期限出资。若某一投资者未按规定缴纳出资的，企业有权向该投资者追缴。经追缴仍不履行义务的，企业还可依诉讼程序请求人民法院追究投资者的违约责任。

(2) 所有者投入资本应区别情况处理。始建有限责任公司时，各投资者按照合同、协议或公司章程投入企业的资本，应全部记入"实收资本"科目，企业的实收资本应等于企业的注册资本。在企业增资时，如有新投资者介入，新介入投资者缴纳出资额大于其按约定比例计算的其在注册资本中所占份额部分，作为资本溢价，记入"资本公积"科目。

(3) 转让出资应经其他投资者同意。有限责任公司的投资者是有限的，除了以产权关系为纽带把各投资者联系在一起外，各投资者间的信誉、名誉、管理技能等，均可作为共同经营的先决条件。因此，在某个投资者要将其出资转让给有意介入的新投资者时，要事先经企业超过半数原有的其他投资者同意。如果其他投资者有异议，应由其他投资者购买该转让的出资，如果不购买该转让的出资，视为同意转让。如其他投资者无异议，在同等条件下，原投资者具有优先购买权。

【例6.1】 某旅游企业由A、B、C三个股东各出资800 000元组成。A投资800 000元现金；B以100 000元的专利权投资，另700 000元以现金投入；C以800 000元的设备作为投资。企业在接到投资者投入的资金时，应作会计分录如下。

　　借：银行存款　　　　　　　　　1 500 000
　　　　无形资产——专利权　　　　　 100 000
　　　　固定资产　　　　　　　　　　 800 000
　　　　贷：实收资本——A股东　　　　　　　800 000
　　　　　　　　　——B股东　　　　　　　　800 000
　　　　　　　　　——C股东　　　　　　　　800 000

二、股份公司的股本

股份公司与其他企业比较，最显著的特点就是将企业的全部资本划分为等额股份，并通过发行股票的方式来筹集资本。股票面值与股份总数的乘积为股本，股本应等于企业的注册资本，会计核算上股份公司设置"股本"科目。为提供企业股份的构成情况，企业应在"股本"科目下，按普通股和优先股及股东单位或姓名设置明细账。企业股本应在核定的股本总额范围内发行股票取得，但企业发行股票取得的收入与股本总额往往不一致。我国不允许企业折价发行股票，只存在溢价发行和面值发行两种情况。在采用溢价发行股票的情况下，企业应将相当于股票面值的部分记入"股本"科目，其余部分在扣除发行手续费、佣金等发行费用后，记入"资本公积"科目。

【例6.2】 甲旅游公司委托某证券公司代理发行普通股1 000 000股，每股面值为1元，不考虑发行工程中的税费等因素。收到的股款已存入银行。按面值发行时，收到委托发行单位交来现金1000 000元。应编制会计分录如下。

　　借：银行存款　　　　　　　　1000 000
　　　　贷：股本——普通股　　　　　　1 000 000

三、实收资本(或股本)的增减变动

1. 实收资本(或股本)的增加

企业增加资本主要途经：接受投资者追加资本、资本公积转增资本和盈余公积转增资本。转增资本时，借记"银行存款"、"资本公积"、"盈余公积"等科目，贷记"实收资本"(或"股本")。

2. 实收资本(或股本)的减少

企业按照法定程序报经批准减少注册资本的，借记"实收资本"(或"股本")科目，贷记"银行存款"、"库存现金"等科目。

第三节　资本公积

一、资本公积概述

资本公积是是企业收到投资者出资额超出其在注册资本(或股本)中所占份额的部分，以及直接计入所有者权益的利得和损失等。资本公积属于资本的范畴。资本公积在转增资本时，按股东在实收资本中所占的投资比例计算确定。资本公积的内容包括：资本溢价、股本溢价和其他资本公积。

资本公积与实收资本虽然都属于投入资本范畴，但两者又有区别。实收资本是投资者投入的、为谋求价值增值的原始投资，而且属于法定资本，与企业的注册资本相一致，因此，实收资本无论是在来源上，还是在金额上，都有比较严格的限制；资本公积有特定来源，其主要来源是资本(或股本)溢价，是企业投入资本(实缴资本超过股票面值或设定价值的部分)，只是由于法律的规定而无法直接以资本的名义出现。不同来源形成的资本公积由所有投资者共同享有。投资者投入的资本通常被视为企业的永久性资本，通常不得任意支付给股东。一般只有在企业清算时，在清偿所有负债后才可将剩余部分返还给投资者。

资本公积与净利润有本质的区别，在会计上通常需要划分资本与收益的界限，净利润是企业经营活动产生的结果，可以分配给股东。从本质上讲，资本公积是企业所有者投入资本的一部分，具有资本的属性，所以不能作为净利润的一部分。

二、资本公积账务处理

为核算企业资本公积的增减变动情况，企业应设置"资本公积"账户。该账户属于所有者权益性质，贷方登记资本公积的增加，借方登记资本公积的减少，期末贷方余额表示资本公积的结存数。本科目应当分别为"资本溢价"或"股本溢价"、"其他资本公积"进行明细核算。下面仅介绍企业增资涉及的资本公积问题。

1. 资本溢价或股本溢价

企业收到投资者投入的资本，借记"银行存款"、"其他应收款"、"固定资产"、"无形资产"等科目，按其在注册资本或股本中所占份额，贷记"实收资本"或"股本"科目，按其差额，贷记本科目(资本溢价或股本溢价)。

与发行权益性证券直接相关的手续费、佣金等交易费用，借记本科目(股本溢价)，贷记"银行存款"等科目。

企业经股东大会或类似机构决议，用资本公积转增资本，借记本科目(资本溢价或股本溢价)，贷记"实收资本"或"股本"科目。

【例6.3】 某旅游公司由甲、乙两位股东各出资500 000元建立。5年以后，该公司的留存收益为200 000元。此时有丙投资者希望加入，实际出资600 000元，占有1/3的股份。丙投资者投资后，该公司的注册资本为1 500 000元，甲、乙、丙股东各占1/3的股份。丙股东的实际出资额600 000元大于其在注册资本中占有份额500 000元的差额，为资本溢价。该公司收到丙股东出资时，编制会计分录如下。

借：银行存款　　　　　　　　　　　600 000
　　贷：实收资本——丙股东　　　　　　　500 000
　　　　资本公积——资本溢价　　　　　　100 000

【例6.4】 承例6.2甲旅游公司若溢价发行时，假如每股发行价为1.5元，收到的股款1 500 000元，编制会计分录如下。

借：银行存款　　　　　　　　1 500 000
　　贷：股本——普通股　　　　　　　1 000 000
　　　　资本公积——股本溢价　　　　　500 000

2. 其他资本公积

企业长期股权投资采用权益法核算，在持股比例不变的情况下，被投资单位除净损益以外所有者权益的其他变动，企业按持股比例计算应享有的份额，又称因被投资单位所有者权益的其他变动产生的利得或损失，借记"长期股权投资—其他资本公积"科目，贷记"其他资本公积"。

【例6.5】 丁公司2010年1月1日向C公司投资3 000 000元，拥有C公司20%的股份，并对该公司有重大影响，因而对C公司长期股权投资采用权益法核算。2010年12月31日，C公司净损益之外的所有者权益增加了1000 000，假定丁公司持股比例没有变化，账面价值与公允价值一致，不考虑其他因素，编制会计分录如下。

丁公司增加的资本公积=1 000 000×20%=200 000(元)

借：长期股权投资——C公司　　　　200 000
　　贷：资本公积——其他资本公积　　　　200 000

3. 资本公积转增资本

经股东大会决议，用资本公积转增资本时，应按照转增资本前的实收资本(或股本)的结构或比例，借记"资本公积"科目，贷记"实收资本"(或"股本")科目。

第四节 留存收益

一、留存收益的组成及其用途

留存收益是指企业从历年来实现利润中提取或形成并留存于企业的内部积累。留存收益来源于企业在生产经营活动中所实现的净利润。它与实收资本和资本公积的区别在于,实收资本和资本公积主要来源于企业的资本投入,而留存收益则来源于企业的资本增值。留存收益包括盈余公积和未分配利润两类。

1. 盈余公积的组成及其用途

盈余公积是企业按规定从实现净利润中提取的各种累积资金。如果公司的盈余公积不足以弥补以前年度亏损,则在提取盈余公积金和公益金之前,应当先用当年利润弥补亏损。企业的盈余公积一般包括以下几个方面。

1) 法定盈余公积

法定盈余公积是指企业按照规定比例从净利润中提取的盈余公积,例如,根据我国《公司法》的规定,有限责任公司和股份有限公司应按照净利润的10%提取法定盈余公积,计提的法定盈余公积累计达到注册资本的50%时,可以不再提取。对于非公司制企业而言,也可以按照超过净利润10%的比例提取。

2) 任意盈余公积

任意盈余公积是指企业经股东大会或类似机构批准按照规定比例从净利润中提取的盈余公积。它与法定盈余公积的区别在于其提取比例由企业自行决定,而法定盈余公积的提取比例则由国家有关法规规定。

3) 盈余公积的用途

一是弥补亏损。企业发生亏损,可以用发生亏损后5年内实现的税前利润来弥补,当发生的亏损在5年内仍不足弥补时,应使用随后所实现的所得税后利润弥补。通常,当企业发生的亏损在所得税后利润仍不足弥补的,可以用所提取的盈余公积加以弥补。但是,用盈余公积弥补亏损应当由董事会提议,股东大会批准,或者由类似的机构批准。需要说明的是,当企业用税前利润来弥补亏损时,不必作专门的账务处理。

二是转增资本(股本)。当企业提取的盈余公积累计比较多时,可以将盈余公积转增资本(股本),但是必须经股东大会或类似机构批准。而且用盈余公积转增资本(股本)后,留存的盈余公积不得少于注册资本的25%。

三是发放现金股利或利润。在特殊情况下,当企业累计盈余公积比较多而未分配利润比较少时,为了维护企业形象,给投资者以合理的回报,对于符合规定条件的企业,也可以用盈余公积分派现金利润或股利。因为盈余公积从本质上讲是由收益形成的,属于资本增值部分。

2. 未分配利润的形成和用途

未分配利润是企业实现的净利润经过弥补亏损、提取盈余公积和向投资者分配利润后留存在企业的、历年结存的利润。未分配利润通常留待以后年度用于向投资者进行分配。

二、留存收益的账务处理

1. 利润分配

利润分配是指企业根据国家有关规定和企业章程、投资者协议等，对企业当年可分配的利润所进行的分配。

可供分配的利润=当年实现的净利润(或净亏损)+年初未分配利润(或-年初未弥补亏损)+其他转入

利润分配的程序是：①提取法定盈余公积；②提取任意盈余公积；③向投资者分配利润。

企业应设置"利润分配"科目，核算企业利润的分配和历年分配后的未分配利润。该科目应分别"提取法定盈余公积"、"提取任意盈余公积"、"应付现金股利或利润"、"盈余公积补亏"、"未分配利润"等进行明细核算。期末，企业应将会计期间内所实现的所有收入和成本、费用、支出项目都归集到"本年利润"科目下，计算出净利润(或净亏损)之后，转入"利润分配——未分配利润"科目，然后对实现的净利润进行分配，分配之后，"利润分配——未分配利润"科目的余额如果在贷方，即为累计未分配利润，如果在借方，则为累计未弥补亏损。

对于有限责任公司或者股份有限公司，在按规定提取各项盈余公积时，应当按照提取的各项盈余公积金额，借记"利润分配——提取法定盈余公积、提取任意盈余公积"科目，贷记"盈余公积——法定盈余公积、任意盈余公积"科目。宣告发放现金股利时，借记"利润分配——应付现金股利或利润"科目，贷记"应付股利"科目。

【例 6.6】 某旅游公司 2010 年年初未分配利润为 0，本年实现净利润 800 000 元，按净利润的 10%提取法定盈余公积 80 000 元，提取任意盈余公积 150 000 元，宣告发放现金股利 200 000 元，假定不考虑其他因素，编制会计分录如下：

(1) 结转本年利润时。

借：本年利润　　　　　　　　　　　800 000
　　贷：利润分配——未分配利润　　　　　800 000

(2) 提取法定盈余公积、任意盈余公积。

借：利润分配——提取法定盈余公积　　80 000
　　　　　　——提取任意盈余公积　　150 000
　　贷：盈余公积　　　　　　　　　　　230 000

(3) 宣告发放现金股利时。

借：利润分配——应付现金股利　　　　200 000
　　贷：应付股利　　　　　　　　　　　200 000

同时，
借：利润分配——未分配利润　　　　　　430 000
　　贷：利润分配——提取法定盈余公积　　　80 000
　　　　　　　　——提取任意盈余公积　　　150 000
　　　　　　　　——应付现金股利　　　　　200 000

结转后，"利润分配——未分配利润"科目，借方发生额为430 000元，贷方发生额为800 000元，贷方余额为370 000元，表明该公司本年年末的累计未分配利润。

2. 盈余公积

企业提取盈余公积可用于弥补亏损、转增资本、发放现金股利或利润等。企业经股东大会或类似机构批准，用盈余公积弥补亏损时，应当借记"盈余公积"科目，贷记"利润分配——盈余公积补亏"科目。转增资本时，应按照实际用于转增的盈余公积金额，借记"盈余公积"科目，贷记"实收资本"(或"股本")科目。用盈余公积分配现金股利或利润时，借记"盈余公积"科目，贷记"应付股利"科目。

【例6.7】 经股东大会批准，H有限责任公司将盈余公积60 000元转增资本，假定不考虑其他因素，编制会计分录如下。
　　借：盈余公积　　　　　　　　60 000
　　　　贷：实收资本　　　　　　　　60 000

【例6.8】 经股东大会批准，G有限责任公司将盈余公积70 000元弥补亏损，假定不考虑其他因素，编制会计分录如下。
　　借：盈余公积　　　　　　　　70 000
　　　　贷：利润分配——盈余公积补亏　70 000

【例6.9】 经股东大会批准，G有限责任公司将盈余公积50 000元发放现金股利，假定不考虑其他因素，编制会计分录如下。
　　借：盈余公积　　　　　　　　50 000
　　　　贷：应付股利　　　　　　　　50 000

复习自测题

一、单项选择题

1. 下列项目中，不属于资本公积核算内容的是(　　)。
　A. 企业收到投资者出资额超出其在注册资本或股本中所占份额的部分

B. 直接计入所有者权益的利得

C. 直接计入所有者权益的损失

D. 企业收到投资者出资额在注册资本或股本中所占份额的部分

2. 某饭店年初未分配利润为 1100 万元，当年利润总额为 1200 万元，所得税费用为 200 万元，该企业按 10%计提法定盈余公积，按 5%计提任意盈余公积，宣告发放现金股利为 80 万元，该企业期末未分配利润为(　　)万元。

  A. 855   B. 867   C. 870   D. 87

3. 下列各项中，不能引起企业留存收益总额发生变动的是(　　)。

  A. 本年度实现的净利润

  B. 计提法定盈余公积

  C. 经股东大会批准向投资者宣告分配现金股利

  D. 用盈余公积转增资本

4. 下列各项中，不属于所有者权益的是(　　)。

  A. 资本溢价   B. 计提的盈余公积

  C. 投资者投入的资本 D. 应付高管人员基本薪酬

5. 上市公司在增资扩股时，如有新投资者介入，新介入的投资者缴纳的出资额大于其按约定比例计算的其在注册资本中所占份额的差额，应计入(　　)。

  A. 盈余公积 B. 未分配利润 C. 资本公积 D. 营业外收入

6. 下列各项中，不会引起实收资本增加的是(　　)。

  A. 接受现金资产投资 B. 盈余公积转增资本

  C. 资本公积转增资本 D. 对被投资单位追加现金投资

7. 股份有限公司采用溢价发行股票方式筹集资本，其"股本"科目所登记的金额是(　　)。

  A. 实际收到的款项

  B. 股票面值与发行股票总数的乘积

  C. 发行总收入减去支付给证券商的费用

  D. 发行总收入加上支付给证券商的费用

二、多项选择题

1. 所有者权益的来源包括(　　)。

  A. 未分配利润   B. 所有者投入的资本

  C. 借入的款项   D. 直接计入所有者权益的利得

2. 下列各项中，不会引起所有者权益总额发生变化的有(　　)。

  A. 从净利润中提取盈余公积 B. 向投资者发放股票股利

  C. 用盈余公积分配现金股利 D. 用盈余公积弥补亏损

3. 下列各项中，能够引起实收资本或股本发生增减变动的有(　　)。

  A. 投资者投入资本   B. 资本公积转增资本

  C. 实际发放股票股利   D. 盈余公积转增资本

4. 下列各项中，应计入"资本公积"项目贷方的是(　　)。

A. 无法支付的应付账款
B. 以资本公积转增资本
C. 接受投资者以现金投资200万元，其中属于资本溢价的部分是80万元
D. 接受投资者投入一批材料，投资双方确认的价值超过该投资者在注册资本中所占的份额

5. 下列各项是某饭店2010年发生的经济业务，其中能影响年末未分配利润金额的有(　　)。
A. 出售一项专利权，实现净收益150万元
B. 将盈余公积中225万元用于现金股利的分配
C. 权益法下长期股权投资持有期间实际收到的现金股利106万元
D. 接受固定资产捐赠一台，价值221万元

6. 下列各项中，年度终了需转入"利润分配——未分配利润"科目的有(　　)。
A. 本年利润
B. 利润分配——应付现金股利
C. 利润分配——盈余公积补亏
D. 利润分配——提取法定盈余公积

7. 下列对未分配利润的各项表述中，正确的有(　　)。
A. 当年的净利润是企业未指定特定用途的利润
B. 未分配利润是企业历年实现的净利润经过弥补亏损、提取盈余公积和向投资者分配利润后留存在企业的利润
C. 企业对于未分配利润的使用不会受到很大限制
D. 利润分配——未分配利润科目为贷方余额，表示累积未分配的利润数额；若为借方余额，则为累积为弥补的亏损数额

三、简答题

(1) 什么是所有者权益？所有者权益与负债有何区别？
(2) 所有者权益包括哪些内容？
(3) 不同类型企业投入资本的核算有何异同？
(4) 什么是资本公积？资本公积有哪些来源？它与实收资本有何区别？
(5) 什么是留存收益？它可分为哪几类？
(6) 什么是盈余公积？它包括哪些内容？有何用途？

四、实训题

实训一：
某酒店2007年发生以下经济业务。
(1) 接受外商捐赠设备一台，该设备市场价值为50 000元，另发生运杂费3 000元，用现金支付，该设备已交付使用。
(2) 委托某证券公司代理发行普通股60 000股，每股面值8元，按每股9.8元出售，证券公司按收入的3‰收取手续费。

(3) 该酒店 2003 年发生亏损 50 000 元，2004 年盈利 10 000 元，2005 年盈利 10 000 元，2006 年盈利 30 000 元，2007 年盈利 10 000 元。请结转各年的盈亏，并计算弥补亏损和应交所得税以及未分配利润，所得税税率为 33%。

要求：编制有关会计分录。

实训二：

(1) 东方公司 2009 年税后利润为 200 万元，经股东大会批准，决定按 10% 提取法定盈余公积，分派现金股利 80 万元。

(2) 东方公司现有股东情况如下：A 公司占 25%，B 公司占 30%，C 公司占 10%，D 公司占 5%，其他占 30%。经公司股东大会决议，以盈余公积 100 万元转增资本，并已办妥转增手续。

(3) 2010 年东方公司尚有未弥补亏损 280 万元，该亏损系 2002 年产生，决议以盈余公积补亏 100 万元。

要求：

(1) 编制东方公司结转本年利润，提取盈余公积，分配现金股利及利润分配明细科目结转的分录

(2) 编制东方公司以盈余公积转增资本的分录

(3) 编制东方公司以盈余公积补亏和结转利润分配明细科目的分录("利润分配"和"股本"要求写出明细科目)

推荐学习书目

1. 企业会计准则(2006). 2006 年 2 月 15 日财政部发布，自 2007 年 1 月 1 日起施行
2. 企业会计准则——应用指南. 2006 年 10 月 30 日财政部发布，自 2007 年 1 月 1 日起施行
3. 中华人民共和国公司法. 2005 年 10 月 27 日修订，自 2006 年 1 月 1 日起正式实施
4. 李亚利，范英杰. 旅游会计(第 2 版). 天津：南开大学出版社，2004
5. 财政部会计资格评价中心. 中级会计实务. 北京：经济科学出版社，2007
6. 财政部会计资格评价中心. 初级会计实务. 北京：中国财政经济出版社，2010

第七章 收入、费用和利润

【本章导读】

收入、费用和利润是反映企业经营成果的要素。本章首先介绍收入的概念、确认和计量及其种类,然后讲解了费用的概念和分类,最后是利润的构成以及结账前的工作。

【关键词】

主营业务收入　其他业务收入　投资收益　营业外收入
主营业务成本　期间费用　营业费用　管理费用　财务费用
资产减值损失　公允价值变动损溢　营业外支出　所得税费用
营业利润　利润总额　净利润

【知识点】

了解收入的概念、确认条件和核算方法;熟悉费用的概念、分类和核算方法;了解利润的构成和核算方法;掌握结账前的各项业务工作。

第七章 收入、费用和利润

第一节 收入

一、收入的核算

1. 收入的概念

收入,是指企业在日常活动中形成、会导致所有者权益增加、与所有者投入资本无关的经济利益总流入。会计准则所涉及的收入,包括销售商品收入、劳务收入、利息收入、使用费收入、租金收入、股利收入等,但不包括为第三方或客户代收的款项。

- 收入具有如下基本特征:

(1) 收入是从企业日常活动中产生的,而不是从偶发交易或事项中产生的。比如,工商企业的收入是从其销售商品、提供工业性劳务等日常活动中产生的,而不是从处置固定资产等非日常活动中产生的。

(2) 收入可能表现为企业资产的增加,如增加银行存款、应收账款等,也可能表现为企业负债的减少,或者二者兼而有之。

(3) 收入能导致企业所有者权益增加,收入能增加资产或减少负债或二者兼而有之。因此,根据"资产-负债=所有者权益"的公式,企业取得收入一定能增加所有者权益。

(4) 收入只包括本企业经济利益的流入,不包括为第三方或客户代收的款项,如旅行社代客户购买门票而收取票款等。代收的款项,一方面增加企业的资产,另一方面增加企业的负债,因此不增加企业的所有者权益,也不属于本企业的经济利益,不能作为本企业的收入。

2. 收入的分类、确认和计量

1) 收入的分类

收入按企业从事日常活动的性质不同,分为销售商品收入、提供劳务收入和让渡资产使用权收入。

收入按企业经营业务的主次不同,分为主营业务收入和其他业务收入。主营业务收入是指企业为完成经营目标从事经常性活动实现的收入,其他业务收入是指企业为完成其经营目标从事与经常性活动相关活动实现的收入。

2) 销售商品收入的确认和计量

销售商品收入,应当在同时符合以下五项条件时才能予以确认,具体为:①企业已将商品所有权上的主要风险和报酬转移给购货方。②企业既没有保留通常与所有权相联系的继续管理权,也没有对已售出的商品实施有效控制。③收入的金额能够可靠地计量。④相关的经济利益很可能流入企业。⑤相关的已发生或将发生的成本能够可靠地计量。

销售商品收入通常应当按照从购货方已收或应收的合同或协议价款计量。

3. 收入的核算

1) 主营业务收入

企业应设置"主营业务收入"科目，并按主营业务的种类进行明细核算。企业实现的主营业务收入应按实际价款记账。本月实现的营业收入，借记"银行存款""应收账款"等科目，贷记"主营业务收入"科目，期末应将其余额转入"本年利润"科目，结转后"主营业务收入"科目应无余额。

饭店的主营业务收入主要有提供客房服务收入、餐饮服务及商品销售额等。

【例 7.1】甲饭店于 2010 年 10 月，实现客房销售收入 100 000 元，协议单位应收账款 50 000 元，收到支票 50 000 元，编制会计分录如下。

　　借：应收账款　　　　　　　　　　　　　　50 000
　　　　银行存款　　　　　　　　　　　　　　50 000
　　　　贷：主营业务收入——客房收入　　　　　　　100 000

【例 7.2】甲饭店于 2010 年 10 月，实现餐饮销售收入 150 000 元，协议单位应收账款 50 000 元，收到支票 100 000 元，编制会计分录如下。

　　借：应收账款　　　　　　　　　　　　　　50 000
　　　　银行存款　　　　　　　　　　　　　　100 000
　　　　贷：主营业务收入——餐饮收入　　　　　　　150 000

【例 7.3】甲饭店为一般纳税人，于 2010 年 9 月 15 日根据合同售给乙公司某商品 500 件，增值税专用发票列明商品价款 10 000 元、增值税额 1700 元，共计 11 700 元，商品已经发出，甲公司以银行存款代垫运费 200 元(发票已经转交)。货款及代垫运费已向银行办妥托收手续，取得托收承付结算凭证回单，编制会计分录如下。

　　借：应收账款——乙公司　　　　　　　　　　11 900
　　　　贷：主营业务收入——商品销售收入　　　　　10 000
　　　　　　应交税费——应交增值税(销项税额)　　　1 700
　　　　　　银行存款　　　　　　　　　　　　　　200

2) 其他业务收入

企业应设置"其他业务收入"科目，并按其他业务的种类进行明细核算。企业实现的其他业务收入应按实际价款记账。本月实现的其他业务收入，借记"银行存款""应收账款"等科目，贷记"其他业务收入"科目，期末应将其余额转入"本年利润"科目，结转后"其他业务收入"科目应无余额。

饭店的其他业务收入主要有销售原材料、出租固定资产和无形资产的收入等。

【例 7.4】甲饭店将仓库一批不需要的食品原材料让售给乙公司，共计 11 700 元，另以银行存款代垫运费 1 200 元(运费发票已转交)材料已经发出，同时收到乙公司开出并承兑的商业汇票，编制会计分录如下。

　　借：应收票据——乙公司　　　　　　　　　　12 900
　　　　贷：银行存款　　　　　　　　　　　　　　1 200
　　　　　　其他业务收入——材料销售　　　　　　11 700

【例 7.5】甲饭店将闲置的固定资产租给乙公司，共计 10 000 元，收到乙公司开出转账支票存入银行，编制会计分录如下。

```
借：银行存款                           10 000
    贷：其他业务收入——出租固定资产收入    10 000
```
【例 7.6】甲饭店将一项专利技术租给乙公司，共计 20 000 元，收到乙公司的转账支票存入银行，编制会计分录如下。
```
借：银行存款                           20 000
    贷：其他业务收入——出租无形资产收入    20 000
```

第二节 费用

一、费用的概念和特征

费用是指企业为销售产品，提供劳务等日常活动所发生的经济利益的流出。费用具有如下基本特征：①费用最终会导致企业资源的减少，具体表现为企业的资金支出或者表现为资产的耗费。②费用最终会减少企业的所有者权益。

为确保成本费用核算指标的真实、正确、完整，核算时应该做到如下几点：

(1) 按照划分收益性支出与资本性支出的原则，严格区分收益性支出与资本性支出的界限。

(2) 按照权责发生制原则，严格区分本期成本费用与下期成本费用的界限。凡是应由本期负担的费用，不论是否支付，均应计入当期成本或费用。应由本期负担而尚未支付的费用，应预提计入成本费用。已经支出，但应由本期和以后各期负担的成本费用，应分期摊销计入以后各期成本费用中。

(3) 划清直接费用与间接费用的界限。能直接认定的费用直接计入相关的成本核算对象中，不能直接认定的费用，采用适当的方法进行合理的归集和分配。

(4) 按照配比原则，严格区分各种经营项目和各种服务所发生的各项营业收入和成本费用，确保一个会计期间内各项成本费用和与其相关联的营业收入能在同一会计期间内进行确认计量。

(5) 按照谨慎原则，在成本费用核算中，对企业可能发生的损失和费用，作出合理的预计。

二、费用的主要内容及分类

费用可分为主营业务成本、其他业务成本、营业税金及附加和期间费用等。

(1) 主营业务成本是指企业在经营过程中发生的各种直接支出。核算企业根据收入准则确认销售商品、提供劳务等主营业务收入时应结转的成本。

(2) 其他业务成本是指企业除主营业务活动以外其他经营活动所发生的成本。

(3) 营业税金及附加是指企业经营活动应负担的相关税费。

(4) 期间费用是指不能直接归属于某个特定对象成本的费用。期间费用从营业收入中得到补偿，直接计入当期损益。主要包括：营业费用、管理费用和财务费用。根据企业经营的特点，饭店没有制造费用和销售费用科目，可设置"营业费用"科目来核算经营过程的费用。

① 营业费用是指企业各营业部门在经营中发生的各项费用。与管理费用有交叉的、不易分摊的费用，一般列作管理费用。营业费用包括：运输费、装卸费、包装费、保管费、保险费、燃料费、展览费、广告宣传费、邮电费、水电费、差旅费、洗涤费、物料消耗、折旧费、修理费、低值易耗品摊销、营业部门人员的工资、福利费、工作餐费、服装费和其他营业费用。

② 管理费用是企业为组织和管理企业生产经营所发生的管理费用，包括企业的董事会和行政管理部门在企业经营管理中发生的或者应由企业统一负担的公司经费(包括行政管理部门职工薪酬、修理费、物料消耗、低值易耗品摊销、办公费和差旅费等)、工会经费、董事会费(包括董事会成员津贴、会议费和差旅费等)、聘请中介机构费、咨询费(含顾问费)、诉讼费、业务招待费、房产税、车船使用税、土地使用税、印花税、技术转让费、矿产资源补偿费、研究费用、排污费等。

③ 财务费用是指企业为筹集生产经营所需资金等而发生的筹资费用，包括利息支出(减利息收入)、汇兑差额以及相关的手续费、企业发生的现金折扣或收到的现金折扣等。

三、费用的账务处理

1. 主营业务成本

企业应设置"主营业务成本"账户用来核算企业在经营过程中发生的各种直接支出。月末，企业应根据本月销售各种商品、提供各种劳务等实际成本，计算应结转的"主营业务成本"，借记本科目，贷记"库存商品"、"原材料"科目。期末，应将本科目余额转入"本年利润"科目，结转后本科目应无余额。

【例 7.7】甲饭店从仓库领用面粉一批到厨房，共计 2 000 元，编制会计分录如下。
  借：主营业务成本   2 000
    贷：原材料——食品原材料   2 000

2. 其他业务成本

企业应设置"其他业务成本"账户用来核算企业其他经营过程中发生的各种支出。企业发生的其他业务成本，借记本科目，贷记 "原材料"、"累计折旧"、"累计摊销"等科目。期末，应将本科目余额转入"本年利润"科目，结转后本科目应无余额。

【例 7.8】承例 7.4 甲饭店销售材料 11 700 元的同时结转其成本，编制会计分录如下。
  借：其他业务成本——销售原材料 11 700
    贷：原材料   11 700

【例 7.9】承例 7.5 甲饭店取得固定资产租金收入的同时，按照原定的折旧方法计算的折旧额 500 元，编制会计分录如下。
  借：其他业务成本——出租固定资产折旧 500

贷：累计折旧　　　　　　　　　　　　　　　　　500

【例7.10】 承例7.6 甲饭店取得出租专利技术的同时，按照原定的累计摊销方法计算的摊销额700元，编制会计分录如下。

　　借：其他业务成本——出租无形资产摊销　　　　700
　　　贷：累计摊销　　　　　　　　　　　　　　　　　700

3. 营业费用的核算

营业费用是指企业各营业部门在经营中发生的各项费用，企业应设置"营业费用"科目用来核算企业经营过程中发生的各种支出。企业发生的为营业部门在经营中发生的职工薪酬、折旧费、物料消耗等经营费用，借记本科目，贷记"应付职工薪酬"、"银行存款"、"累计折旧"等科目。期末，应将本科目余额转入"本年利润"科目，结转后本科目应无余额。

【例7.11】 甲饭店期末计提客房部人员工资，共计20 000元，编制会计分录如下。

　　借：营业费用——客房部　　　　　　20 000
　　　贷：应付职工薪酬　　　　　　　　　　　　20 000

【例7.12】 乙饭店期末计提餐饮部固定资产折旧，共计30 000元，编制会计分录如下。

　　借：营业费用——餐饮部　　　　　　30 000
　　　贷：累计折旧　　　　　　　　　　　　　　30 000

【例7.13】 丙饭店客房部领用低值易耗品，共计20 000元，采用直接转销法，编制会计分录如下。

　　借：营业费用——客房部　　　　　　20 000
　　　贷：低值易耗品　　　　　　　　　　　　　20 000

4. 管理费用的核算

企业应设置"管理费用"科目核算管理费用的发生和结转情况。该科目借方登记企业发生的各种管理费用。

(1) 企业在筹建期间内发生的开办费，包括人员工资、办公费、培训费、差旅费、印刷费、注册登记费以及不计入固定资产价值的借款费用等，借记本科目，贷记"银行存款"科目。

(2) 行政管理部门人员的职工薪酬，借记本科目，贷记"应付职工薪酬"科目。

(3) 行政管理部门计提的固定资产折旧，借记本科目，贷记"累计折旧"科目。

(4) 发生的办公费、修理费、水电费、业务招待费、聘请中介机构费、咨询费、诉讼费、技术转让费、研究费用，借记本科目，贷记"银行存款"、"研发支出"等科目。按规定计算确定的应交的房产税、车船使用税、土地使用税，借记本科目，贷记"应交税费"科目。期末，应将本科目余额转入"本年利润"科目，结转后本科目应无余额。

【例7.14】 A饭店聘请会计师事务所年度审计，支付审计费用10 000元，编制会计分录如下。

　　借：管理费用——聘请中介机构费　　10 000

贷：银行存款　　　　　　　　　　　10 000

5. 财务费用的核算

企业应设置"财务费用"科目核算财务费用的发生和结转情况。该科目借方登记企业发生的各种财务费用。企业发生的财务费用，借记本科目，贷记"预提费用"、"银行存款"、"应收账款"等科目。发生的应冲减财务费用的利息收入、汇兑差额、现金折扣，借记"银行存款"、"应付账款"等科目，贷记本科目。期末，应将本科目余额转入"本年利润"科目，结转后本科目应无余额。

【例 7.15】某饭店 2010 年 11 月 2 日用银行存款支付银行手续费 500 元，编制会计分录如下。

借：财务费用——手续费　　　　　　500
　　贷：银行存款　　　　　　　　　　　　500

第三节　利润

一、利润的构成

利润是指企业在一定会计期间的经营成果，利润包括收入减去费用后的净额、直接计入当期利润的利得和损失等。利得是指由企业非日常活动所形成的、会导致所有者权益增加的、与所有者投入资本无关的经济利益的流入。损失是指由企业非日常活动所发生的、会导致所有者权益减少的、与向所有者分配利润无关的经济利益的流出。

对利润进行核算，可以及时反映企业在一定会计期间的经营业绩和获利能力，反映企业的投入产出效果和经济利益，有助于企业投资者和债权人据此进行盈利预测，作出正确的决策。

根据我国会计准则的规定，企业的利润用公式表示如下。

1. 营业利润

营业利润=营业收入-营业成本-营业税金及附加-销售费用-管理费用-财务费用-资产减值损失+公允价值变动收益(-公允价值变动损失)+投资收益(-投资损失)

其中，营业收入是指企业经营业务所确认的收入额，包括主营业务收入和其他业务收入。

营业成本是指企业经营业务所发生的实际成本总额，包括主营业务成本和其他业务成本。

资产减值损失是指企业计提各项资产减值准备所形成的损失。

公允价值变动收益(或损失)是指企业交易性金融资产等公允价值变动形成的应计入当期损益的利得(或损失)。

投资收益(或损失)是指企业以各种方式对外投资所取得的收益(或发生的损失)。

2. 利润总额

利润总额=营业利润+营业外收入-营业外支出

其中,营业外收入是指企业发生的与其日常活动无直接关系的各项利得。营业外支出是指企业发生的与其日常活动无直接关系的各项损失。

3. 净利润

净利润=利润总额-所得税费用

其中,所得税费用是指企业确认的应从当期利润总额中扣除的所得税费用。

二、营业外收支

营业外收支是指与企业经营活动没有直接关系的各项收支,营业外收支虽然与经营活动没有直接关系,但从企业主体来考虑,对企业利润总额有直接影响,是利润总额的重要组成部分。营业外收支包括营业外收入和营业外支出两个方面的内容。

1. 营业外收入

营业外收入是指与经营活动没有直接关系的各种收入,主要包括非流动资产处置利得、非货币性资产交换利得、债务重组利得、罚没利得、政府补助利得、盘盈利得、捐赠利得、确实无法支付而按规定程序经批准后转作营业外收入的应付款项等。

其中:

非流动资产处置利得包括固定资产处置利得和无形资产出售利得。

政府补助,指企业从政府无偿取得货币性资产或非货币性资产的利得,不包括政府作为所有者对企业的资本收入。

盘盈利得,指企业对现金等资产清查盘点时发生盘盈,报经批准后计入营业外收入的金额。

捐赠利得,指企业接受捐赠产生的利得。

企业应通过"营业外收入"科目,核算营业外收入的取得及结转情况。该科目贷方登记企业确认的各项营业外收入,借方登记期末结转本年利润的营业外收入。结转后该科目应无余额。该科目应按照营业外收入的项目进行明细核算。

企业确认营业外收入,借记"固定资产清理"、"银行存款"、"库存现金"、"应付账款"等科目,贷记"营业外收入"科目。期末,应将"营业外收入"科目余额转入"本年利润"科目,借记"营业外收入"科目,贷记"本年利润"科目。

【例7.16】 某饭店将固定资产清理的净收益5 000元转作营业外收入,编制会计分录如下。

借:固定资产清理　　　　　　　5 000
　　贷:营业外收入　　　　　　　　　5 000

【例7.17】 某饭店在库存现金清查中盘盈2 000元,按管理权限报经批准后转入营业外收入,编制会计分录如下。

借:库存现金　　　　　　　　　2 000

　　　　贷：待处理财产损溢　　　　　　　　　2 000
　　借：待处理财产损溢　　　　　　　　　　2 000
　　　　贷：营业外收入　　　　　　　　　　　2 000

2. 营业外支出

　　营业外支出是指与企业经营业务无直接关系的各项支出，包括非流动资产处置损失、公益性捐赠支出、盘亏损失、非常损失、罚款支出、非货币性资产交换损失、债务重组损失等。

　　其中，非流动资产处置损失包括固定资产处置损失和无形资产出售损失。公益性捐赠支出指企业对外进行公益性捐赠发生的支出。

　　盘亏损失主要指对于财产清查盘点中盘亏的资产，查明原因并报经批准计入营业外支出的损失。

　　非常损失是指企业对于因 5 因素(如自然灾害等)造成的损失，扣除保险公司赔偿后应计入营业外支出的净损失。

　　罚款支出是指企业支付的行政罚款、税务罚款、以及其他违反法律法规、合同协议等而支付的罚款、违约金、赔偿金等支出。

　　企业应通过"营业外支出"科目，核算营业外支出的发生及结转情况。该科目借方登记企业发生的各项营业外支出，贷方登记期末结转入本年利润的营业外支出。结转后该科目应无余额。该科目应按照营业外支出的项目进行明细核算。

　　企业发生营业外支出时，借记"营业外支出"科目，贷记"固定资产清理"、"待处理财产损益"、"库存现金"、"银行存款"等科目。期末，应将"营业外支出"科目余额转入"本年利润"科目，借记"本年利润"科目，贷记"营业外支出"科目。

　　【例 7.18】某饭店发生原材料以外灾害损失 20 000 元，经批准后转入营业外支出，编制会计分录如下。

　　借：待处理财产损溢　　　　　　　　　　20 000
　　　　贷：原材料　　　　　　　　　　　　　20 000
　　借：营业外支出——非常损失　　　　　　20 000
　　　　贷：待处理财产损溢　　　　　　　　　20 000

三、所得税费用

　　所得税费用包括当期所得税和递延所得税两个部分。当期所得税是指当期应交所得税。企业在计算确定当期所得税以及递延所得税费用(或收益)的基础上，应将两者之和确认为利润表中的所得税费用(或收益)，计算公式

　　所得税费用(或收益)=当期所得税+递延所得税
　　　　　　　　　　　=当期所得税+递延所得税费用(-递延所得税收益)

1. 当期所得税

　　应纳税所得额是在企业税前会计利润(即利润总额)的基础上调整确定的，计算公式

如下。

应纳税所得额=税前会计利润+纳税调整增加额-纳税调整减少额

纳税调整增加额主要包括税法规定允许扣除项目中，企业已计入当期费用但通过税法规定扣除标准的金额(如超过税法规定标准的工资支出、业务招待费支出)，以及企业已计入当期损失但税法规定不允许扣除项目的金额(如税收滞纳金、罚款、罚金)。

纳税调整减少额主要包括按税法规定允许弥补的亏损和准予免税的项目，如前五年内的未弥补亏损和国债利息收入等。企业当期应交所得税的计算公式

当期应交所得税额=应纳税所得额×所得税税率

【例7.19】甲饭店2010年度按企业会计准则计算的税前会计利润为10 000 000元，所得税税率为25%。全年实发工资为1 800 000元。职工福利费300 000元，工会经费40 000元，职工教育经费60 000元，假定全年无其他纳税调整因素。

税法规定，企业发生的合理的工资、薪金支出准予据实扣除；企业发生的职工福利支出，不超过工资、薪金总额14%的部分准予扣除；企业发生的工会经费，不超过工资、薪金总额2%的部分准予扣除；企业发生的职工教育经费支出，不超过工资、薪金总额2.5%的部分准予扣除，超过部分准予结转以后纳税年度扣除。

本例中，按照税法规定，企业在计算当期应纳税所得额时，可扣除工资、薪金支出1 800 000元，职工福利支出250 000(1 800 000×14%)元；工会经费支出36 000(1 800 000×2%)元；职工教育经费支出45 000(1 800 000×2.5%)元。

甲饭店当期所得税的计算如下。

纳税调整额=(300 000-250 000)+(40 000-36 000)+(60 000-45 000)=69 000(元)

应纳税所得额=10 000 000+69 000=10 069 000(元)

应交所得税额=10 069 000×25%=2 517 250(元)

2. 递延所得税

递延所得税，是指按照企业会计准则规定应予确认的递延所得税资产和递延所得税负债在期末应有的金额相对于原已确认金额之间的差额。

递延所得税=(期末所得税负债-期初所得税负债)-(期末所得税资产-期初所得税资产)

递延所得税负债期末大于期初或递延所得税资产期末小于期初，称之为所得税费用；相反，递延所得税负债期末小于期初或递延所得税资产期末大于期初，称之为所得税收益。

递延所得税费用=递延所得税负债增加额+递延所得税资产减少额

递延所得税收益=递延所得税负债减少额+递延所得税资产增加额

3. 所得税费用的账务处理

企业应根据会计准则规定，对当期所得税加以调整计算后，据以确认应从当期利润总额中扣除的所得税费用。

企业应通过"所得税费用"科目，可按"当期所得税费用"、递延所得税费用进行明细核算。

资产负债表日,企业按照税法规定计算确定的当期应交所得税,借记本科目(当期所得税费用),贷记"应交税费——应交所得税"科目。同时,企业根据递延所得税资产的应有余额大于"递延所得税资产"科目余额的差额,借记"递延所得税资产"科目,贷记本科目(递延所得税费用)、"资本公积——其他资本公积"等科目;递延所得税资产的应有余额小于"递延所得税资产"科目余额的差额做相反的会计分录。企业应予确认的递延所得税负债,应当比照上述原则调整本科目、"递延所得税负债"科目及有关科目。期末,应将本科目余额转入"本年利润"科目,结转后本科目无余额。

【例 7.20】 承例 7.19 甲饭店 2010 年递延所得税负债年初数为 400 000 元,年末数为 500 000 元,递延所得税资产年初数为 250 000 元,年末数为 200 000 元,甲公司的会计处理如下。

甲公司所得税费用的计算如下。

递延负债所得税费用=期末所得税负债-期初所得税负债
=500 000-400 000=100 000(元)

递延资产所得税费用=期初所得税资产-期末所得税资产
=250 000-200 000=50 000(元)

所得税费用=当期所得税+递延所得税费用=2 517 250+100 000+50 000
=2 667 250(元)

甲公司编制会计分录如下。

借:所得税费 2 667 250
 贷:应交所得税 2 517 250
  递延所得税负债 100 000
  递延所得税资产 50 000

四、本年利润会计处理

企业实现的利润(或亏损)总额,是通过"本年利润"科目进行核算的。期末将各损益类科目的余额转入"本年利润"科目,其中将收入科目的余额转入"本年利润"科目的贷方,将支出科目的余额转入"本年利润"科目的借方,结平各损益科目。结转后,"本年利润"科目如为贷方余额即为本期净利润,"本年利润"科目如为借方余额即为本期亏损。

为了正确地反映企业利润总额,在进行利润核算前,必须做好账目核对、财产清查和账项调整的工作,然后才进行收支项目的结转。

1. 账目核对

账目核对的具体内容包括:总分类账中各资产类及费用、成本类账户的余额之和应与各负债类、所有者权益类及收入类账户的余额之和核对相符;各总分类账户的期末余额应与其所统驭的各明细分类账户的余额之和核对相符;存货的各明细分类账户应与各相关的实物保管账核对相符;银行存款日记账应与银行对账单核对相符;应收、应付款和其他应收、其他应付款明细分类账户的记录应与往来单位或个人核对相符。

2. 财产清查

财产清查也就是账实核对，指对各种物资财产进行盘点和核对，以确定实际结存数并将账面余额与实存数额进行核对，做到账实相符。

3. 账项调整

账项调整是会计期末在账账相符和账实相符的基础上，依据权责发生制原则，对日常记录程序中没有原始凭证暂时忽略的会计事项进行调整。具体调整的内容包括：未耗成本、应计未记费用、预收收益、应计未记收益的调整。

(1) 未耗成本的调整，是指已领未用原材料"退料"的转账。

(2) 应计未记费用的调整，是指属于本期应负担的费用，在日常会计核算中没有取得原始凭证或尚未发生资金往来的会计事项。包括：固定资产折旧、低值易耗品摊销、无形资产摊销、递延资产摊销、本月尚未支付的职工工资、职工福利费、工会经费、教育经费、借款利息、营业税金及附加、已付待摊费用、坏账准备、各项减值准备的计提和交易性金融资产公允价值变动以及已批准核销的待处理财产损益等。

(3) 预收收益的调整，是指按协议或合同规定预收的货款、定金、租金或其他款项，在本期已经实现时，应作为收入处理。

(4) 应计未记收益的调整，是指某些收入项目在本期已经实现，但尚未取得现金或银行存款的项目。如银行存款利息、债券投资利息等。

4. 收支项目的结转

在账目核对、财产清查和账项调整之后，企业便可以将收支项目转入"本年利润"科目中，核算的一般程序如下。

(1) 结转当期收入，包括主营业务收入、投资收益、补贴收入、营业外收入等，将所有本期收入账户余额转入"本年利润"账户的贷方。

(2) 结转当期所有支出，包括主营业务成本、营业费用、营业税金及附加，管理费用、财务费用、营业外支出、所得税费和资产减值损失等，转入"本年利润"账户的借方。

(3) 结转本年利润总额，并转利润分配账户。

计算本月利润总额和本年累计利润，一般都采用"表结法"，每月末，损益类各科目的余额不需要结转到"本年利润"科目，只有到年度终了进行年度决算时，才用"账结法"将损益类各科目的全年累计余额转入"本年利润"科目。在"本年利润"科目中集中反映本年的全年利润及其构成情况。采用"表结法"计算利润，"本年利润"科目平时不用，年终使用，年度终了时都必须将"本年利润"科目结平，转入"利润分配——未分配利润"科目，结转后，"本年利润"科目应无余额。

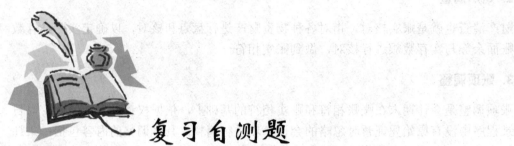

复习自测题

一、单项选择题

1. 下列各项中应计入其他业务收入的是( )。
   A. 转让固定资产所有权净收益 B. 罚款收入
   C. 出租无形资产收入 D. 股票发行收入
2. 企业取得与资产相关的政府补助,在收到拨款时,应该贷记( )科目。
   A. 营业外收入 B. 资本公积
   C. 递延收益 D. 实收资本
3. 下列各项中不应计入财务费用的是( )。
   A. 银行承兑汇票的手续费
   B. 生产经营期间长期借款费用化的利息
   C. 银行存款利息收入
   D. 销货单位发生的销售折让(非资产负债表日后事项)
4. 下列各项业务,在进行会计处理时应计入"管理费用"科目的是( )。
   A. 支付离退休人员工资 B. 固定资产盘亏损失
   C. 管理人员的工资 D. 计提坏账准备
5. 下列各项中可能计入"营业税金及附加"科目的是( )。
   A. 增值税 B. 消费税 C. 印花税 D. 车船税
6. 下列各项中影响营业利润的是( )。
   A. 当期确认的所得税费用
   B. 管理不善造成的库存现金短缺
   C. 接受现金捐赠
   D. 出售无形资产净损失
7. 某企业 2010 年 10 月主营业务收入为 200 万元,主营业务成本为 160 万元,管理费用为 10 万元,资产减值损失为 4 万元,投资收益为 20 万元。假定不考虑其他因素,该企业当月的营业利润为( )万元。
   A. 26 B. 30 C. 36 D. 46

二、多项选择题

1. 收入的特征表现为( )。

A. 收入是日常活动产生的，而不是从偶发的交易或事项中产生的
B. 收入与所有者投入资本有关
C. 收入会导致企业所有者权益增加
D. 收入包括代收的增值税

2. 下列各项中，不应计入商品销售收入的有（　　）。
   A. 已经发生的销售折让　　　　B. 应收取的增值税销项税额
   C. 实际发生的商业折扣　　　　D. 应收取的代垫运杂费

3. 下列各项均作为期间费用的有（　　）。
   A. 董事会会费　　　　　　　　B. 职工福利费
   C. 在建工程人员工资　　　　　D. 季节性停工损失

4. 在下列各项税金中，应在利润表的"管理费用"项目中反应的有（　　）。
   A. 车船税　　　　　　　　　　B. 城市维护建设税
   C. 印花税　　　　　　　　　　D. 房产税

5. 下列费用和支出中，不属于其他业务成本核算范围的有（　　）。
   A. 出租无形资产的摊销　　　　B. 处置投资性房地产结转的成本
   C. 出租无形资产缴纳的营业税　D. 生产用固定资产修理支出

6. 下列各项中影响工业企业营业利润的有（　　）。
   A. 发生的诉讼费　　　　　　　B. 发生的业务招待费
   C. 接受现金捐赠　　　　　　　D. 处置投资取得的净收益

7. 下列各项中，需调整增加企业应纳税所得额的项目有（　　）。
   A. 已计入投资收益的国库券利息收入
   B. 已超过税法规定扣除标准，但已计入当期费用的广告费支出
   C. 支付并已计入当期损失的各种税收滞纳金
   D. 未超标的业务招待费支出

三、简答题

(1) 什么是收入？收入的特征是什么？
(2) 收入确认的原则是什么？
(3) 如何对成本、费用进行分类？
(4) 企业利润总额是怎样构成的？
(5) 如何进行利润核算？
(6) 怎样理解"计入当期损益"？
(7) 管理费用包括那些内容？

四、实训题

甲企业 2010 年度利润总额为 200 万元，其中包括本年收到的国债利息收入 50 万元，该企业适用的所得税税率为 25%。

假定甲企业当年按税法核定的全年业务招待费可税前扣除的金额为 200 万元，全年实际发生业务招待费 180 万元；当年的营业外支出中，有 10 万元为税款滞纳金支出。除

上述事项外，甲企业无其他纳税调整事项。

要求：

(1) 计算甲企业 2010 年度应纳税所得额；
(2) 计算甲企业 2010 年度应交所得税额；
(3) 计算甲企业 2010 年度实现的净利润；
(4) 编制甲企业年末结平"所得税费用"科目的会计分录。

(答案中的金额单位用万元表示)

推荐学习书目

1. 企业会计准则(2006). 2006 年 2 月 15 日财政部发布，自 2007 年 1 月 1 日起施行
2. 企业会计准则——应用指南. 2006 年 10 月 30 日财政部发布，自 2007 年 1 月 1 日起施行
3. 财政部会计资格评价中心. 中级会计实务. 北京：经济科学出版社，2007
4. 财政部会计资格评价中心. 初级财务会计. 北京：中国财政经济出版社，2010
5. 李亚利，范英杰. 旅游会计(第 2 版). 天津：南开大学出版社，2004

第八章 饭店经营业务的核算

【本章导读】

本章先介绍了饭店的经营业务,客房部和餐饮部是两个核心营业部门,分别阐述收入和成本费用以及相关的定价、收银、审核、税费等内容。

【关键词】

客房价格　餐饮价格　毛利率　主营业务收入

主营业务成本　营业费用

【知识点】

通过本章的学习,要求了解经营业务核算的流程;掌握收入的种类和账务处理;熟悉成本和费用的内容及账务处理。

第一节 饭店经营业务概述

一、饭店的定义

饭店一词起源于法语,原意是指法国贵族在乡下招待贵宾的别墅。目前,饭店已经成为国际性的定义,《美利坚百科全书》有如下定义:饭店是装备完好的公共住宿设施,它一般都提供膳食、酒类以及其他服务。

二、饭店的功能

饭店的功能主要是指为满足宾客需求而提供服务所发挥的效用。饭店的最基本功能就是住宿和餐饮。其他功能是饭店为了满足宾客日益增长的需求而不断改善的结果,如购物功能;娱乐功能;康乐功能;商务功能;度假功能;会议功能;其他功能等。根据设施规模大小,饭店可分成小型饭店(客房299间以下)、中型饭店(客房499～300间)、大型饭店(客房500间以上)三种。

三、饭店基本经营项目与资产分布

饭店开展的基本经营活动一般有提供住宿、餐饮服务和购物等项目,它们分别由客房部、餐饮部等多个营业部门来承担。与此相应的经营条件称为饭店的资产,它包括流动资产和非流动资产两部分。流动资产表现为财务部的现金和银行存款、仓库的存货、尚未收回的账款等。非流动资产表现为按经营要求建造的房屋建筑物和购入的设备与车辆等固定资产以及在建工程等。饭店各营业部门和资产分布如图8-1所示。

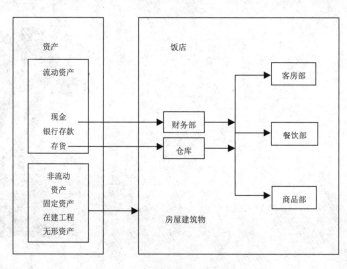

图8-1 饭店各营业部门和资产分布

饭店一开业，各部门为客人提供商品或劳务就会产生营业收入，同时耗用库存材料，使用耗费房屋设备，支付人工工资和水电费用等，每个部门都要按月以收抵支计算经营利润，整个饭店也要汇总计算经营成果。

下面就按饭店的客房部、餐饮部两个基本经营部门分别介绍其经营业务的会计核算。

第二节　客房部经营业务的核算

客房是饭店向旅客提供的最主要产品之一，饭店通过销售客房并向客人销售与此相关的系列服务，取得重要的收入来源。经济型饭店是以客房服务为主的，客房出租收入约占整个饭店营业收入的 90%以上。国内星级饭店一般都有配套设施，客房出租收入所占比例各不一样，高的约占整个饭店营业收入的 70%左右，低的也占到 50%左右。可见，搞好客房会计核算工作具有十分重要的意义。

一、客房产品与核算流程

1. 客房的分类

(1) 按房间划分，可分为标准间、单人间、套间和商务套间 4 种。

(2) 按房间在饭店中的位置划分，可分为外景房、内景房、角房、相邻房、连通房等。

(3) 按饭店星级标准划分，对不同星级的客房提出了不同的要求，可分为一星级、二星级、三星级、四星级和五星级 5 种。

2. 客房设备及用品配置

1) 客房的设备配置

客房的设备配置是客房产品质量的重要内容，也是满足客人需求的物质基础。客房的设备配置是由客房装饰与布置风格和要求决定的，主要包括装修、家具、电器和卫生间设备等四类，五星级饭店标准间的设备配置如下：①装修：装修有各种风格，造价各不相同。②家具：包括床铺、梳妆台、写字台、沙发、茶几、床头柜、餐桌椅、柜橱等。③电器：包括电视、音响、计算机、冰箱、电话、灯具、空调、电源插座等。④卫生间设备：包括恭桶、浴缸、喷头、洗漱台、大镜、用品陈放架等。

客房的等级规格不同，设备的设置和质量、数量要求也不相同。

2) 客房的用品配备

客房用品是满足客人需求的各种消费品，包括床上用品、日常消耗用品和卫生间用品。从客房用品在使用过程中的实际情况看，又分为客用一次性消耗物品和客用多次性消耗物品两种。每天每间客房配备耗用品金额约在 20 元左右。饭店客房用品配备参考表见表 8-1。随着绿色饭店的兴起，对客房的配备会大大减少。

表 8-1 饭店客房用品配备参考表

序号	分类	单位定额		配备额	
		单位	用品额度	1~2星级饭店	3星级以上饭店
1	床上用品	每床	床单2条,枕套2条,毛毯1条,床罩1条	2~3套	4~5套
2	窗帘	每窗	遮阳帘1条,薄质窗帘1条	1套	1套
3	茶叶	每房	单人房2~4袋,双人房加倍	6~8袋(每天)	8~10袋(每天)
4	卫生纸	每房	单人房1卷,双人房2卷	用完补充	每天换新
5	文具用品	每房	信封2~3个,信纸适量,笔1支	随用随补充	随用随补充
6	水杯	每床	单人房2只,双人房4只	适量储备	适量储备
7	暖水壶	每房	1只,套房2只	按房储备	按房储备
8	毛巾类	每客	面巾1条,浴巾1条,脚巾1条	2~3套定时换洗	3~4套每天换洗
9	洗涤用品	每客	洗头水,护肤油,浴帽,浴液,香皂,浴皂	根据需要	每客1份
10	其他		牙刷,拖鞋,梳子等	根据需要	每客1份

3. 客房部组织和核算流程

1) 客房部组织

客房部一般由楼层、公共区域、布件房和洗衣房构成。也有一些饭店把前台、大厅和商务中心等也合并进来,称之为前厅客房部,前厅客房部的组织结构如图8-2所示。

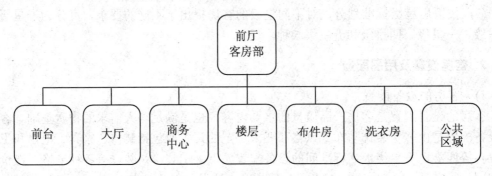

图 8-2 前厅客房部组织结构

2) 客房部会计核算流程

(1) 收入核算流程:自制定房价、和客户签订协议开始,每天各收银员把现金投入保险箱,午夜审核单据,第二天在入账前日审,总出纳交款,最后会计对收入确认入账。其中,收银员包括了前台、楼层房间迷你吧、洗衣房和商务中心等各岗位。

(2) 成本费用核算流程:从仓库领用的迷你吧商品、洗衣房的洗涤用品记入主营业务成本;从仓库领用的客房布草、客房耗用的一次性用品、清洁用品用具、低值易耗品等记入部门营业费用,记入营业费用的还有员工工资、水电费和折旧费等。

二、客房价格种类及定价方法

1. 客房的价格分类

在经营中,饭店可按实际情况制定房价,并明码标价,这个价格又称为标准房价。在标准房价的基础上打一定折扣,形成多种多样的价格,以适应市场需求的变化。但无论采取哪种价格,客房销售的入账价格都应当是出租客房的实际价格,只有按实际价格入账,才能准确计算营业收入。在实际工作中房价的种类多种多样,可进行如下分类。

1) 按租房对象分类

(1) 公司价或商务价,是指为经常提供客源的公司或旅行社给予一定优惠的房价。

(2) 团队或会议价,是指提供给团队和会议的低于门市价的优惠房价。

(3) 促销价,是指提供给为饭店带来收入的团队中某个个人的惠顾价,以示激励。

(4) 奖励价,是指为了争取潜在业务收入而提供给旅行社、航空公司、会议策划人等的价格。

(5) 家庭房价,是指为携带儿童的家庭保留的房价。

(6) 小包价,是指一间客房与其他活动如早餐、高尔夫、网球等结合在一起销售的价格。

(7) 赠送价,是指给特殊客人的房价,客人入住期间免收房费,但客人用餐、打电话等消费仍需要付款。

2) 按差价形式分类

(1) 季节差价,是指客房日租价的平季价、旺季价、淡季价之间的差价。多数饭店淡旺季价格之差都在 30%以上。

(2) 时间差价,是指每天不同时间的差价。一般当日入住价高于入住前预定的价格,当日晚 10 点后入住价高于 10 点前入住价等。

(3) 项目差价,常见的项目差价形式主要有两种,房价中不包餐费的计费方式;房价中包早餐的计费方式。

3) 按客房种类划分

按客房种类可分为,标准间租价、单人间租价、套间租价和总统间租价。

2. 客房定价方法

客房价格受到成本高低、物价涨跌、供求关系、季节淡旺、地理位置等多种因素的影响,所以,制定客房价格也是灵活多样的,其中,成本因素是定价的基础。在这里介绍两种常用的成本定价方法:考虑建筑装修费用的千分之一计价法和既考虑造价又考虑日常费用的量本利计价法。

1) 千分之一计价法

千分之一计价法是把客房的每 1 000 元建筑和装修成本设定为 1 元房价,其公式如下。

$$\text{平均每间客房租价} = \frac{\text{建造成本总额} \div \text{客房间数}}{1000}$$

这种方法注重饭店过去的建筑和装修成本，但没有考虑到通货膨胀、劳动力、家具补给和客房出租率水平等因素的影响，因此在定价决策时仅作基础价参考。

2) 量本利计价法

量本利计价法把过去建筑装修成本作为固定成本，日常消耗成本作为变动成本，结合销售量(出租率)情况和各类客房的获利条件(利润率)及税金等因素，计算出平均每天租价。定价过程分为计算保本出租率、每间客房每天的平均成本和客房平均每天租价三步。

第一步：计算保本出租率。

利润总额=主营业务收入(1-营业税率)-成本总额

=主营业务收入(1-营业税率)-变动成本总额-固定成本总额

=主营业务收入(1-营业税率-变动成本率)-固定成本总额

在上式中，当利润总额为正数时，为盈利；当利润总额为负数时，为亏损；当利润总额等于零时，为保本。

从上式中还可得出：

主营业务收入(1-收入利润率-营业税率)=成本总额

$$本期客房出租率 = \frac{本期实际出租客房间(天)数}{该饭店可出租房间(天)数} \times 100\%$$

$$年保本营业额 = \frac{年固定成本}{营业税率 - 变动成本率}$$

$$年客房保本出租率 = \frac{年保本营业额}{年实际营业额 \div 年实际平均出租率} \times 100\%$$

第二步：计算每间客房每天的平均成本。

$$客房保本出租租价 = \frac{全部出租时客房每间每天的固定成本}{客房保本出租率} + 客房每天每间的变动成本$$

$$客房每间每天的平均成本 = \frac{客房每年的总成本}{客房间数 \times 365 \times 客房保本出租率} \times 100\%$$

第三步：计算客房平均每天租价。

$$客房每日租价 = \frac{客房每间每天的平均成本}{1 - 利润率 - 税率}$$

三、客房主营业务收入的核算

1. 收银与稽核

1) 收银

收银工作是取得客房主营业务收入的第一个环节，收银员应按照饭店规定认真收好每一笔应收的款项，分别按现金、支票或信用卡进行归类登记收讫。收银员还应严格按照与客户签订的协议处理应收账款的签单业务。目前饭店收款普遍采取预收方式，即宾客入住饭店时，按预计住店天数预收押金，离店时多退少补。对签有信用协议的单位，事先可不预收押金，为客人提供服务后，定期或离店时一次性向客户结清账款。

2) 稽核(夜审与日审)

夜审人员午夜开始工作，根据收银员编制的报表、账单和发票等资料，核对饭店各项收入，并纠正出现的差错和问题。检查免费房、折扣房的手续和权限。完成每天住店宾客房费挂账及其他数据的计算机操作，负责饭店计算机系统数据更新，保障饭店计算机系统数据的完整性和连续性。按规定打印需要保存的各类报表，并保证报表数据准确。编制《饭店销售收入日报表》。记录《夜审日志》，详细说明夜审过程中发现、发生的有关问题，以及解决措施或处理建议。日审人员次日早晨与夜审交接，核查饭店各项收入单据，保证其及时、正确、合法，为饭店收入凭证记账工作提供准确的相关资料。交接、整理有关应收账的账单和数据，为应收账款的及时回收提供依据。解决、处理收银员或服务员出现的差错，及时反馈至收银处或其他营业部门，借此监督、指导饭店的收银工作。日审人员还负责账单、发票、报表的整理、装订和保管。编制营业收入日报表，将审核无误的单据和报表交会计人员作入账处理。

2. 客房营业收入账务处理

会计人员应按《企业会计准则第 14 号——收入》有关规定对本日营业收入进行确认。客房营业收入依据上述准则确认后作账务处理。客房营业收入就是客房销售，确认时间区间为每天从 0 点到 24 点钟，在此期间客房一经出租，即客人办完入住手续迁入房间，则不论房租是否收到，夜审人员在午夜都作销售处理，第二天由会计人员记入营业收入。

为了正确核算饭店的营业收入，应在"主营业务收入"科目项下设置"客房收入"科目进行明细核算。"主营业务收入"科目属于损益类科目，取得收入时贷记本科目表示增加，年末结账时从借方转出。取得收入时的账务处理，一般分两个步骤，第一步：每日收到宾客的押金时：借记"现金"、"银行存款"，贷记"应收账款"。第二步：按收入确认的要求把当日实现的收入入账：借记"应收账款"，贷记"主营业务收入"。

【例 8.1】 某饭店 2010 年 4 月 17 日入住宾客 303 人，收到现金 201 355 元，支票和信用卡 150 060 元，协议单位签字金额 345 067 元。当日确认的主营业务收入见表 8-2，对本日营业收入相关业务进行会计处理如下。

(1) 收到押金时，编制如下会计分录。

借：现金　　　　　　　　　　　　　　201 355
　　银行存款　　　　　　　　　　　　150 060
　　应收账款——宾客　　　　　　　　345 067
　　贷：应收账款——预收押金　　　　　　　　　696 482

(2) 确认收入时，依据《营业收入日报表》结转当日房租收入，编制如下会计分录。

借：应收账款——宾客　　　　　　　　144 385
　　贷：主营业务收入——客房收入——A 楼　　82 137
　　　　　　　　　　——客房收入——B 楼　　60 683
　　　　　　　　　　——客房收入——楼层酒吧　1 508
　　　　　　　　　　——客房收入——其他　　　57

表 8-2 某饭店客房部营业收入日报表

报表日期：2010-4-17　　　　　　　　　　　　　　　　　　　　　　　　　单位：元

项目	人数	房租	酒水	服务费	其他	合计	本月合计	本年累计
A 楼	146	70 694		11 443		82 137	455 918	2 966 021
B 楼	157	51 965		8 718		60 683	354 273	2 372 677
楼层酒吧			1 508			1 508	10 677	79 759
客房其他				47	10	57	581	49 327
合计	303	122 659	1 508	20 208	10	144 385	821 449	5 467 784

批准：孙莉　　　　　　　审核：刘新　　　　　　　制表：梦嘉

四、客房营业成本和费用的核算

1. 客房主营业务成本的核算

从理论上看，客房经营过程中发生的各项直接耗费均应构成客房营业成本，但是，实际上除客房中迷你吧耗用的商品、洗衣房耗用的洗涤耗料可作为主营业务成本核算外，客房其他日常费用开支较少，而且直接费用、间接费用不容易分清，为简化核算，一般都列作营业费用处理。

为了正确核算营业成本，按《企业会计准则——应用指南》的规定，应设置"主营业务成本"科目，可按具体项目设置明细账。"主营业务成本"科目属于损益类科目，其借方表示增加，贷方表示减少，期末若有余额做假退库处理。

【例 8.2】 某饭店客房部楼层酒吧本月从仓库领商品 2 000 元，洗衣房本月从仓库领用洗涤用品一批 5 000 元，月末盘点，酒吧商品为 200 元，洗衣房材料 150 元，编制会计分录如下。

(1) 从仓库领料

　　借：主营业务成本——客房部——楼层酒吧　　2 000
　　　　　　　　　　——客房部——洗衣房　　　5 000
　　　贷：原材料——食品原材料　　　　　　　　2 000
　　　　　　　——物料用品　　　　　　　　　　5 000

(2) 期末盘点时，将结存余额红字冲回，做假退库手续。

　　借：主营业务成本——客房部——楼层酒吧　　200(红字)
　　　　　　　　　　——客房部——洗衣房　　　150(红字)
　　　贷：原材料——食品原材料　　　　　　　　200(红字)
　　　　　　　——物料用品　　　　　　　　　　150(红字)

(3) 次月初补记，编制如下会计分录。

　　借：主营业务成本——客房部——楼层酒吧　　200

　　　　——客房部——洗衣房　　　　150
　　贷：原材料——食品原材料　　　　　200
　　　　——物料用品　　　　　　　　　150

2. 客房营业费用的核算

　　营业费用是饭店各营业部门在经营中发生的各项费用。客房耗费中除记入主营业务成本以外的，其他费用都归入客房营业费用中。营业费用的内容包括：房屋及有关设备的折旧费、低值易耗品摊销费、部门经营人员工资、物料消耗费、水电费、办公费、差旅费、邮电费、服装费等。对这部分内容的核算，应设置相应的会计科目和账户来反映，但在《企业会计准则——应用指南》中没有单独列示，因此根据会计科目设置的原则，结合饭店行业的特点，增加出一个"营业费用"的会计科目。

　　"营业费用"科目所设的账户属于损益类账户，其借方登记营业部门发生的各项费用，贷方登记转出数，年末将账户余额转入"本年利润"账户，结转后该账户无余额。

　　【例 8.3】　某饭店客房部在本月发生房屋设备折旧费 160 000 元，部门人员工资 20 000 元，客房用品消耗 30 000 元，水电费 5 000 元，办公费 1 000 元，差旅费 2 000 元，邮电费 200 元，编制会计分录如下。

(1) 计提折旧。
　借：营业费用——客房部——折旧费　　160 000
　　　贷：累计折旧　　　　　　　　　　　　　160 000
(2) 分配客房部职工工资。
　借：营业费用——客房部——工资费　　20 000
　　　贷：应付职工薪酬　　　　　　　　　　　20 000
(3) 客房部耗用各类用品。
　借：营业费用——客房部——物料销耗费　30 000
　　　贷：原材料——物料用品　　　　　　　　30 000
(4) 客房部耗用水电费。
　借：营业费用——客房部——水电费　　5 000
　　　贷：银行存款　　　　　　　　　　　　　5 000
(5) 客房部耗用办公用品。
　借：营业费用——客房部——办公用品费　1 000
　　　贷：原材料——物料用品　　　　　　　　1 000
(6) 客房部人员差旅费。
　借：营业费用——客房部——差旅费　　2 000
　　　贷：银行存款　　　　　　　　　　　　　2 000
(7) 客房部邮电费消耗。
　借：营业费用——客房部——邮电费　　200
　　　贷：银行存款　　　　　　　　　　　　　200

　　值得注意的是，在实际工作中许多饭店对营业部门的这些营业费用，按可控性来分类核算与管理，多数饭店把折旧费、水电费等费用列为部门不可控费用，直接归入了管理费用中进行核算，其他费用留到营业部门核算。

第三节 餐饮部经营业务的核算

餐饮部是饭店的重要组成部分,餐饮部是指从事加工烹制餐饮食品,即供应给顾客食用的部门。其经营范围广、种类多,有中餐,西餐,宴会、酒吧,经营方式有宴会、包餐、点菜等。餐饮收入一般约占饭店主营业务收入的 1/3 左右,是饭店营业收入的重要来源之一,餐饮部简化的组织结构如图 8-3 所示。

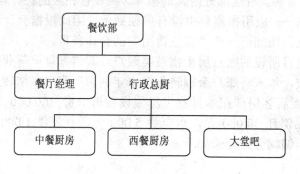

图 8-3 餐饮部组织结构

一、餐饮部会计核算的特点

(1) 生产过程短,随产随销。从业务经营活动的组织来看,它是一个完整的产、供、销过程,生产、加工、商品销售和旅游服务融合在一起,生产周期短,随产随销,采购频繁,在制品占比例很小,核算也较为简化。

(2) 经营方式灵活,收入弹性大。饮食产品的经营方式多种多样,有中餐、西餐、宴会、酒吧等。同一餐厅中可经营不同的菜系和品种,原材料品种多,进价季节变化大,就餐的旅客又来自不同的地区,有着不同的消费水平,因此,餐饮企业的经营方式灵活多变,收入弹性较大。所以要求价格管理上比较灵活,要在严格核算成本的基础上准确掌握毛利率,随行就市。

(3) 成本构成复杂,不易控制。饮食产品的原材料有鲜活品、干货、半成品、各种瓜果等,很多原材料不可直接食用。同时,原材料配制比例和产品的加工方法各不相同,加工过程中损耗程度区别很大。因此,成本构成复杂,对每种产品也无法分批分件地进行成本计算,成本费用不易控制。可以要求加强动态控制,通过毛利率指标核算,随时掌握实际成本消耗,不断降低成本消耗,提高经济效益。

二、餐饮营业收入的核算

1. 餐饮收入核算的基本要求

(1) 做好销售价格的计算控制工作。设有操作经验的专职或兼职物价员计算各类食品、菜肴的销售价格，并由财会部门稽核审查售价。

(2) 建立健全收款点，营业员工作岗位责任制，保证日清月结，产销核对，账款相符。

(3) 每日营业终了，由收款员填报"营业收入日报表"，连同账单和收取款项，封入夜间保险柜，次日晨由总出纳审核点收，将应收账款挂账，并将现金、支票存入银行。

2. 餐饮销售价格的确定

餐饮饭菜价格分为正确计算原材料成本和合理掌握毛利率两个部分。

餐饮制品售价=原材料成本+毛利

原材料成本的构成，包括饮食品的主料、配料、调料和这些原材料的合理损耗。不合理的原材料损耗不计入成本。如有能够利用做食品的下脚料，应适当作价，并冲减原来的原材料成本。

毛利包括费用、税金和利润三部分，为了便于计算和管理，可以综合计算，定出毛利率。毛利率的算法有两种，内扣毛利率和外加毛利率。

1) 内扣毛利率算法

销售毛利率(内扣毛利率)=毛利/销售价格

销售毛利率(内扣毛利率)=费用率+税金率+利润率

餐饮制品售价=投料定额成本/(1-内扣毛利率)

【例 8.4】 某饭店餐厅制作清蒸鲤鱼一份，用料是，新鲜鲤鱼净料 23.00 元，辅料 3.00 元，调料 1.00 元，内扣毛利率订为 55%，求该菜肴的售价。

清蒸鲤鱼售价=(23+3+1)/(1-55%)=60.00(元)

2) 外加毛利率算法

成本毛利率(外加毛利率)=毛利/原料成本

产品售价=产品原料成本×(1+外加毛利率)

3) 内扣毛利率与外加毛利率的互为换算

内扣毛利率=外加毛利率/(1+外加毛利率)

外加毛利率=内扣毛利率/(1-内扣毛利率)

食品、菜肴的销售价格是在投料成本定额基础上加一定内含毛利率或加成率，通过编制成本及售价计算表确定的。成本及售价计算表，既是餐饮部门投料控制的标准，又是国家物价部门进行物价控制的依据。

3. 餐饮部收入账务处理

为了总括反映餐饮部门营业收入情况，应在"主营业务收入"科目项下设置"餐饮收入"科目进行明细核算。以提供劳务，收到货款或取得收取货款的凭据时确认营业收入的实现。企业实现主营业务收入，应按实际价款记账。借记"银行存款"、"现金"、"应收账款"等科目，贷记"主营业务收入——餐饮收入"科目。应根据自身管理的需要，对主营业务收入进行适当的分类，并设明细科目进行核算。

【例 8.5】 某餐饮部报来当日营业收入日报及缴款单，收到现金 62 300 元，支票和刷信用卡 36 700 元，签单赊账 40 902 元，具体营业收入见表 8-2。

表 8-2　某饭店餐饮部营业收入日报表

报表日期：2010-4-17　　　　　　　　　　　　　　　　　　　　　　　　　　单位：元

序号	营业项目	人数	食品	酒水	服务费	其他	本日合计	本月合计	本年合计
1	中餐零点	34	3 877	420	439		4 736	53 284	467 680
2	中餐宴会	434	62 442	16 981	1 984	5 742	87 149	186 860	1 204 708
3	西餐厅	187	24 062	1 275	2 005		27 342	158 258	1 143 338
4	送餐服务	11	638	295	140		1 073	6 147	28 185
5	日餐厅	79	13 519	1 470	481		15 470	75 457	499 736
6	大堂吧	61	208	2 871	432		3 511	27 452	159 172
	合计	806	104 746	23 312	5 481	5 742	139 281	507 458	3 502 819

批准：张彭　　　　　　　　审核：李泉　　　　　　　　制单：王福

根据日报表和有关凭证编制会计分录如下。

借：现金　　　　　　　　　　　　　　　　　　　62 300
　　银行存款　　　　　　　　　　　　　　　　　36 700
　　应收账款　　　　　　　　　　　　　　　　　40 902
　贷：主营业务收入——餐饮收入——中餐零点　　4 736
　　　　　　　　　——餐饮收入——中餐宴会　　87 149
　　　　　　　　　——餐饮收入——西餐厅　　　27 342
　　　　　　　　　——餐饮收入——送餐服务　　1 073
　　　　　　　　　——餐饮收入——日餐厅　　　15 470
　　　　　　　　　——餐饮收入——大堂吧　　　3 511

三、餐饮主营业务成本的核算

　　饭店的餐饮成本包括直接耗费的各种原材料、调料、配料成本，其实际成本，应按照买价和可直接认定的运杂费、保管费以及缴纳的税金等确定。以中餐为例，餐饮成本核算流程如图 8-4 所示。

　　成本核算流程中，有采购部、验收、厨房、仓库和财务部 5 个重要环节，它们共同控制着采购单价、品种、规格、数量和质量，达到降低成本的目的。一般来说，饭店按年度预算确定月度采购金额，对鲜活原材料或临时需要的材料由厨房向采购部直接提出请购单，对适合储藏、用量又较大的粮食、调料和物料用品等由仓库人员向采购部提出请购单。

　　在实际工作中，采购的各种材料由验收员验收，经仓库或厨房确认后，验收员填写入库单、经手人签字，输入计算机系统。厨房根据需要从仓库领材料时，要由厨师长填写三联出库单，厨房人员到仓库领料，经手人签字后仓库保管员将数据输入计算机。然后由仓库保管员将一联出库单交财务部核对。期末，由厨房经济核算员盘点厨房尚未消耗的材料，财务部成本核算员参加盘点或抽点。分别按食品材料和酒水材料编制成本月报表，通过事先规定的毛利率考核成本指标，分析成本高低的原因，帮助厨房加强成本控制。

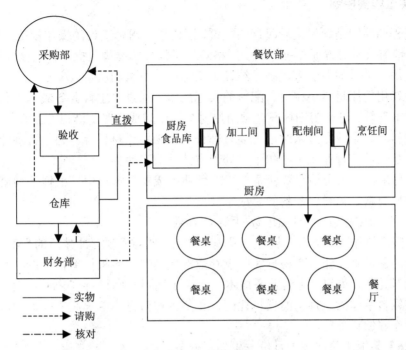

图 8-4　餐饮成本核算流程

由于餐饮制品种类繁多难以计算单位餐饮制品的成本，可以对贵重菜肴进行重点管理，或使用分类毛利率按类别控制。对标准宴会可以通过综合毛利率来管理。

成本核算流程中的重点还是在厨房。厨房的生产线流程主要包括原材料加工、用料配制、菜肴烹调三个方面。原材料加工可分为：粗加工(动物宰杀等)，精加工、干货涨发等。用料配制可分为：热菜配制、冷菜配制。菜肴烹调可分为：热菜制作、冷菜制作、打荷制作、面点制作。

1. 加工过程的控制，首先对加工数量进行控制

凭厨房的净料计划单组织采购、实施加工，首先达到控制数量的目的。加工出净率的控制，由加工人员按不同品种的原料，加工出不同档次的净料交给发货员验收，提出净料与边角料的比例，登记入账后发放到各位使用者。加工质量控制是加工过程控制的重要环节，加工的质量直接关系到菜肴的色、香、味、形。因此，采购、验收要严格按质量标准，控制原料质量。加工员控制原料的加工形成、卫生、安全程度，凡不符合要求的原料均由工序终点者控制，不得进入下一道工序，处理后另作别用。

2. 配制过程的控制

配制过程的控制是食品成本控制的核心，杜绝失误、重复、遗漏、错配、多配，是保证质量的重要环节，应做到凭订单和账务员的签章认可，厨师方可配制，并由服务员将所点的菜肴与订单进行核对，从而加以相互制约。必须进行称量控制，按标准菜谱、用餐人数进行称量，做到既避免原料浪费又确保菜肴质量。

3．烹调过程的控制

烹调过程的控制是确保菜肴质量的关键，因此要从厨师烹调的操作规范、出菜速度、成菜温度、销售数量等方面加强控制。严格督导厨师按标准规范操作，实行日抽查考核。用定厨、定炉、定时的办法来控制、统计出菜速度、数量和质量。

饭店按耗用的原材料、调料、配料的实际成本，通过"主营业务成本"科目项下设置"餐饮成本"科目进行明细核算。领用原材料等结转成本时，借记"主营业务成本"，贷记"原材料"。企业在月末时，可能有部分已领未用原材料等，为了正确计算本月营业成本，应从已结的营业成本中扣除。处理方法一般有两种。

(1) 将月末已领未用结存数保留在"主营业务成本"账户中，根据下列公式计算确定本月耗用原材料、调料、配料的总成本。

总成本=月初结存数+本月领用数-月末结存数

(2) 按假退料作账务处理。从营业成本中冲减月末结存数，冲减后的数额为原材料、调料、配料的总成本，即月末根据实际盘存数额填制红蓝字领料单各一份，用红字领料单作月末退料凭证，借记"主营业务成本"(红字)，贷记"原材料"等(红字)，作假退料处理。蓝字领料单作为下月初的领料凭证，在下月初借记"主营业务成本"，贷记"原材料"等，作假领料处理。

【例 8.6】 某饭店餐饮部 1 月份发生如下业务。

(1) 全月领用主料 8 000 元，调料 500 元，配料 500 元，酒水 4 000 元，编制会计分录如下：

  借：主营业务成本——餐饮成本——食品成本 9 000
         ——餐饮成本——酒水成本 4 000
   贷：原材料——食品原材料——主料 8 000
       ——食品原材料——调料 500
       ——食品原材料——配料 500
       ——食品原材料——酒水 4 000

(2) 月末盘点结存主料 400 元，调料 100 元，配料 300 元，酒水 300 元，编制会计分录如下：

  借：主营业务成本——餐饮成本——食品成本 800(红字)
         ——餐饮成本——酒水成本 300(红字)
   贷：原材料——食品原材料——主料 400(红字)
       ——食品原材料——调料 100(红字)
       ——食品原材料——配料 300(红字)
       ——食品原材料——酒水 300(红字)

(3) 次月初补记，编制如下会计分录。

  借：主营业务成本——餐饮成本——食品成本 800
         ——餐饮成本——酒水成本 300

贷：原材料——食品原材料——主料		400
——食品原材料——调料		100
——食品原材料——配料		300
——食品原材料——酒水		300

饭店自身发生的各项营业费用和管理费用的核算与第七章第二节所述相同，在此不再赘述。

第四节 饭店税金的核算

饭店经营业务涉及的流转税有：营业税、城市建设维护税、教育费附加、增值税等。客房收入、餐饮收入和娱乐收入均缴纳营业税。除娱乐收入按 5～20%的幅度税率计算税金外，均按 5% 计营业税。商品销售收入缴纳增值税，一般纳税人按 17%计算，小规模纳税人按 3%计算增值税。在缴纳营业税或增值税的同时，计算缴纳城市建设维护税和教育费附加。

一、客房和餐饮收入的营业税金及附加

根据我国现行税法规定，饭店取得客房收入必须按月计纳税率5%的营业税，同时，按营业税额的 7%交纳城市维护建设税、3%教育费附加以及按照地方法规计纳地方附加税。

【例 8.7】 某饭店本月取得客房营业收入总额 100 000 元，根据规定并计算应纳税额如下。

应交营业税额=10 000×5%=5 000 元

应交城市维护建设税额=5000×7%=350 元

应交教育费附加=5000×3%=150 元

根据上述计算结果编制有关会计分录如下。

(1) 本月末提取应交营业税及附加时编制如下会计分录。

借：营业费税金及附加	5 500
贷：应交税费——应交营业税	5 000
——应交城市维护建设税	350
——教育费附加	150

(2) 次月初，交纳上月份营业税金及附加时编制如下会计分录。

借：应交税费——应交营业税	5 000
——应交城建税	350
——教育费附加	150
贷：银行存款	5 500

二、娱乐部营业税金及附加

饭店内设娱乐业项目的要按 5～20%的税率缴纳营业税。中华人民共和国营业税暂行条例规定，娱乐业指歌厅、舞厅、卡拉ＯＫ歌舞厅、音乐茶座、台球、高尔夫球、保龄球、游艺厅20%。饭店实际经营中，娱乐业的营业额为经营娱乐业收取的全部价款和价外费用，包括门票收费、台位费、点歌费、烟酒、饮料、茶水、鲜花、小吃等收费及经营娱乐业的其他各项收费。

税率的具体核定情况各省不尽相同，江西省从 2005 年开始，台球、高尔夫球、保龄球等项目按5%征收，歌厅、舞厅、卡拉OK歌舞厅等按20%征收。辽宁省自2009年1月1日起，全省娱乐业中的台球、保龄球按5%的税率征收营业税，高尔夫球按7%的税率征收营业税，歌厅、舞厅、卡拉 OK 歌舞厅(包括夜总会、练歌房、恋歌房)、音乐茶座(包括酒吧)、游艺(如射击、狩猎、跑马、游戏机、蹦极、卡丁车、热气球、动力伞、射箭、飞镖等)、网吧及其他娱乐项目按10%的税率征收营业税。

饭店应将娱乐业项目单独核算，依法缴纳营业税。期末营业税和城市维护建设税、教育费附加同时交纳，其账务处理与客房部相同。

复习自测题

一、单项选择题

1. 用千分之一计价法为客房定价的优点是( )。
   A. 考虑了饭店过去的建筑和装修成本 B. 考虑了通货膨胀压力
   C. 考虑了劳动力价格 D. 考虑了客房出租率水平
2. 某酒店客房部水电费、办公费等的核算应该通过( )账户完成。
   A. 其他业务成本 B. 主营业务成本 C. 销售费用 D. 营业费用
3. 某菜品需用里脊肉净料 15 元，辅料 2 元，调料 1 元，内扣毛利率为 45%，则该菜品的售价应为( )元。
   A. 23 B. 18 C. 27 D. 32.7
4. 某饭店本月取得客房营业收入总额为 20 000 元，则其应缴纳的城市维护建设税为( )元。
   A. 1000 B. 70 C. 30 D. 4000
5. 收到入住客人押金时，应作的会计分录为( )。
   A. 借：库存现金

　　　　贷：主营业务收入
　　B. 借：库存现金
　　　　贷：应收账款
　　C. 借：主营业务收入
　　　　贷：应收账款
　　D. 借：应收账款
　　　　贷：主营业务收入
6. "主营业务成本"科目中期末若有余额，则(　　)。
　　A. 从借方转出　　　B. 不做处理　　　C. 做假退库处理　　　D. 从贷方转出
7. 饭店经营中娱乐收入的营业税计算比率为(　　)。
　　A. 5%　　　　　　　　　　　　　　B. 7%
　　C. 3%　　　　　　　　　　　　　　D. 5%～0%的幅度税率

二、多项选择题

1. 下列属于饭店客房定价方法的是(　　)。
　　A. 量本利计价法　　　　　　　　　B. 千分之一计价法
　　C. 内扣毛利率法　　　　　　　　　D. 外加毛利率法
2. 下列各项中，计入客房"主营业务成本"科目的有(　　)。
　　A. 客房一次性客用品的损耗　　　　B. 楼层酒吧领用的商品
　　C. 洗衣房领用的洗涤用品　　　　　D. 客房部工作人员的工资
3. 下列属于餐饮部会计核算的特点的有(　　)。
　　A. 会计科目设置简单，业务单一　　B. 生产过程短，随产随销
　　C. 经营方式灵活，收入弹性大　　　D. 成本构成复杂，不易控制
4. 下列应计入客房部营业费用的有(　　)。
　　A. 客房部员工工资　　　　　　　　B. 水电费
　　C. 折旧费　　　　　　　　　　　　D. 低值易耗品
5. 餐饮收入核算的基本要求有(　　)。
　　A. 做好销售价格的计算控制工作
　　B. 建立健全收款点，营业员工作岗位责任制
　　C. 日清月结，产销核对，账款相符
　　D. 每日营业终了，需将"营业收入日报表"，账单和收取的款项封入夜间保险柜，次日晨由出纳审核点收，并做相应处理

三、简答题

(1) 客房营业收入是如何确认的？
(2) 收银、夜审、日审、入账工作是如何组织的？
(3) 客房定价方法包括哪些内容？
(4) 餐饮成本的内容是怎样确定的？
(5) 饭店应该怎样合理确定缴纳营业税金？

(6) 饭店如何控制餐饮成本？

(7) 客房、餐饮部门营业费用和管理费用如何划分？

四、实训题

实训一

目的：练习饭店客房部经营业务的核算。

某饭店 6 月份的部分经营业务如下。

(1) 6 月 4 日，客房从仓库领出烟缸 10 只，单价 32 元/只，毛巾 20 条，单价 8 元/条，共计 480 元。

(2) 6 月 10 日，客房部张磊自己垫支出差，回来报销差旅费 1 000 元。

(3) 6 月 15 日，顾客辛伟到前台办理入住手续，预订住 2 天，每天房价 800 元，预收押金 1 600 元。

(4) 6 月 17 日，顾客辛伟如期结账，除每天 800 元外，每天外加餐费 200 元，除押金抵付外，另付现金 400 元。

要求：编制会计分录。

实训二

目的：练习饭店餐饮部经营业务的核算。

某饭店 6 月份的部分经营业务如下。

(1) 6 月 1 日，厨房验收采购员从市场买来肉、蛋、蔬菜一批，计 6 000 元。

(2) 6 月 3 日，厨房从仓库领出冻猪肉 100 千克，每千克 16 元，计 1 600 元。

(3) 6 月 7 日，厨房从仓库领用碗 20 只，每只 3 元，筷 10 打，每打 5 元，共计 110 元。

(4) 6 月 14 日，销售清蒸甲鱼上等名菜一份，每份清蒸甲鱼用甲鱼一只重 0.5 千克，每千克 200 元，其他调配料 1 元，销售毛利率定为 40%，请计算菜价。

(5) 6 月 30 日，厨房盘点有猪肉 20 千克，每千克 16 元，共计 320 元，做假退料手续。

要求：编制会计分录。

推荐学习书目

1. 企业会计准则(2006). 2006 年 2 月 15 日财政部发布，自 2007 年 1 月 1 日起施行
2. 企业会计准则——应用指南. 2006 年 10 月 30 日财政部发布，自 2007 年 1 月 1 日起施行
3. 李亚利，郭郢. 饭店财务会计. 天津：南开大学出版社，2005

第九章 旅行社和旅游景区经营业务核算

【本章导读】

本章分两大部分,即旅行社经营业务和旅游景区经营业务的核算。在介绍经营业务特点的基础上,先讲解了旅行社组团和地接及其收入、成本费用的账务处理,接着阐述了旅游景区"收支两条线"的核算内容。

【关键词】

包价法　组团收入　地接收入　组团成本　地接成本
单团核算　收支两条线　景区收入(应缴财政专户款)
景区费用(事业支出)

【知识点】

了解旅行社经营业务的内容;熟悉旅行社主营业务收入的核算;掌握旅行社成本费用和税金的核算;了解景区收入和费用的表现形式,熟悉旅游景区事业单位"收支两条线"核算内容和方法。

第一节　旅行社经营业务核算

一、旅行社分类

　　旅行社是旅游业的媒体，是旅游者与饭店、餐馆、车船公司、娱乐部门联系的一条纽带。旅行社的主要业务是招徕、联系、安排接待等一系列服务工作。旅行社可分为组团社和地接社。某旅行社当接待外地旅行社送来的旅行团时就被称为地接社，当组织游客到外地旅游时就被称为组团社。一般来说，一个旅行社既是组团社，又是地接社。

　　组团社负责根据国内外旅游者不同的要求，将旅游者组成各类旅行团，并负责旅行团在当地的游览活动。

　　各地接社是按照旅行团的活动计划在不同地点提供导游、餐馆、住宿、交通、游览、购物、娱乐等一系列服务。它主要通过向旅游者提供一系列服务工作取得收入。

二、旅行社定价

　　旅行社的营业收入是企业利润的来源，是由价格和数量决定的。科学合理地制定旅行社价格是旅行社经营的关键环节。

　　旅行社价格(收费标准)制定有如下两种常用方法。

　　(1) 包价法。即事先按旅游团人数计算住宿、用餐、交通、门票、导游和其他项目的总开支，乘以外加毛利率(一般为 6%~8%)，再计算出每位旅行者应承担的开支来确定。

　　　　　开支总和=餐费+住宿费+交通费+门票+导游费+其他
　　　　　应收旅游费总额=开支总和(1+外加毛利率)
　　　　　每个旅游者旅游费金额=旅游费总额÷总人数

　　采用这种方法时，因市场价格波动时，收费标准一般不得变更。此方法要求旅行社有科学严谨的定价管理机制，采购部门与车队、饭店、景区之间有合理的定价预期，外联部门与其组团社有良好的协作关系，保持制定价格的相对稳定，此法是目前旅行社最基本的定价方法。

　　(2) 小包价法，也称有选择的旅游价。此种包价中仅包括往返机票、房费、餐费、当地接送服务、导游服务费和其他项目。这里所指的其他项目内容则根据组团竞争的需要有多有少。包价之外的项目在当地根据选择现付。

　　组团社和地接社制定包价的依据是相同的。一般都根据旅行团行程计划，进行成本预测后制定旅行团包价。旅行团的行程计划是旅游者旅游日程的具体安排，包括旅行团来自的地区、名称、人数、抵离城市及时间、交通工具、住宿标准、餐饮标准等。旅行社定价部门根据旅行团行程计划规定的食、住、行等情况和财务部门根据行程计划计算编制的"旅行团费用预算表"，确定每人的综合服务包价及旅行团包价，并报财务部门审核控制。

旅行社一般根据旅游者的消费水平，对同一旅游路线设置标准、豪华、经济等多种不同包价，此外，还应考虑旅行团的人数。旅行团的成本可以分为固定成本与变动成本两部分。变动成本随人数的增加而增加，如房费、餐费等，固定成本在一定的范围内，不受人数变化的影响，如汽车租车费。一个 15 人的 A 旅行团与一个 20 人的 B 旅行团，同样都需要提供一辆二十座以上的中型客车。假设二团行程相同，那么租车费用也必然相等。但每个旅游者的平均交通费则 A 团一定大于 B 团。再如导游、翻译人员费用等，一个旅行团人数越多，分摊到每位旅客的费用就越少，所以旅行社收取的综合服务费的标准根据人数不同，设有多种档次。为了鼓励旅游者组成大型旅行团，一般规定凡一个旅行团人数达到 16 人的，可以免收一个游客的房费和国际机票等费用，俗称"十六免一"，依次类推，但免费人数最多不超过 10 人。

三、旅行社主营业务收入

1. 旅行社主营业务收入的内容

旅行社业务是旅游业的枢纽。它担负着招徕游客、联系、安排接待服务等工作。旅行社主营业务收入主要有组团外联收入、综合服务收入、零星服务收入、地游及加项收入、劳务收入、票务收入和其他服务收入等七项构成内容。

我国目前组织旅行团的收费方式，主要采用费用包干方式，即旅游者按照旅游路线和旅行天数向当地旅行社一次交清旅游费用。以后如果没有特殊需要，旅游者不需要再付费用。这种向旅游者一次性收取的费用称为外联组团收入。它一般包括旅游者的住房费、餐饮费、交通费、景点游览费、旅行社的服务费。

除旅游者从组团地到接团地的交通费、服务费一般由组团社支付，其他费用都由组团社拨付给地接社，再由地接社支付给相关的饭店、餐馆、车船公司、旅游景点，这部分拨付款称为拨付的综合服务费用，构成地接社的综合服务收入。

旅游者，除大多数以旅行团的方式旅游外，也有少数是个别旅行的。他们到达旅游地后，根据各自的情况，参加旅行社就地组织的旅行团，俗称"一日游"、"二日游"等团队进行游览。旅行社组织这样的旅行团，有的只包景点费用，有的只包餐费或只包一部分餐费，有的代订住宿等。根据包价费用内容不同，收费标准也不同。这种旅行接待零散旅游者和承办委托服务事项所得的收入，称为零星服务收入。

综合服务费所包含的内容是事先明确规定的。如果旅游者要求提供额外的服务，如旅游者要求品尝地方风味食品，或者要求住高于旅行社所提供住房标准的房间等，要按规定的标准加收费用。这些费用，一般由旅游者就地支付。这种旅行社向旅游者要求增加包价外旅游项目等加收的费用，称为地游及加项收入。劳务收入是指旅行社向其他旅行社提供当地或全程导游翻译人员所得的收入；票务收入是指旅行社代办国内外客票所得的收入；其他服务收入是指提供以上六项服务以外的服务项目取得的收入。

2. 旅行社主要收款方式

旅行社主要收款方式一般有三种：预收、现收和事后结算。

1) 旅行社预收结算

预收是指在为旅游者提供服务之前，先全部或部分收取服务费。预收方式，一般在旅行社组团和饭店住宿服务中采用，旅行社的组团收入中，代收代付费用占有很大比例，因此，旅行社在组团时，一般要求旅行团队在出发之前预付全部或部分旅行团费，以便减少资金占用。饭店在接受预订客房时，按照预订协议，旅行者一般也必须在预订确认以后，向饭店支付房费的一部分。有的饭店为了避免跑账，客人入住时，按照客人预订住房的时间，预收全部房费。

2) 旅行社现收结算

现收是指在为旅游者提供服务的同时，收取费用。一般零散服务，费用金额较小时，多采用这种方式，如出租车在为乘客提供服务后，客人下车时，随即支付车费；旅行社在组织一、二日游时，当场向客人收取参观、游览费用；餐厅、商品经营部为顾客提供食品、饮料或出售商品时，立即收取费用。

3) 旅行社事后结算

事后结算是指向客人提供服务后，一次性或定期地进行核算。这种收款方式多用于旅行社间的收付。如组团社与地接社之间，往往在旅行团游览结束后，双方才进行结算；地接社与饭店、车船公司、餐馆之间也多采用事后结算的方式。

3. 旅行社主营业务收入的确认

旅行社(不论是地接社还是组团社)组织境外旅游者到国内旅游，应以旅行团队离境(或离开本地)时确认营业收入实现；旅行社组织国内旅游者到境外旅游，应以旅行团旅行结束返回时确认营业收入实现；旅行社组织国内旅游者在国内旅游，也应以旅行团旅行结束返回时确认营业收入实现。旅行社的各项代收代付费用，应全部记入营业收入总额。

4. 旅行社营业收入的账务处理

1) 主营业务收入账户的设置

为了总括反映旅行社营业收入状况，应设置"主营业务收入"科目，对其进行核算。当旅行社实现营业收入时，应按实际价款，记入该科目的贷方；借记"银行存款"、"应收账款"等科目。期末，将该科目余额转入"本年利润"科目，借记"主营业务收入"科目，贷记"本年利润"科目，结转后该科目应无余额。

"主营业务收入"科目应按收入类别设置明细账。可下设"组团外联收入"、"综合服务收入"、"零星服务收入"、"地游及加项收入"、"劳务收入"、"票务收入"、"其他收入"等二级科目。还可根据实际工作需要和各二级科目的性质，在二级科目下设置三级科目。例如，在"综合服务收入"科目下设置"房费收入"、"餐费收入"、"车费收入"、"文杂费收入"、"陪同费收入"、"其他收入"等三级科目。

2) 组团营业收入

组团业务，一般都是先收款，后支付费用，收款时，借记"库存现金"或"银行存款"科目，贷记"应收账款"科目，当提供旅游服务后，按月根据旅行团明细表进行结算，按所列团费收入金额，借记"应收账款"科目，贷记"主营业务收入"科目。

【例 9.1】甲地某旅行社 5 月 20 日组成 30 人的旋行团(A)赴乙地 7 日游，已收游客交来的旅行团费 70 000 元。5 月 27 日该旅行团返回甲地，编制会计分录如下。

(1) 甲地某旅行社 5 月 20 日收取旅行团费时

借：库存现金(银行存款) 　　　　　　70 000
　　贷：应收账款——旅行团(A) 　　　　　　70 000

(2) 5 月 27 日旅行团返回原地，确认营业收入时

借：应收账款——旅行团(A) 　　　　　　70 000
　　贷：主营业务收入——组团外联收入 　　70 000

3) 地接营业收入

地接业务，一般都是提供服务后再向组团社进行结算，也可以向组团社预收部分定金，按期结算。

旅行社因地接而取得的营业收入，应按接待的单团进行结算，借记"应收账款"科目，贷记"主营业务收入"科目。

【例 9.2】 乙地某旅行社 6 月 23 日～6 月 28 日接甲地某旅行社旅行团(B)10 人，该团在乙地参观游览后于 28 日下午离乙地。根据单团结算单，全部费用为 20 000 元，其中，综合服务费 12 000 元，增加风味餐 5 次计 5 000 元，增加景点门票费 3 000 元，编制会计分录如下。

借：应收账款——甲地某旅行社——旅行团(B) 　　　20 000
　　贷：主营业务收入——旅行团(B)——综合服务收入 　12 000
　　　　　　　　　　　　　　　　——地游及加项收入 　　8 000

四、旅行社成本费用

1. 旅行社成本构成

旅行社组团和地接的成本，是指在组团和地接过程中发生的全部支出，包括直接为客人旅游支付的费用，即直接成本。也包括一些在营业费用中核算的间接费用。按此归集有利于实施单团核算。

旅行社成本，主要是指为旅行社已计入营业收入总额，属于代收代付的直接用于游客的有关费用，包括如下项目：

(1) 房费：含为旅游者支付的房费、空房费、退房损失等。
(2) 餐费：为旅游者支付的餐费、风味餐费、退餐损失费、随餐酒水费用等。
(3) 交通费：为旅游者支付的各项车费、船费、机票费用以及超公里费等。
(4) 门票费：为旅游者参加游览景点支付的门票费等。
(5) 陪同费：陪同人员的房费、交通费、饮食补贴、邮电费等。
(6) 劳务费：支付给借调翻译导游人员和景点、展览馆讲解人员的劳务费等。
(7) 票务费：支付给交通部门的订票手续费、包车费、退票费等。
(8) 其他费：主要有旅游者的人身保险费、行李托收搬运费、机场费等。

组团的直接成本从其构成看，则有拨付给各地接社的综合服务费、支付全陪的各项费用和为外联组团所支付的通信费等。组团成本按性质区分，是由两部分组成的，即拨付支出和服务支出。属于代收代付性质的拨付给地接社的综合服务费等为拨付支出；提供服务而发生的全陪人员费用和通信联络费用则属于服务性支出。组团成本，除了应归

集为成本的内容外,还有部分费用应在营业费用中归集。主要是直接从事组团的有关人员工资及相关费用。

地接成本与组团直接成本有紧密的联系,组团社的拨付成本就是地接社的营业收入,但地接成本与组团成本所包含的内容又有较大差别,这些费用按其性质,也应分为两部分。属于接待旅行团过程中直接支付的代收代付费用包括:房费、餐费、交通费、门票费、行李托运费、票务费、保险费、机场费等。这些费用构成旅行团队的主要费用支出。其余的陪同费、劳务费、其他费等则完全是旅行社为了向客人提供服务而发生的费用,所以这部分称为服务费。地接成本与组团成本相同的部分,主要是在营业费用中归集的直接人工工资及其相关费用。

2. 旅行社成本的账务处理

无论是组团社还是地接社的成本都通过"主营业务成本"科目进行核算。为了便于分析考核,"主营业务成本"科目可按费用的用途划分为:拨付综合服务费、房费、餐费、交通费、门票费、陪同费、票务费等,并按这些明细项目设置二级明细科目分别反映。为了便于与各地接社核对拨付款项,综合服务费明细科目应按拨付对象设置三级明细账。

【例 9.3】 组团社成本核算。

(1) 某组团社组织一个华东三市团,分别拨付上海某社、杭州某社、苏州某社综合服务费各 3 000 元,组团社编制会计分录如下。

　　借:主营业务成本——综合服务费——上海某社　　3 000
　　　　　　　　　　　　　　　　　　　　杭州某社　　3 000
　　　　　　　　　　　　　　　　　　　　苏州某社　　3 000
　　　　贷:银行存款　　　　　　　　　　　　　　　　9 000

(2) 组团社支付全陪费用 2 000 元,编制会计分录如下。

　　借:主营业务成本——陪同费　　2 000
　　　　贷:库存现金　　　　　　　　　　2 000

(3) 组团社支付与本团相关的各地接社联系的邮电费等 170 元,编制会计分录如下。

　　借:主营业务成本——邮电费　　170
　　　　贷:银行存款　　　　　　　　　　170

【例 9.4】 地接社成本核算。

(1) 上海某社支付某团房费 1 000 元,空房费 200 元,编制会计分录如下。

　　借:主营业务成本——房费　　1 200
　　　　贷:银行存款　　　　　　　　　1 200

(2) 团队客人游览景点,支付门票费 200 元,品尝风味小吃,支付餐费 200 元,支付本日游程的交通费 300 元,编制会计分录如下。

　　借:主营业务成本——餐费　　200
　　　　　　　　　　——交通费　　300
　　　　　　　　　　——门票费　　200
　　　　贷:库存现金　　　　　　　　　700

(3) 支付游客到杭州的车票费用 500 元，定票费用 50 元，编制会计分录如下。

借：主营业务成本——交通费　　　　　500
　　　　　　　　——票务费　　　　　 50
　　贷：库存现金　　　　　　　　　　　　　　550

(4) 支付租借旅游服务公司导游员的劳务费 100 元，编制会计分录如下。

借：主营业务成本——陪同费　　　　　100
　　贷：库存现金　　　　　　　　　　　　　　100

3. 旅行社单团核算

旅行社为了充分发挥成本核算的作用，团队成本可以实行单团核算。实行单团核算的旅行社，可以按团队分别设置成本明细账户，对所有团队分别记录其收支计算单团盈亏；也可以利用"团队费用结算表"对有代表性的团队实行账外单团核算。单团核算具体考核分析团队成本的数额与构成，有利于对今后的团队进行成本预算，从而有利于旅行社对外报价的准确性，提高旅行社的竞争能力。同时也有利于旅行社内部进行成本控制和对陪同人员的工作进行考核。

实现单团核算的旅行社，首先都要按照每个团队编制"单团费用表"，并以此作为导游借款的依据，预算控制的依据和最后结账的依据。最初的"单团预算费用表"是预算表，财务部门参考"单团预算费用表"中需要支付现金的项目预借给导游现金，执行中预算控制人员要对每个变化项目进行核实协调控制，最后财务部门按照"单团实际费用表"进行结算，并以表代明细账。"单团费用表"格式可参考表 9-1。

【例 9.5】K 旅行社(地接社)接 F 旅行社(组团社)一个"天津-东营-济南"三日游团，F 旅行社派出全陪导游刘蕾，2011 年 4 月 14 日 K 旅行社委托天津东方旅行社地接，15 日和 16 日 K 旅行社派出导游张爽地接。K 旅行社有关部门要事先编制"单团预算费用表"，导游张爽要到财务部借款，财务部依据"单团预算费用表"借给导游 7500 元，编制会计分录如下。

借：其他应收款——DJ-F110414-1——张爽　　7500
　　贷：库存现金　　　　　　　　　　　　　　　7500

【例 9.6】承例 9.5，4 月 16 日，旅游团顺利完成任务，导游张爽到财务部结账，财务部根据"单团实际费用表"(表 9-1)核销团队账，编制会计分录如下。

借：应收账款——F 旅行社　　　　　　16000
　　贷：主营业务收入——DJ-F110414-1　　16000
借：主营业务成本——DJ-F110414-1　　14425
　　贷：应付账款——天津东方　　　　　3835
　　　　　　　　——济南巴山夜雨　　　 880
　　　　　　　　——山东舜发　　　　　1800
　　　　　　　　——导服——张爽　　　 300
　　　其他应收款——张爽　　　　　　　7500
　　　库存现金　　　　　　　　　　　　 110

表 9-1 单团实际费用表

团号：K-DJ-F110414-1　　抵达日期：2011-04-14　　离开日期：2011-04-16
大人：11　　小孩：0　　领队：0　　全陪：刘蕾　　地陪：张爽　　司机：W

序号	日期	费用项目	往来单位	结算	币种	单价	数量	原币小计	本币小计	摘要
1	14	团费	F外联	现金	￥	16000.00	1	16000.00	16000.00	
小计									16000.00	
合计									16000.00	

日期	往来单位	费用单位	结算	单位	数量	单价	小计	摘要
14日	天津东方	天津东方	挂账	人	1	150.00	150.00	导服费
14日	天津东方	天津东方	挂账	人	11	25.00	275.00	景点费
14日	天津东方	天津东方	挂账	辆	1	650.00	650.00	车费费
14日	天津东方	天津东方	挂账	间	6	240.00	1440.00	房费费
14日	天津东方	天津东方	挂账	人	11	120.00	1320.00	餐费费
综费	现金：0	其他：3835.00					小计：3835.00	
15日	全陪刘蕾	东营蓝海	现金	间	6	360.00	2160.00	东营蓝海
16日	全陪刘蕾	济南银座泉城	现金	间	6	280.00	1680.00	济南银座泉城
房费	现金：3840.00	其他：0					小计：3840.00	
15日	全陪刘蕾	导游自订	现金	人	11	80.00	880.00	午/晚餐
16日	济南巴山夜雨	济南巴山夜雨	挂账	人	11	80.00	880.00	午/晚餐
餐费	现金：880.00	其他：880.00					小计：1760.00	
15日	全陪刘蕾	山东舜发	现金	辆	1	1800.00	1800.00	车号：鲁A233
16日	全陪刘蕾	山东舜发	挂账	团	1	1800.00	1800.00	车号：鲁A233
车费	现金：1800.00	其他：1800.00					小计：3600.00	
14日	全陪刘蕾	黄河口湿地	现金	人	11	50.00	550.00	
14日	全陪刘蕾	趵突泉	现金	人	11	40.00	440.00	
景点费	现金：990	其他：0					小计：990.00	
14日	张爽	张爽	挂账	天	3	100.00	300.00	张爽
导服费	现金：0	其他：300.00					小计：300.00	
14日	导游自订	导游自订	现金	团	1	100.00	100.00	矿泉水
杂费	现金：100.00	其他：0					小计：100.00	
现金合计：7610.00	其他合计：6815.00						合计：14425.00	

类别	人数	团费收入	成本	毛利	人均毛利	佣金	收入小计	总盈利	人均盈利
核算	12	16000.00	14425.00	1575.00	131.25	0.00	16000.00	1575.00	131.25

组团社与地接社，地接社与饭店、餐馆、车队等接待单位之间存在着旅游费用的结

算期。结算期经常是跨月份甚至是几个月,这给旅行社准确及时核算成本带来困难。按会计制度规定在旅行社旅游费用结算期间,发生费用支出不能与实现的营业收入同时入账时,应按计划成本先行结转以实现营业成本与其营业收入相互配比的原则。

旅行社自身发生的各项营业费用和管理费用的核算与第七章第二节所述相同,在此不再赘述。

五、旅行社营业税及附加

1. 旅行社营业税及附加的计算

旅行社是法定的纳税义务单位,应熟悉国家税收制度,切实履行纳税义务,做好税金管理工作,同时在税制规定的范围内争取企业的合法利益。

营业额的旅行社依照国家税法规定取得营业收入必须依法缴纳营业税,其应纳税额计算如下。

$$应纳税额=营业额×税率(5\%)$$
$$营业额=营业收入-准予扣除项目金额$$

其中,营业额是指旅行社组织旅游团在中国境内旅游,以收取的旅游费减去替旅游者支付给其他单位的房费、餐费、交通、门票和其他代付费用后的余额。旅行社组织旅游团到中华人民共和国境外旅游,在境外改由其他旅行社地接的,以全程旅游费减去付给地接企业旅游费后的余额为营业额。旅行社组织旅客在境内旅游,改由其他旅行社地接的,仍以全程旅游费减去付给地接企业旅游费后的余额为营业额。

营业收入,即旅行社主营业务收入,是指旅行社提供旅游业务向旅游者收取的全部价款和价外费用。

准予扣除项目金额,是指已计入营业收入总额,替旅游者支付给其他单位的房费、餐费、交通、门票、其他代付费用和地接费的金额。

旅行社为管理和组织经营活动发生自身应负担的费用,如本单位司机工资补贴、导游工资补贴、职工差旅费、交际应酬费、修车费、停车费、过路过桥费、燃料费、装卸运输费、保险费、邮电费、广告宣传费、陪同费等其他费用,不得作为扣除项目金额扣除。

对旅行社利用自己的交通工具、食宿服务设施,为游客提供旅游必需的吃、住、行服务所发生的燃料费、烹制食品等费用不得作为扣除项目金额扣除。

旅行社应当分别核算替旅游者代收代付费用(营业成本)、为管理和组织经营活动发生自身应负担的费用(营业费用、管理费用和财务费用);未分别核算的,不得作为扣除项目金额扣除。

2. 营业税及附加账务处理

旅行社应该缴纳的营业税,在计算营业税的同时计算城市建设维护税和教育费附加。会计上通过设置"营业税金及附加"科目核算。该账户为损益类科目,借方记营业税的增加,贷方记营业税的减少,借方余额为当期应从企业营业利润中扣除的营业税金及附加。在计算税金时应填制工作底稿,见表9-2。

表 9-2　旅游业营业税计算工作底稿

企业名称：　　　　　　　　　　　　　年　月　　　　　　　　　　　　　单位：元

项目名称	本期	累计	调整项目	本期	累计
一、主营业务收入			一、主营业务收入调整额		
1. 综合服务费			1. 代收代付项目		
2. 地游及加项收入			2. 价外收费		
3.			3.		
……			……		
二、主营业务成本			二、主营业务成本调整额		
1. 房费			1. 违规发票		
2. 餐费			2. 违规票据		
3. 门票			3. 营业费用		
4. 交通费			4. 管理费用		
5. 其他代付费用			5. 财务费用		
6. 地接费			6. 价格折扣		
……			7. 未实际支付项目		
三、营业毛利			三、相关资料		
加减：主营业务收入调整额			1. 接待旅客人数		
主营业务成本调整额			2. 接待团队数		
四、计税营业额			四、备注		
五、应纳税营业额					

第二节　旅游景区经营业务核算

一、旅游景区概述

1. 旅游景区的概念

中华人民共和国国家标准《旅游景区质量等级的划分与评定》(GB/T 17775—2003)定义，"旅游景区是以旅游及其相关活动为主要功能或主要功能之一的空间或地域。指具有参观游览、休闲度假、康体健身等功能，具备相应旅游服务设施并提供相应旅游服务的独立管理区。该管理区应有统一的经营管理机构和明确的地域范围。包括风景区、文博院馆、寺庙观堂、旅游度假区、自然保护区、主题公园、森林公园、地质公园、游乐园、动物园、植物园及工业、农业、经贸、科教、军事、体育、文化艺术等各类旅游景区"。由此可见，景区是有明确的地域范围和统一的管理机构，有相应的服务和服务设施，并且满足不同游客的需求。

2. 旅游景区功能与分类

旅游景区作为以景观为主要吸引物的旅游活动场所，是旅游者参观游览的目的地，是旅游吸引力的根本来源，是旅游目的地形象的重要载体，也是旅游发展的基础。通常具有游览、娱乐、旅行、饮食、住宿、购物等六项功能。

景区一般的经营项目要包括门票，索道，观光车，住宿，餐饮，娱乐，旅游纪念品，还有摊位经营等。

按照国家旅游局颁布的《旅游景区质量等级评定管理办法》规定，旅游景区可分为1A级、2A级、3A级、4A级、5A级五类。评定旅游景区质量等级的满分为1000分，其中5A级旅游景区需要达到950分，4A需要达到850分，3A需要达到750分，2A需要达到600分，1A需要达到500分。

3. 旅游景区的经营模式

在景区管理中，最重要的是景区的所有权与经营权、资源保护权与开发权的相互关系。景区的所有权与经营权是否分开，资源的开发权与保护权是否统一，这"四权"关系不同，景区的经营管理模式也不同。以此为原则和依据，全国的旅游景区经营管理模式大体划分为企业化治理和非企业化治理两大类别。前者分有整体租赁经营、股份制企业经营和国有企业经营三种类型，后者有由政府部门领导的管理模式与政府主导经营管理模式两种类型。我国大多数旅游景区属于政府主导型经营管理模式。

政府主导型经营管理模式，是指在行政区域内设立拥有政府管理权限的景区管理机构，一般称之为风景区管理局，同时行使同级旅游行政管理部分的职权，其职责是依据风景区总体规划，会同区政府有关部门编制核心景区规划，经批准后组织实施。建立健全风景名胜资源档案和监测系统，对风景名胜资源实施严格保护。组织开发利用风景名胜资源，组织建设、维护风景游览区内的基础设施和公共服务设施；统一管理核心景区内的园林绿化、景容环境卫生、市政设施工作。负责核心景区内旅游安全、旅游市场秩序管理，改善交通、服务设施和游览条件，保障游览安全。负责组织核心景区旅游宣传促销，积极拓展旅游市场。负责合理利用风景名胜资源，组织开展健康有益的游览观光和文化娱乐活动。根据有关法律法规，负责核心景区资源保护和旅游管理方面的相关执法工作。履行风管委和市(区)委、市(区)政府确定的其他职责。对景区实施一体化(即只有一个管理主体)、封闭式、全方位管理的方式。

景区的所有权与经营权都属于政府的景区管理局，下设景区管理处。

4. 旅游景区的会计制度

在政府主导经营管理模式下，景区管理局及其下属的管理处均属于事业单位，会计核算上实行事业单位会计制度。景区管理局设有计财处，负责制定景区财务有关规章制度和管理办法；制订景区中长期财政计划，编制年度财务预决算，定期报告收支情况；参与管理局投资项目可行性论证；负责基本建设支出的安排；负责建设项目工程预算编制审查、决算审核工作，对工程投资资金进行监督管理；负责景区国有资产管理工作；指导基层单位财务工作，负责对管理局所属事业单位实施内部财务审计；负责景区票务管理工作。每个管理处均设有财务科，负责本管理处的经营收入和经费支出的具体核算和监督工作。

2006年国务院发布的《风景名胜区条例》第三十八条有明确规定，就是风景名胜区的门票收入和风景名胜资源有偿使用费，实行收支两条线管理。具体做法是：收入直接汇缴财政，年初要分别对景区各管理处制定收入预算指标，一般是按近三年收入平均数确定，要求每天管理处的收银部门将当天收入存入银行的应缴财政专户。经费支出可分为基本经费和专项经费，要事先逐级编制预算到财政部门，审批后由财政部门按月下拨到管理局，再由管理局下拨到管理处。

旅游景区管理处是独立核算单位，在银行设有本处的基本银行户头和应缴财政专户两个户头。景区管理处设财务科，一般内设预算会计、出纳、票务主管等岗位。记账方法采用借贷复式记账法，会计核算基础为收付实现制。

二、旅游景区收入

1. 旅游景区收入及定价

旅游景区收入是指通过提供相应的设施和服务所形成的经济利益的总流入。旅游景区的收入包括门票收入、观光车收入、索道收入、其他收入等。其中门票收入是主要收入。在"收支两条线"的核算模式下，表现为应缴财政专户款。

门票收入是景区收入最重要的部分。门票收入的波动，直接影响景区经营效益的丰歉程度，可谓是景区经营效益的晴雨表。

门票价格数学模型：门票价格由基本因素和弹性因素构成。其中基本因素是指特色(Tz)，规模(Gz)，服务(Fz)，开发投入(Kz)。弹性因素指市场物价浮动指数(Wjz)，淡旺季浮动指数(Dwz)，单位指数价位(Dzj)，基本价位(Jj)，销售价位(Sj)。

门票计算式

$$Jj = Dzj \cdot (Tz + Gz + Fz + Kz)$$

门票销售价位计算式

$$Sj = Jj \cdot (1 \pm Wjz \pm Dwz)$$

在定价中值得注意的是，有宗教特色的景区内，门票价格一般不包括著名寺院或道观的部分，其门票收入归宗教场所人员单独管理，而由政府出资修复和维护的寺院和道观除外。

一般来说，门票价格、观光车价格、索道价格等的最终确定都要经过听证会程序。

2. 旅游景区收入的账务处理

为核算景区各项收入的执行情况，各管理处财务科在银行设应缴财政专户的同时，应设置"应缴财政专户款"科目，本科目应按照收入的种类分别设置"门票收入"、"观光车收入"、"索道收入"等明细科目。取得收入时，存入银行应缴财政专户，借记"银行存款"科目，贷记"应缴财政专户款"科目。缴纳时，借记"应缴财政专户款"科目，贷记"银行存款"科目。本科目贷方余额，反映应缴未缴数。年终本科目无余额。

【例9.7】某旅游景区五一黄金周期间获得门票收入1200万元，索道收入400万，观光车收入 600 万，存入银行，编制会计分录如下。

(1) 存入应缴财政专户时。

借：银行存款　　　　　　　　　　　22 000 000
　　贷：应缴财政专户款——门票收入　　12 000 000
　　　　　　　　　　　——索道收入　　　4 000 000
　　　　　　　　　　　——观光车收入　　6 000 000

(2) 上缴财政时时。

借：应缴财政专户款　　　　　　　　22 000 000
　　贷：银行存款　　　　　　　　　　　　22 000 000

三、旅游景区费用

旅游景区费用是指景区向游客提供服务、景区设施设备维修、景区资源维护、景区项目开发及景区管理管理费用等的各项支出。在"收支两条线"的核算模式下，表现为事业支出。

1. 旅游景区费用项目及其核定

事业支出分为两大类：

(1) 基本经费：它是维持景区有效运行的基本费用，是旅游景区费用中主要的部分，主要包括工资及福利支出，商品、服务支出，个人及家庭补助支出三大部分。具体为：

① 工资及福利支出。

② 商品、服务支出，包括办公费，水费(主要指生活用水)，电费，邮电费，交通费(机动车年审费、租车费、燃料费、汽车维修费、养路费等)，培训费，会仪费，招待费，绿化费，林场费(防病虫害、护林防火)等。若景区树林面积较大，林场费在支出当中占较为重要的部分。

③ 个人、家庭补助支出，包括离退休费，抚恤费，住房公积金，房租补贴，托儿费，职工上下班补贴等。

(2) 专项经费，主要包括索道维修、维护，大型修缮，基础设施购建(修路、修景点等)，资源保护(林场大型护林防火项目)和综合治理等。其中索道维修、维护是专项经费的重要组成部分。专项经费在实际执行中，根据需要可以上报申请，经过审批可以追加。

为加强经费支出的管理，景区管理局所属各管理处列入政府采购目录，对超过 10 万元限额的采购项目，一般实行的是集中采购模式，采取公开招标的采购方式。对小额的政府采购项目，实行的是分散采购模式，由各景区管理处自行开展采购活动。

2. 旅游景区费用的账务处理

在收支两条线核算模式下，旅游景区的费用来源是财政下拨的经费。财政审批预算之后下拨到景区管理局，景区管理局再分拨的到景区管理处，景区管理处再根据需要在预算范围内支付各项经费。

为了核算收到的从财政专户核拨的预算外资金，景区管理局应设置"财政专户返还收入"科目,"财政专户返还收入"科目下设置"基本支出"和"项目支出"二级明细科目,并在"基本支出"和"项目支出"下按照《政府收支分类科目》"支出功能分类科目"的"项"级科目设置明细科目,进行明细核算。景区管理局再分拨的到景区管理处时,应设置"对所属单位补助"科目,按所属单位设置明细科目。景区管理局计财处收到财政拨款时,借记"银行存款"科目,贷记"财政专户返还收入"科目。向所属景区管理处财务科下拨时,借记"对所属单位补助"科目,贷记"银行存款"科目。

【例 9.8】 某旅游景区管理局计财处,收到财政定期预算拨款 100 万元,并分拨所属管理处,编制会计分录如下。

(1) 收到财政拨款时。

借:银行存款　　　　　　　　　　　1 000 000
　　贷:财政专户返还收入　　　　　　　　　1 000 000

(2) 向所属单位拨款时。

借:对所属单位补助　　　　　　　　1 000 000
　　贷:银行存款　　　　　　　　　　　　　1 000 000

景区管理处为核算下拨的经费,应设置"事业支出"科目,"事业支出"科目下设置"基本支出"和"项目支出"二级明细科目,并在"基本支出"和"项目支出"下按照《政府收支分类科目》"支出功能分类科目"的"款"级科目设置明细科目,进行明细核算。景区管理处收到下拨经费时,借记"银行存款"科目,贷记"事业支出"科目。支付经费时,借记"事业支出"科目,贷记"银行存款"科目。年终,将本科目借方余额全数转入"事业结余"科目,借记"事业结余"科目,贷记本科目。结账后本科目无余额。

【例 9.9】 某旅游景区管理处财务科,收到上级下拨的预算经费 10 万元,并按预算支付工资及福利 5 万元,编制会计分录如下。

(1) 收到拨款时。

借:银行存款　　　　　　　　　　　100 000
　　贷:事业支出　　　　　　　　　　　　　100 000

(2) 支付工资及福利时。

借:事业支出——基本支出——工资及福利支出　50 000
　　贷:银行存款　　　　　　　　　　　　　50 000

四、旅游景区营业税费

旅游景区取得各项营业收入应依法缴纳营业税、城市维护建设税和教育费附加。门票收入营业税率为 3%,索道收入营业税率为 5%。城市维护建设税为营业税额的 7%,教育费附加为营业税额是 3%。景区营业税及附加统一由景区管理局缴纳,计算各项税金时,借记"销售税金"科目,贷记"应交税金"科目。缴税时,借记"应交税金"科目,贷记"银行存款"科目。

复习自测题

一、单选

1. 对超过 10 万元限额的采购项目,景区采用的是( )采购模式。
   A. 集中　　　　B. 分散　　　　C. 送货　　　　D. 提货
2. 政府主导经营管理模式的旅游景区一般采用( )会计制度。
   A. 事业单位　　B. 企业　　　　C. 行政单位　　D. 财政总预算

二、多选

1. 景区的收入主要包括( )。
   A. 门票收入　　B. 索道收入　　C. 观光车收入　D. 摊位收入
2. 景区会计核算上采用( )基础。
   A. 复式记账法　B. 收付实现制　C. 单式记账法　D. 责权发生制

三、问答

1. 旅游景区如何采用收支两条线管理?
2. 旅行社主营业务收入包括哪些内容?
3. 旅行社主营业务成本包括哪些内容?
4. 旅行社营业税计算依据是什么?
5. 什么是旅游景区收入?其主要来源有哪些?
6. 什么是旅游景区费用?旅游景区费用项目包括哪些?

四、实训题

目的:练习旅行社损益核算。

J 旅行社 2006 年 5 月份发生部分经济业务如下。

(1) 5 月 1 日,组织济南—青岛二日游旅游团,游点有崂山、田横岛、石老人、青岛高科技园新区。豪华型大客车往返,提供三餐、门票、住宿、导游服务,20 人一个团已组成,预计支出情况如下:豪华大客车往返计费 2 000 元,门票 1 000 元、餐费 2 000 元、导游工资 200 元、住宿 2 000 元。外加毛利率为 6%,计算包价并收款,由业务部门将收取的现金和业务收入日报表转财务部门,进行账务处理。

(2) 5 月 2 日,导游张梅向财会部门预领旅游费 8 000 元,财会部门拨付现金后带团出发。

(3) 5月4日青岛二日游结束，导游张梅回来报销各项游览费用7 200元，旅行过程中，根据游客要求增加品偿风味费用2 000元，增加参观景点费用1 000元，加收10%的服务费后，由客人以现金支付，导游交回多余现金1 100元，结清导游预领款并结转成本。

(4) 5月28日支付业务部门邮电费5 000元，水电费400元，办公费1 000元。

(5) 5月29日支付房屋租赁费1 000元，低值易耗品摊销：业务部门200元、管理部门100元。设备折旧：业务部门1 000元，管理部门1 500元。

(6) 5月30日根据人事部门提供的工资单，业务部门应发工资8 000元，扣刘涛个人借款500元，扣其他600元，管理部门应发工资2 000元，扣李君借款50元，扣其他500元，会计部门提取现金、发放工资并分配工资，按有关规定提取有关各项费用。

(7) 月末主营业务收入共计20万元，主营业务成本17万元，计算缴纳营业税及附加，并结转本年利润。

(8) 根据上述业务汇总营业费用和管理费用，并结转本年利润。

(9) 计算所得税并结转利润分配账户。

要求：编制会计分录。

推荐学习书目

1. 企业会计准则(2006). 2006年2月15日财政部发布，自2007年1月1日起施行
2. 企业会计准则——应用指南. 2006年10月30日财政部发布，自2007年1月1日起施行
3. 李亚利，范英杰. 旅游会计(第2版). 天津：南开大学出版社，2004
4. 中华人民共和国国务院. 风景名胜区条例，2006年12月
5. 国家旅游局. 旅游景区质量等级评定管理办法，2005年7月

第十章 财务报告

【本章导读】

提供信息是会计的目标,财务报告是会计核算工作的终结。本章分别以报表格式和编制讲解了旅游企业资产负债表、利润表、现金流量表和所有者权益变动表以及会计附注的基本内容。

【关键词】

财务报告 资产负债表 利润表、现金流量表
所有者权益变动表 附注

【知识点】

了解财务报告的种类;熟悉财务报告编制要求;掌握基本报表的编制方法;掌握财务报告附注的内容。

第一节　财务报告概述

一、编制财务报告的目的

财务报告是根据会计账薄所归集的资料，经过分析整理而形成的总括的书面报告，它以表格及附注的形式综合地反映企业的财务状况，某一时期的经营业绩以及现金流量，它是会计核算工作的终结，也是会计信息系统的输出部分。

在旅游企业的日常经营活动中，产生大量的原始凭证，会计人员据此编制记账凭证，并根据记账凭证登记各种账薄，其中总分类账反映总括资料，明细分类账反映详细资料。账薄中的会计信息较会计凭证更加条理化、系统化，但从企业整体经营活动的角度看，仍显得分散，为能集中揭示，以利于报告使用者的阅读和分析，必须定期编制财务报告。编制财务报告的目的就是向财务报告的使用者提供其在经济决策中有用的会计信息，反映企业管理层受托责任的履行情况，有助于财务报告使用者做出经济决策。

财务报告的使用者主要包括：

(1) 投资者。投资者关心的是投资报酬及投资风险，以决定是否继续投资。他们重点了解企业的资本结构，未来获利能力及经营风险和利润分配政策等。

(2) 债权人。债权人关心企业能否按时偿还到期债务的本息，他们着重了解企业的债务结构以及未来的现金流量等。

(3) 政府及其机构。政府及其机构通过阅读财务报告，了解企业的经营情况，社会资源的分配情况及变化趋势，以此决定税收财政金融等宏观经济决策，以保证经济的健康发展。

(4) 潜在的投资者和债权人。他们通过阅读财务报告，主要了解企业的发展趋势，以此决定投资及贷款的对象和时机。

二、财务报告的作用

编制财务报告是为了满足报告使用者对会计信息的需求，它作为指导使用者做出经济决策的重要工具，其作用主要有以下几个方面：

(1) 财务报告信息为企业管理者加强和改善经营管理，提供了重要的依据和方向。企业的管理者主要通过阅读财务报告来系统地了解企业生产经营的全面情况，特别是财务状况和经营成果，经过对财务报告的分析，能够及时地发现企业经营管理中存在的问题，从而确定下一步加强管理的方向，使管理工作更具有目的性；同时，本期的财务报告也为未来的经营计划和经营方针提供依据，使企业的计划和战略方针建立在科学的基础上。

(2) 财务报告为国家经济管理部门提供宏观经济调控和管理所需要的信息依据。国家经济管理部门通过对各个企业财务报告的分析研究，可以对整个国家或某一地区或某一行业的发展情况及存在问题有一个总体的认识和了解，进而制定切实可行的宏观经济政策；另外，企业的财务报告也是政府对企业进行微观管理的依据，如税收管理、工商管理、财政管理等。

(3) 财务报告为社会各种投资主体进行投资决策提供主要的信息依据。随着经济的发展，投资活动日趋频繁，大部分投资者并不直接参与企业的经营管理，特别是投资于上市的股票和债券的投资者，他们维护自己权益的唯一途径是选择正确投资项目。目前，财务报告是获取投资项目价值信息的最主要方式，财务报告是投资决策的最直接信息依据，通过对财务报告的分析，确定投资项目的内在价值，与市场价值相比较，决定是否投资。

三、财务报告的分类

财务报告可以根据不同的需要，按照不同的标准进行分类：

(1) 按照财务报告反映的内容，可分为动态财务报告和静态财务报告。动态财务报告是反映一定时期内资金耗费和资金收回的报告，如利润表；静态财务报告是综合反映某一时点资产、负债和所有者权益的财务报告，如资产负债表。

(2) 按照财务报告主要的服务对象，可分为外部报告和内部报告。外部报告是指根据法律规定，企业必须向外界提供的财务报告，它的编制需要遵从公认的会计准则和国家的各项法规；内部报告是指为适应企业内部管理的需要而编制的不须对报送的财务报告，它一般没有统一的格式和指标体系，各个企业根据自身情况和需要自己设定。本书所述的财务报告均是指外部财务报告。

(3) 按照财务报告各项目反映的数字内容，可分为个别财务报告和合并财务报告。个别单位报告，是指由企业本身会计核算基础上对账簿记录进行加工而编制的财务报告，它主要反映对外投资企业本身的财务状况、经营成果和现金流动情况。合并财务报告是以母公司和子公司组成的企业集团为会计主体，根据母公司和所属子公司的财务报表，由母公司编制的综合反映企业集团财务状况、经营成果及现金流量的财务报表。

(4) 按照财务报告的详细程度和编报时间，可分为月度财务报告、季度财务报告和年度财务报告。月报是用以反映月报内企业经营活动成果及月末财务状况等情况的报告，包括"资产负债表"和"利润表"等主要财务报告。季报是用以反映企业在一个季度内的主要经营活动成果及季度末财务状况等情况的报告。半年报告是用以反映企业半年内主要经营活动成果及期末财务状况的报告。年报是用以总括反应企业年度财务状况和经营成果的报告，主要包括"现金流量表""利润分配表"。

《会计准则》将半年度、季度、月度财务会计报告统称为中期财务报告。中期财务报告至少包括资产负债表、利润表、现金流量表和附注。其中，中期括资产负债表、利润表和现金流量表应当是完整报表，其格式和内容应当与年度财务报告相一致。与年度财务报表相比，中期财务报告的附注披露适当简略。

四、财务报告的一般要求

编制财务报告要达到为使用者提供决策信息的目的，必须符合以下几个基本要求。

1. 便于理解

企业对外报送的财务报告,是为了给使用者提供有用的信息,对财务报告理解的正确与否,直接关系到使用者经济决策的正确性,所以,便于理解成为编制报告最基本的要求,报告应尽量清晰易懂。但是,某些关于复杂事项的信息与经济决策紧密相关,不能因为它对于某些使用者难于理解而排除在财务报告之外。

2. 真实可靠

如实反映是对信息的基本要求,会计作为一个信息系统,其输出部分－财务报告,必须做到真实可靠,以便于使用者据此作出正确的决策判断;否则,如果财务报告是虚假的,不但不能发挥会计应有的作用,反而会导致使用者由错误的信息得到错误的结论,使其决策失误,造成不应有的经济损失。

3. 相关可比

相关是指会计信息必须与使用者决策有关。可比是指使用者必须能够比较某一企业在不同时期的财务报告,以及不同企业之间的财务报告,并对他们作出综合的会计评价。只有相关可比的信息才是对决策有用的信息。

4. 全面完整

为了满足不同使用者的需要,财务报告必须全面完整,任何的疏漏都有可能引起对信息的误解,损害使用者的利益。编制报告时应严格按照规定的格式和内容填列,某些报告中不能反映的重要的会计事项,应当在财务报告附注中进行说明。

5. 编制报送及时

信息一个重要特征是时效性,过时的信息是无用的信息。财务报告作为会计信息的重要载体,要求企业及时编报,并及时报送到有关方面的使用者企业的组织形式多种多样。不同组织形式的企业,其所有者权益也有所不同。

第二节 资产负债表的编制

一、资产负债表的格式

资产负债表是反映企业在某一特定日期所拥有或控制的经济资源、所承担的现时义务和所有者对净资产的要求权。

资产负债表是根据会计等式"资产＝负债＋所有者权益"来编制的,它从两方面反映企业财务状况的时点指标。一方面它反映企业某一日期所拥有的总资产;另一方面又反映企业这一日期的资产来源,也就是负债和所有者权益。利用资产负债表,不仅可以了解企业的资产分布及其来源渠道,还可以分析企业的偿债能力。

资产负债表主要提供有关企业财务状况方面的信息:

(1) 通过资产负债表,可以反映企业在某一特定日期所拥有的经济资源及其分布情况,分析企业资产的构成及其状况。

(2) 可以反映企业某一特定日期的负债总额及其结构,分析企业目前与未来需要偿还的债务数额。

(3) 可以反映企业的财务弹性。通过资产负债表,财务报告使用者可了解企业资产,负债的构成以及企业的资本结构,并借助利润表,评价企业的财务弹性。

总之,通过资产负债表,报告使用者能够扼要地了解企业在报告日的财务状况、长期、短期和即期偿债能力,资产负债和权益结构等重要信息。

资产负债表主要有账户式和报告式两种。账户式的资产负债表,是将资产项目列在报告的左方,负债和所有者权益项目列在报告的右方,从而使资产负债表左右两方平衡。报告式资产负债表,是将资产负债表的项目自上而下排列,首先列示资产的数额,然后列示负债的数额,最后再列示所有者权益的数额。我国《企业会计准则》规定,企业资产负债表一般采用账户式。资产负债表的格式如表10-1所示。

表10-1 资产负债表

编制单位:甲饭店　　　　　　　　2010年12月31日　　　　　　　　单位:元

资　产	期末余额	年初余额	负债和所有者权益(或股东权益)	期末余额	年初余额
流动资产:			流动负债:		
货币资金	176 835	250 000	短期借款	200 000	150 000
交易性金融资产	0	0	交易性金融负债	0	0
应收票据	0	0	应付票据	0	0
应收账款	200 300	220 500	应付账款	325 000	260 000
预付款项	0	0	预收款项	0	0
应收利息	0	0	应付职工薪酬	50 000	50 000
应收股利	0	0	应交税费	56 000	40 000
其他应收款	30 600	40 560	应付利息	10 000	15 000
存货	956 050	985 600	应付股利	0	0
一年内到期的非流动资产	0	0	其他应付款	30 000	45 000
其他流动资产	0	0	一年内到期的非流动负债	0	0
流动资产合计	1 363 785	1 496 660	其他流动负债	0	0
非流动资产:			流动负债合计	644 000	510 500
可供出售金融资产	0	0	非流动负债:		
持有至到期投资	0	0	长期借款	2 000 000	2 000 000
长期应收款	0	0	应付债券	0	0
长期股权投资	0	0	长期应付款	0	0
投资性房地产	0	0	专项应付款	0	0
固定资产	5 000 000	4 505 000	预计负债	0	0
在建工程	36 000	100 000	递延所得税负债	0	0
工程物资	0	0	其他非流动负债	0	0
固定资产清理	0	0	非流动负债合计	2 000 000	2 000 000
生产性生物资产	0	0	负债合计	2 644 000	2 510 500

续表

资产	期末余额	年初余额	负债和所有者权益（或股东权益）	期末余额	年初余额
油气资产	0	0	所有者权益（或股东权益）：		
无形资产	0	0	实收资本（或股本）	3 000 000	3 000 000
开发支出	0	0	资本公积	100 000	100 000
商誉	0	0	减：库存股	0	0
长期待摊费用	0	0	盈余公积	496 463	480 000
递延所得税资产	0	0	未分配利润	159 322	11 160
其他非流动资产	0	0	所有者权益（或股东权益）合计	3 755 785	3 591 160
非流动资产合计	5 036 000	4 605 000			
资产总计	6 399 785	6 101 660	负债和所有者权益（或股东权益）合计	6 399 785	6 101 660

二、资产负债表的编制

资产负债表各项内容及填列方法：

（1）"货币资金"项目，反映企业库存现金、银行结算户存款、外埠存款、银行汇票存款、银行本票存款、信用卡存款、信用证保证金存款、存出投资款等的合计数。本项目应根据"库存现金"、"银行存款"、"其他货币资金"科目的期末余额合计填列。

（2）"交易性金融资产"项目，反映企业持有的以公允价值计量且其变动计入当期损益的为交易目的所持有的债券投资、股票投资、基金投资、权证投资等的金融资产。本项目应根据"交易性金融资产"科目的期末余额填列。

（3）"应收票据"项目，本科目核算企业因销售商品、产品、提供劳务等而收到的商业汇票，包括银行承兑汇票和商业承兑汇票。本科目期末借方余额，反映企业持有的商业汇票的票面金额。本项目应根据"应收票据"科目的期末余额，减去"坏账准备"科目中有关应收票据计提的坏账准备期末余额后的金额填列。

（4）"应收账款"项目，反映企业因在销售商品、产品和提供劳务等前应向购买单位收取的各种款项。本项目应根据"应收账款"和"预收账款"科目所属各明细科目的期末借方余额合计数，减去"坏账准备"科目中有关应收账款计提的坏账准备期末余额后的金额填列。如果"应收账款"科目所属各明细科目的期末有贷方余额的，应在资产负债表"预收款项"项目内填列。

（5）"预付账款"项目，反映企业按照购货合同规定预付给供应单位的款项。本项目应根据"预付账款"和"应付账款"科目所属各明细科目的期末借方余额合计数，减去"坏账准备"科目中有关预付账款计提的坏账准备期末余额后的金额填列。如果"预付账款"科目所属各明细科目的期末有贷方余额的，应在资产负债表"应付账款"项目内填列。

（6）"应收利息"项目，反映企业应收取的债券投资等的利息。本项目应根据"应收利息"科目期末余额，减去"坏账准备"科目中有关应收利息计提的坏账准备期末余额后的金额填列。

(7)"应收股利"项目,反映企业因股权投资而应收取的现金股利和企业应收其他单位的利润。本项目应根据"应收股利"科目的期末余额,减去"坏账准备"科目中有关应收股利计提的坏账准备期末余额后的金额填列。

(8)"其他应收款"项目,反映企业除应收票据、应收账款、预付账款、应收股利、应收利息等经营活动以外的其他各种应收、暂付的款项。本项目应根据"应收股利"科目的期末余额,减去"坏账准备"科目中有关其他应收款计提的坏账准备期末余额后的金额填列。

(9)"存货"项目,反映企业期末在库、在途和在加工中的各项存货的可变现净值,包括各种原材料、商品、低值易耗品等。本项目应根据"原材料"、"低值易耗品"、"库存商品"、"周转材料"、"委托加工材料"等科目的期末余额合计,减去"存货跌价准备"科目期末余额后的金额填列。

(10)"其他流动资产"项目,反映企业除以上流动资产项目外的其他流动资产,本项目应根据有关科目的期末余额填列。如其他流动资产价值较大的,应在财务报告附注中披露其内容和金额。

(11)"一年内到期的非流动资产"项目,反映企业将于一年内到期的非流动资产项目金额。本项目应根据有关科目的期末余额填列。

(12)"长期股权投资"项目,反映企业持有的对子公司、联营公司和合营企业的长期股权投资。本项目应根据"长期股权投资"科目的期末余额,减去"长期股权投资减值准备"科目的期末余额后的金额填列。

(13)"固定资产"项目,反映企业各种固定资产原价减去累计折旧和固定资产减值准备后的净额。本项目应根据"固定资产"科目的期末余额,减去"累计折旧"和"固定资产减值准备"科目的期末余额后的金额填列。

(14)"在建工程"项目,反映企业期末各项未完工程的实际支出,包括交付安装的设备价值、未完建筑安装工程已经耗用的材料、工资和费用支出、预付出包工程的价款等可回收金额。本项目应根据"在建工程"科目的期末余额,减去"在建工程减值准备"科目的期末余额后的金额填列。

(15)"工程物资"项目,反映企业尚未使用的各项工程物资的实际成本。本项目应根据"工程物资"科目的期末余额填列。

(16)"固定资产清理"项目反映企业因出售、报废和毁损等原因转入清理,但尚未清理完毕的固定资产净值,以及在清理过程中所发生的清理费用和清理收入等各项金额的差额。本项目应根据"固定资产清理"科目的期末借方余额填列,如"固定资产清理"科目期末为贷方余额,以"-"号填列。

(17)"无形资产"项目,反映企业持有的无形资产,包括专利权、非专利技术、商标权、著作权、土地使用权等。本项目应根据"无形资产"科目的期末余额,减去"累计摊销"和"无形资产减值准备"科目的期末余额后的金额填列。

(18)"开发支出"项目,反映企业开发无形资产过程中能够资本化形成形成无形资产成本支出部分。本项目应根据"研发支出"科目中所属的"资本化支出"明细科目期末余额填列。

(19)"长期待摊费用"项目,反映企业已经发生但应由本期和以后各期负担的分摊期限在一年以上的各项费用。长期待摊费用在一年内(含一年)摊销的部分,在资产负债表"一年内到期的非流动资产"项目填列。本科目应根据"长期待摊费用"科目的期末余额减去将于一年内(含一年)摊销的数额后的金额填列。

(20)"其他非流动资产"项目,反映企业除长期股权投资、固定资产、在建工程、工程物资、无形资产等以外的其他非流动资产。本项目应根据有关科目的期末余额填列。

(21)"短期借款"项目,反映企业向银行或其他金融机构等借入的期限在一年以下(含一年)的各种借款。本项目应根据"短期借款"科目的期末余额填列。

(22)"应付票据"项目,反映企业因购买材料、商品和接受劳务供应等而开出、承兑的商业汇票,包括银行承兑汇票和商业承兑汇票。本项目应根据"应付票据"科目的期末余额填列。

(23)"应付账款"项目,反映企业因购买商品、产品和劳务供应等前应支付的款项。本项目应根据"应付账款"和"预付账款"科目所属各明细科目的期末贷方余额合计数填列;如果"应付账款"科目所属各明细科目的期末有借方余额的,应在资产负债表"预付款项"项目内填列。

(24)"预收款项"项目,反映企业按照购货合同规定预收购货单位的款项等。本项目应根据"预收账款"和"应收账款"科目所属各明细科目的期末贷方余额合计数,减去"坏账准备"科目中有关预付账款计提的坏账准备期末余额后的金额填列。如果"预收账款"科目所属各明细科目的期末有借方余额的,应在资产负债表"应收账款"项目内填列。

(25)"应付职工薪酬"项目,反映企业根据有关规定应付给职工的工资、职工福利、社会保险费、住房公积金、工会经费、职工教育经费、解除职工劳动关系补偿等各种薪酬。本科目期末贷方余额,反映企业应付职工薪酬的结余。本项目应根据"应付职工薪酬"科目的期末余额填列。

(26)"应交税费"项目,反映企业按照税法规定计算应交纳的各种税费,包括增值税、营业税、所得税、土地增值税、城市维护建设税、房产税、土地使用税、车船使用税、教育费附加等。企业代扣代交的个人所得税,也通过本项目列示。企业所缴纳的税金不需要预计应交数的,如印花税、耕地占用税等,不在本项目列示。本项目应根据"应交税费"科目的期末贷方余额填列;如"应交税费"科目期末为借方余额,以"-"号填列。

(27)"应付利息"项目,反映按照规定应当支付的利息,包括分期付息到期还本的长期借款应支付的利息、企业发行的企业债券应支付的利息等。本项目应根据"应付利息"科目的期末余额填列。

(28)"应付股利"项目,反映企业分配的现金股利或利润。企业分配的股票股利,不通过本项目列示。本项目应根据"应付股利"科目的期末余额填列。

(29)"其他应付款"项目,反映企业除应付票据、应付账款、预收账款、应付职工薪酬、应付股利、应付利息、应交税费等经营活动以外的其他各项应付、暂收的款项。本项目应根据"其他应付款"科目的期末余额填列。

(30)"其他流动负债"项目,反映企业除以上流动负债项目外的其他流动负债,本项目应根据有关科目的期末余额填列。如其他流动负债价值较大的,应在财务报告附注中披露其内容和金额。

(31)"一年内到期的非流动负债"项目,反映企业反映企业非流动负债中将于资产负债表日后一年内到期部分的金额。本项目应根据有关科目的期末余额填列。

(32)"长期借款"项目,反映企业向银行或其他金融机构借入的期限在一年以上(不含一年)的各项借款。本项目应根据"长期借款"科目的期末余额填列。

(33)"应付债券"项目,反映企业为筹集长期资金而发行的债券本金和利息本项目应根据"应付债券"科目的期末余额填列。

(34)"其他非流动负债"项目,反映企业除以上负债项目以外的其他非流动负债。本项目应根据有关科目的期末余额填列。

(35)"实收资本(或股本)"项目,反映企业各投资者实际投入的资本(股本)总额。本科目应根据"实收资本(或股本)"科目的期末余额填列。

(36)"资本公积"项目,反映企业资本公积的期末余额。本科目应根据"资本公积"科目的期末余额填列。

(37)"盈余公积"项目,反映企业盈余公积的期末余额。本科目应根据"盈余公积"科目的期末余额填列。

(38)"未分配利润"项目,反映企业尚未分配的利润。本项目应根据"本年利润"科目和"利润分配"科目的余额计算填列。未弥补的亏损,在本项目内以"-"号填列。

第三节 利润表的编制

一、利润表的格式

利润表是反映企业一定时期经营成果的财务报告。该表是按照各项收入、费用以及构成利润的各个项目分类编制而成的。利润综合体现了企业的经营业绩,而且还是进行利润分配的依据,所以利润表是财务报告中的主表之一。

我国企业利润表采用的是多步式格式,表中一般设有"本期金额"和"上期金额"两栏,利润表的格式如表 10-2 所示。

表 10-2 利润表

编制单位:甲饭店 2010 年　　　　　　　　　　　　　　　　　　　　　　　　单位:元

项　目	本期金额	上期金额
一、营业收入	1 100 000	1 000 000
减:营业成本	520 000	500 000
营业税金及附加	60 500	55 000
销售费用(营业费用)	130 000	100 000
管理费用	100 000	90 000
财务费用	10 000	10 000
资产减值损失	20 000	10 000

续表

项　目	本期金额	上期金额
加：公允价值变动收益(损失以"-"号填列)	0	0
投资收益(损失以"-"号填列)	0	0
其中：对联营企业和合营企业的投资收益	0	0
二、营业利润(亏损以"-"号填列)	269 500	235 000
加：营业外收入	10 000	20 000
减：营业外支出	60 000	30 000
其中：非流动资产处置损失	0	0
三、利润总额(亏损总额以"-"号填列)	219 500	185 000
减：所得税费用	54 875	46 250
四、净利润(净亏损以"-"号填列)	164 625	138 750
五、每股收益：		
(一)基本每股收益		
(二)稀释每股收益		

二、利润表的编制

利润表各项内容及填列方法：

(1) "营业收入"项目，反映企业经营主要业务和其他业务所确认的收入总额。本项目应根据"主营业务收入"和"其他业务收入"科目的发生额分析填列。

(2) "营业成本"项目，反映企业经营主要业务和其他业务所发生的成本总额。本项目应根据"主营业务成本"和"其他业务成本"科目的发生额分析填列。

(3) "营业税金及附加"项目，反映企业经营活动发生的营业税、城市维护建设税和教育费附加等相关税费。本项目应根据"营业税金及附加"科目的发生额分析填列。

(4) "销售费用"项目，反映企业在销售商品和材料、提供劳务的过程中发生的各种费用，包括销售本企业商品而专设的销售机构的职工薪酬、业务费、折旧费等经营费用。旅游企业就是指各营业部门的职工薪酬、业务费、折旧费等营业费用。本项目应根据"营业费用"科目的发生额分析填列。

(5) "管理费用"项目，反映企业为组织和管理企业生产经营所发生的管理费用。本项目应根据"管理费用"科目的发生额分析填列。

(6) "财务费用"项目，反映企业为筹集生产经营所需资金等而发生的筹资费用。本项目应根据"财务费用"科目的发生额分析填列。

(7) "资产减值损失"项目，反映企业资产发生的减值损失。本项目应根据"资产减值损失"科目的发生额分析填列。

(8) "公允价值变动损益"项目，反映企业应当计入当期损益的资产或负债公允价值变动收益。本项目应根据"公允价值变动损益"科目的发生额分析填列。如为净损失，本项目以"-"号填列。

(9) "投资收益"项目,反映企业以各种形式对外投资所取得的收益。本项目应根据"投资收益"科目的发生额分析填列。如为投资损失,本项目以"-"号填列。

(10) "营业利润"项目,反映企业实现的营业利润。如为亏损总额,以"-"号填列。

(11) "营业外收入"项目,反映企业企业发生的与经营业务无直接关系的各项收入。本项目应根据"营业外收入"科目的发生额分析填列。

(12) "营业外支出"项目,反映企业企业发生的与经营业务无直接关系的各项支出。本项目应根据"营业外支出"科目的发生额分析填列。

(13) "利润总额"项目,反映企业实现的利润总额。如为亏损总额,本项目以"-"号填列。

(14) "所得税费用"项目,反映企业应从当期利润总额中扣除的所得税费用。本项目应根据"所得税费用"科目的发生额分析填列。

(15) "净利润"项目,反映企业实现的净利润。如为净亏损,本项目以"-"号填列。

第四节 现金流量表的编制

一、现金流量表的格式

现金流量表是反映在一定会计期间现金及现金等价物流入流出的报表。

现金是指企业库存现金以及可以随时用于支付的存款,包括库存现金、银行存款和其他货币资金。

现金等价物,是指企业持有的期限短、流动性强、易于转换为已知金额现金、价值变动风险很小的投资。期限短,一般是指从购买日起三个月内到期。现金等价物通常包括三个月内到期的债券投资等。企业应当根据具体情况,确定现金等价物的范围,一经确定不得随意变更。现金流量,是指现金和现金等价物的流入和流出。

现金流量表能够说明企业一定期间内现金现入和流出的原因;能够说明企业的偿债能力和支付股利的能力;能够分析企业未来获取现金的能力;能够分析企业投资和理财活动对经营成果和财务状况的影响;能够提供不涉及现金的投资和筹资活动的信息。

现金流量表通常按照企业经营业务发生的性质将企业一定期间内产生的现金流量归为以下三类:

(1) 活动产生的现金流量:经营活动是指企业投资活动和筹资活动以外的所有交易和事项,包括销售商品或提供劳务、经营性租赁、购买货物、接受劳务、制造产品、广告宣传、推销产品、交纳税款等。经营活动产生的现金流量是企业通过所拥有的资产自身创造的现金流量,主要是与企业净利润有关的现金流量。它说明企业经营活动对现金流入和流出净额的影响程度。

(2) 活动产生的现金流量:投资活动是指企业长期资产以及不包括在现金等价物范围内的投资的购建和处置,包括取得或收回权益性证券的投资、购买或收回债券投资、购建和处置固定资产、无形资产和其他长期资产等。投资活动产生的现金流量中不包括作为现金等价物的投资。通过现金流量表中反映的投资活动产生的现金流量,可以分析企业通过投资获取现金流量的能力,以及投资产生的现金流量对企业现金流量净额的影响程度。

(3) 活动产生的现金流量:筹资活动是指导致企业所有者权益及借款规模和构成发生变化的活动,包括吸收权益性资本、发行债券、借入资金、支付股利、偿还债务等。通过现金流量表中筹资活动产生的现金流量,可以分析企业筹资的能力,以及筹资产生的现金流量对企业现金流量净额的影响程度。

企业编制现金流量表进行现金流量分类时,对于未特别指明的现金流量,应当按照现金流量的分类方法和重要性原则,判断某项交易或事项所产生的现金流量应当归属的类别或项目,对于重要的现金流入或流出应当单独反映。

我国现金流量表的基本格式如表 10-3 所示。

表 10-3 现金流量表

编制单位: ×××年 单位:元

项 目	本期金额	上期金额
一、经营活动产生的现金流量:		
销售商品、提供劳务收到的现金		
收取的税费返还		
收到其他与经营活动有关的现金		
经营活动现金流入小计		
购买商品、接受劳务支付的现金		
支付给职工以及为职工支付的现金		
支付的各项税费		
支付其他与经营活动有关的现金		
经营活动现金流出小计		
经营活动产生的现金流量净额		
二、投资活动产生的现金流量		
收回投资收到的现金		
取得投资收益收到的现金		
处置固定资产、无形资产和其他长期资产收回的现金净额		
处置子公司及其他营业单位收到的现金净额		
收到其他与投资活动有关的现金		
投资活动现金流入小计		
购建固定资产、无形资产和其他长期资产支付的现金		
投资支付的现金		
取得子公司及其他营业单位支付的现金净额		
投资活动现金流入小计		
投资支付的现金		
购建固定资产、无形资产和其他长期资产支付的现金		
支付其他与投资活动有关的现金		

续表

项 目	本期金额	上期金额
投资活动现金流出小计		
投资活动产生的现金流量净额		
三、筹资活动产生的现金流量：		
吸收投资收到的现金		
发行债券收到的现金		
收到其他与筹资活动有关的现金		
筹资活动现金流入小计		
偿还债务支付的现金		
分配股利、利润或偿付利息支付的现金		
支付其他与筹资活动有关的现金		
筹资活动现金流出小计		
筹资活动产生的现金流量净额		
四、汇率变动对现金及现金等价物的影响		
五、现金及现金等价物净增加额		
加：期初现金及现金等价物余额		
六、期末现金及现金等价物余额		

二、现金流量表的编制

1. 编制方法

在具体编制现金流量表明，可以采用工作底稿法或 T 型账户法编制，也可以直接根据有关科目记录分析填列。

(1) 底稿法。要设计一张工作底搞格式，将资产、负债及所有者权益的期初余额过入工作底稿上，根据所发生的经济事项编制调整分录，过入工作底稿上，并结出资产负债及所者权益的期末余额。根据调整分录分析现金流量变动的增减原因，据以编制现金流量表。

(2) 账户法。是将某一会计期间内影响现金流量的一切业务，以 T 型账户形式，按照编表要求予以重现，通过一系列的调整、结转，据以编制现金流量表的一种方法。

2. 各项目内容及填列方法

1) 经营活动产生的现金流量

(1) "销售商品、提供劳务收到的现金"项目，反映企业销售商品、提供劳务实际收到的现金(含销售收入和应向购买者收取的增值税额)，包括本期销售商品、提供劳务收到的现金，以及前期销售和前期提供劳务本期收到的现金和本期预收的账款，减去本期退回本期销售的商品和前期销售本期退回的商品支付的现金。企业销售材料和代购代销业务收到的现金，也在本项目反映。本项目可以根据"现金"、"银行存款"、"应收账款"、"应收票据"、"预收账款"、"主营业务收入"、"其他业务收入"等科目的记录分析填列。

（2）"收到的税费返还"项目，反映企业收到返还的各种税费，如收到的增值税、营业税、所得税、教育费附加等。本项目可以根据"现金"、"银行存款"、"主营业务税金及附加"、"补贴收入"、"应收补贴款"等科目的记录分析填列。

（3）"收到的其他与经营活动有关的现金"项目，反映企业除了上述各项目外，收到的其他与经营活动有关的现金流入，如罚款收入、租金、流动资产损失中由个人赔偿的现金收入等。其他现金流入如价值较大的，应单列项目反映。本项目可以根据"现金"、"银行存款"、"营业外收入"等科目的记录分析填列。

（4）"购买商品、接受劳务支付的现金"项目，反映企业购买材料、商品、接受劳务实际支付的现金，包括本期购入材料、商品、接受劳务支付的现金（包括增值税进项税额），以及本期支付前期购入商品、接受劳务的未付款项和本期预付款项。本期发生的购货退回收到的现金应从本项目内减去。本项目可以根据"现金"、"银行存款"、"应付账款"、"应付票据"、"主营业务成本"等科目的记录分析填列。

（5）"支付给职工以及为职工支付的现金"项目，反映企业实际支付给职工，以及为职工支付的现金，包括本期实际支付给职工的工资、奖金、各种津贴和补贴等，以及为职工支付的其他费用。不包括支付的离退休人员的各项费用和支付给在建工程人员的工资等。企业支付给离退休人员的各项费用，包括支付的统筹退休金以及未参加统筹的退休人员的费用，在"支付的其他与经营活动有关的现货"项目中反映；支付的在建工程人员的工资，在"购建固定资产、无形资产和其他长期资产所支付的现金"项目反映。本项目可以根据"应付工资"、"现金"、"银行存款"等科目的记录分析填列。

企业为职工支付的养老、失业等社会保险基金、补充养老保险、住房公积金、支付给职工的住房困难补助，以及企业支付给职工或为职工支付的其他福利费用等，应按职工的工作性质和服务对象，分别在本项目和在"购建固定资产、无形资产和其他长期资产所支付的现金"项目反映。

（6）"支付的各项税费"项目，反映企业按规定支付的各种税费，包括本期发生并支付的税费，以及本期支付以前各期发生的税费和预交的、税金。如支付的教育费附加、印花税、房产税、土地增值税、车船使用税、预交的营业税等。不包括计入固定资产价值、实际支付的耕地占用税等。也不包括本期退回的增值税、所得税，本期退回的增值税、所得税在"收到的税费返还"项目反映。本项目可以根据"应交税金"、"现金"、"银行存款"等科目的记录分析填列。

（7）"支付的其他与经营活动有关的现金"项目，反映企业除上述各项目外，支付的其他与经营活动有关的现金流出，如罚款支出、支付的差旅费、经营租赁支付的租金、业务招待费现金支出、支付的保险费等，其他现金流出如价值较大的，应单列项目反映。本项目可以根据有关科目的记录分析填列。

2）投资活动产生的现金流量

（1）"收回投资所收到的现金"项目，反映企业出售、转让或到期收回除现金等价物以外的短期投资、长期股权投资而收到的现金，以及收回长期债权投资本金而收到的现金。不包括长期债权投资收回的利息，以及收回的非现金资产。本项目可以根据"短期投资"、"长期股权投资"、"现金"、"银行存款"等科目的记录分析填列。

(2) "取得投资收益所收到的现金"项目,反映企业因股权性投资和债权性投资而取得的现金股利、利息,以及从子公司、联营企业和合营企业分回利润收到的现金。不包括股票股利。本项目可以根据"现金"、"银行存款"、"投资收益"等科目的记录分析填列。

(3) "处置固定资产、无形资产和其他长期资产所收回的现金净额"项目,反映企业处置固定资产、无形资产和其他长期资产所取得的现金,减去为处置这些资产而支付的有关费用后的净额。由于自然灾害所造成的固定资产等长期资产损失而收到的保险赔偿收入,也在本项目反映。本项目可以根据"固定资产清理"、"现金"、"银行存款"等科目的记录分析填列。

(4) "收到的其他与投资活动有关的现金"项目,反映企业除了上述各项以外,收到的其他与投资活动有关的现金流入。其他现金流入如价值较大的,应单列项目反映。本项目可以根据有关科目的记录分析填列。

(5) "购建固定资产、无形资产和其他长期资产所支付的现金"项目,反映企业购买、建造固定资产,取得无形资产和其他长期资产所支付的现金,不包括为购建固定资产而发生的借款利息资本化的部分,以及融资租入固定资产支付的租赁费,借款利息和融资租入固定资产支付的租赁费,在筹资活动产生的现金流量中反映。本项目可以根据"固定资产"、"在建工程"、"无形资产"、"现金"、"银行存款"等科目的记录分析填列。

(6) "投资所支付的现金"项目,反映企业进行权益性投资和债权性投资支付的现金,包括企业取得的除现金等价物以外的短期股票投资、短期债券投资、长期股权投资、长期债权投资支付的现金,以及支付的佣金、手续费等附加费用。本项目可以根据"长期股权投资"、"长期债权投资"、"短期投资"、"现金"、"银行存款"等科目的记录分析填列。

企业购买股票和债券时,实际支付的价款中包含的已宣告也尚未领取的现金股利或已到付息期但尚未领取的债券的利息,应在投资活动的"支付的其他与投资活动有关的现金"项目反映;收回购买股票和债券时支付的已宣告但尚未领取的现金股利或已到付息期但尚未领取的债券的利息,在投资活动的"收到的其他与投资活动有关的现金"项目反映。

(7) "取得子公司及其他营业单位支付的现金净额",本项目反映企业取得除现金等价物以外的对其他企业的权益工具、债务工具和合营中的权益投资所支付的现金,以及主妇的佣金、手续费等交易费用,但取得子公司及其他营业单位支付的现金净额除外。

(8) "支付的其他与投资活动有关的现金"项目,反映企业除了上述各项以外,支付的其他与投资活动有关的现金流出。其他现金流出如价值较大的,应单列项目反映。本项目可以根据有关科目的记录分析填列。

3) 筹资活动产生的现金流量

(1) "吸收投资所收到的现金"项目,反映企业收到的投资者投入的现金,包括以发行股票、债券等方式筹集的资金实际收到款项净额(发行收入减去支付的佣金等发行费用后的净额)。以发行股票、债券等方式筹集资金而由企业直接支付的审计、咨询等费用,在"支付的其他与筹资活动有关的现金"项目反映,不从本项目内减去。本项目可以根据"实收资本(或股本)"、"现金"、"银行存款"等科目的记录分析填列。

(2) "借款所收到的现金"项目,反映企业举借各种短期、长期借款所收到的现金。本项目可以根据"短期借款"、"长期借款"、"现金"、"银行存款"等科目的记录分析填列。

(3) "收到的其他与筹资活动有关的现金"项目,反映企业除上述各项目外,收到的其他与筹资活动有关的现金流入,如接受现金捐赠等。其他现金流入如价值较大的,应单列项目反映。本项目可以根据有关科目的记录分析填列。

(4) "偿还债务所支付的现金"项目,反映企业以现金偿还债务的本金,包括偿还金融企业的借款本金、偿还债券本金等。企业偿还的借款利息、债券利息,在"分配股利、利润或偿付利息所支付的现金"项目反映,不包括在本项目内。本项目可以根据"短期借款"、"长期借款"、"现金"、"银行存款"等科目的记录分析填列。

(5) "分配股利、利润或偿付利息所支付的现金"项目,反映企业实际支付的现金股利,支付给其他投资单位的利润以及支付的借款利息、债券利息等。本项目可以根据"应付股利"、"财务费用"、"长期借款"、"现金"、"银行存款"等科目的记录分析填列。

(6) "支付的其他与筹资活动有关的现金"项目,反映企业除了上述各项外,支付的其他与筹资活动有关的现金流出,如捐赠现金支出、融资租入固定资产支付的租赁费等。其他现金流出如价值较大的,应单列项目反映。本项目可以根据有关科目的记录分析填列。

(7) "汇率变动对现金的影响"项目,反映企业外币现金流量及境外子公司的现金流量折算为人民币时,所采用的现金流量发生日的汇率或平均汇率折算的人民币金额与"现金及现金等价物净增加额"中外币现金净增加额按期末汇率折算的人民币金额之间的差额。

第五节 所有者权益变动表的编制

一、所有者权益变动表的格式

所有者权益变动表,是反映构成所有者权益的各组成部分当期的增减变动情况报告。当期损益、直接计入所有者权益的利得和损失、以及与所有者(或股东,下同)的资本交易导致的所有者权益的变动,应当分别列示。

所有者权益变动表中,企业至少应当单独列示反映下列信息的项目:①净利润;②直接计入所有者权益的利得和损失项目及其总额;③会计政策变更和差错更正的累积影响金额;④所有者投入资本和向所有者分配利润等;⑤按照规定提取的盈余公积;⑥实收资本(或股本)、资本公积、盈余公积、未分配利润的期初和期末余额及其调节情况。

所有者权益变动表的格式如表10-4。

表 10-4　所有者权益变动表

项目	实收资本	资本公积	减：库存股	盈余公积	未分配利润	所有者权益合计	实收资本	资本公积	减：库存股	盈余公积	未分配利润	所有者权益合计
一、上年年末余额												
加：会计政策变更 前期差错更正												
二、本年年初余额												
三、本年增减变动金额(减少以"－"号填列)												
(一)净利润												
(二)直接计入所有者权益的利得和损失												
1.可供出售金融资产公允价值变动净额												
2.权益法下被投资单位其他所有者权益变动影响												
3.与计入所有者权益项目相关的所得税影响												
4.其他												
上述(一)和(二)小计												
(三)所有者投入和减少资本												
1.所有者投入资本												
2.股份支付计入所有者权益的金额												
3.其他												

续表

项目	实收资本	资本公积	减：库存股	盈余公积	未分配利润	所有者权益合计	实收资本	资本公积	减：库存股	盈余公积	未分配利润	所有者权益合计
(四)利润分配												
1．提取盈余公积												
2．对所有者(或股东)的分配												
3．其他												
(五)所有者权益内部结转												
1．资本公积转增资本(或股本)												
2．盈余公积转增资本(或股本)												
3．盈余公积弥补亏损												
4．其他												
四、本年年末余额												

二、所有者权益变动表的编制

1)　"上年年末余额"项目，反映企业上年资产负债表中是、实收资本(或股东)、资本公积、库存股、盈余公积、未分配利润的年末余额。

2)　"会计政策变更"、"前期差错更正"项目，分别反映企业采用追溯调整法处理的会计政策变更的累积影响金额和采用追溯重述法处理的会计差错更正的累积影响金额。

3)　"本年增减变动额"项目。

(1)　"净利润"项目，反映企业当年实现的净利润(或净亏损)金额。

(2)　"直接计入所有者权益的利得和损失"项目，反映企业当年直接计入所有者权益的利得和损失金额。

①　"权益法下被投资单位其他所有者权益变动的影响"项目，反映企业对按照权益法核算的长期股权投资，在被投资单位除当年实现的净损益以外其他所有者权益当年变动中应享有的份额。

②　"与计入所有者权益项目相关的所得税影响"项目，反映企业根据所得税会计准则规定应计入所有者权益项目的当年所得税影响金额。

(3)　"所有投入和减少资本"项目，反映企业当年所有者投入的资本和减少的资本。

① "所有者投入资本"项目,反映企业接受投资者投入形成的实收资本(或股本)和资本溢价。

② "股份支付计入所有者权益的金额"项目,反映企业处于等待期中的权益结算的股份支付当年计入资本公积的金额。

(4) "利润分配"项目,反映企业当年的利润分配金额。

(5) "所有者权益内部结转"项目,反映企业构成所有者权益的组成部分之间的增减变动情况。

① "资本公积转增资本(或股本)"项目,反映企业以资本公积转增资本或股本的金额。

② "盈余公积转增资本(或股本)"项目,反映企业以盈余公积转增资本或股本的金额。

③ "盈余公积弥补亏损"项目,反映企业以盈余公积弥补亏损的金额。

第六节 财务报告附注

附注是财务报告的重要组成部分,是对资产负债表、利润表、现金流量表和所有者权益变动表等报表中列示项目的文字描述或明细资料,以及对未来能在这些报表中列示项目的说明等。企业应当按照规定披露附注信息,主要包括下列内容。

一、企业的基本情况

(1) 企业注册地、组织形式和总部地址。
(2) 企业的业务性质和主要经营活动。
(3) 母公司以及集团最终母公司的名称。
(4) 财务报告的批准报出者和财务报告批准报出日。

二、财务报表的编制基础

财务报表的编制基础是指财务报表是在持续经营基础上编制的还是在非持续经营基础上编制的。企业一般都是在持续经营基础上编制财务报表,清算、破产属于非持续经营基础。

三、遵循企业会计准则的声明

企业应当声明编制的财务报告符合企业会计准则的要求,真实、完整地反映了企业的财务状况、经营成果和现金流量等有关信息。

四、重要会计政策和会计估计

企业应当披露采用的重要会计政策和会计估计，不重要的会计政策和会计估计可以不披露。在披露重要会计政策和会计估计时，应当披露重要会计政策的确定依据和财务报告项目的计量基础，以及会计估计中所采用的关键假设和不确定因素。

五、会计政策和会计估计变更以及差错更正的说明

企业应当按照《企业会计准则第 28 号——会计政策、会计估计变更和差错更正》及其应用指南的规定，披露会计政策和会计估计变更以及差错更正的有关情况。

六、报告重要项目的说明

企业对报告重要项目的说明，应当按照资产负债表、利润表、现金流量表、所有者权益变动表及其项目列示的顺序，采用文字和数字描述相结合的方式进行披露。报告重要项目的明细金额合计，应当与报告项目金额相衔接。

企业应该披露交易性金融资产、应收款项、存货、长可供出售金融资产、期股权投资、固定资产、无形资产、应付职工薪酬、应付债券、营业外收支等项目的详细信息，下面就交易性金融资产、应收款项、存货、固定资产等举例说明。

1. 交易性金融资产的披露格式

项 目	期末公允价值	年初公允价值
1. 交易性债券投资		
2. 交易性权益工具投资		
3. 指定为以公允价值计量且其变动计入当期损益的金融资产		
4. 衍生金融资产		
5. 其他		
合 计		

2. 应收款项

(1) 应收账款按账龄结构披露的格式如下：

账龄结构	期末账面余额	年初账面余额
1 年以内(含 1 年)		
1 年至 2 年(含 2 年)		
2 年至 3 年(含 3 年)		
3 年以上		
合 计		

注：有应收票据、预付账款、长期应收款、其他应收款的，比照应收账款进行披露。

(2) 应收账款按客户类别披露的格式如下：

客户类别	期末账面余额	年初账面余额
客户 1		
……		
其他客户		
合　计		

注：有应收票据、预付账款、长期应收款、其他应收款的，比照应收账款进行披露。

3. 存货

存货种类	年初账面余额	本期增加额	本期减少额	期末账面余额
1．原材料				
2．在产品				
3．库存商品				
4．周转材料				
5．消耗性生物资产				
……				
合　计				

4. 固定资产

(1) 固定资产的披露格式如下：

项　目	年初账面余额	本期增加额	本期减少额	期末账面余额
一、原价合计				
其中：房屋、建筑物				
机器设备				
运输工具				
……				
二、累计折旧合计				
其中：房屋、建筑物				
机器设备				
运输工具				
……				
三、固定资产减值准备累计金额合计				
其中：房屋、建筑物				
机器设备				
运输工具				
……				

续表

项　目	年初账面余额	本期增加额	本期减少额	期末账面余额
四、固定资产账面价值合计				
其中：房屋、建筑物				
机器设备				
运输工具				

(2) 企业确有准备处置固定资产的，应当说明准备处置的固定资产名称、账面价值、公允价值、预计处置费用和预计处置时间等。

5. 无形资产

(1) 各类无形资产的披露格式如下：

项　目	年初账面余额	本期增加额	本期减少额	期末账面余额
一、原价合计				
1.				
……				
二、累计摊销额合计				
1.				
……				
三、无形资产减值准备累计金额合计				
1.				
……				
四、无形资产账面价值合计				
1.				
……				

(2) 计入当期损益和确认为无形资产的研究开发支出金额。

6. 资产减值准备的披露格式

项　目	年初账面余额	本期计提额	本期减少额	期末账面余额
一、坏账准备				
二、存货跌价准备				
三、可供出售金融资产减值准备				
四、持有至到期投资减值准备				

续表

项 目	年初账面余额	本期计提额	本期减少额	期末账面余额
五、长期股权投资减值准备				
六、投资性房地产减值准备				
七、固定资产减值准备				
八、工程物资减值准备				
九、在建工程减值准备				
十、生产性生物资产减值准备				
其中：成熟生产性生物资产减值准备				
十一、油气资产减值准备				
十二、无形资产减值准备				
十三、商誉减值准备				
十四、其他				
合　计				

7. 应交税费的披露格式

税费项目	期末账面余额	年初账面余额
1. 增值税		
……		
合　计		

8. 营业收入的披露格式

项 目	本期发生额	上期发生额
1. 主营业务收入		
2. 其他业务收入		
合　计		

9. 每股收益

(1) 基本每股收益和稀释每股收益分子、分母的计算过程。

(2) 列报期间不具有稀释性但以后期间很可能具有稀释性的潜在普通股。

(3) 在资产负债表日至财务报告批准报出日之间，企业发行在外普通股或潜在普通股股数发生重大变化的情况，如股份发行、股份回购、潜在普通股发行、潜在普通股转换或行权等。

10. 分部报告

(1) 主要报告形式是业务分部的披露格式如下：

项目	××业务		××业务		××业务		…	其他业务		抵消		合计	
	本期	上期	本期	上期	本期	上期		本期	上期	本期	上期	本期	上期
一、营业收入合计													
其中：对外交易收入													
分部间交易收入													
二、营业费用													
三、营业利润(亏损)													
四、资产总额													
五、负债总额													
六、补充信息													
1. 折旧和摊销费用													
2. 资本性支出													

注：主要报告形式是地区分部的，比照业务分部格式进行披露。

(2) 在主要报告形式的基础上，对于次要报告形式，企业还应披露对外交易收入、分部资产总额。

另外，其他需要说明的重要事项主要包括或有事项、资产负债表日后非调整事项、关联方关系及其交易等。

复习自测题

一、单项选择题

1. 下列项目中，反映企业在某一特定日期财务状况的是( )。
   A. 现金流量表　　　　　　B. 利润表
   C. 资产负债表　　　　　　D. 所有者权益变动表

2. 资产负债表中资产的排列顺序是( )。
   A. 资产的收益性　　　　　B. 资产的重要性
   C. 资产的流动性　　　　　D. 资产的时间性

3. 下列会计报表中，属于静态报表的是( )。
   A. 利润表　　　　　　　　B. 资产负债表
   C. 现金流量表　　　　　　D. 所有者权益变动表

4. ( )是反映企业经营成果的会计报表。
   A. 利润表　　　　　　　　B. 资产负债表
   C. 现金流量表　　　　　　D. 会计报表附注

5. 利润表是根据损益账户的( )填列。
   A. 总额　　B. 净额　　C. 发生额　　D. 余额
6. "应收账款"总账账户所属的明细账的期末余额在贷方,应填列于会计报表的( )。
   A. 应收款项项目　　B. 应付款项项目
   C. 预收款项项目　　D. 预付款项项目
7. 我国利润表采用的格式是( )。
   A. 账户式　B. 报告式　　C. 单步式　　D. 多步式

二、多项选择题

1. 下列属于利润表中的项目有( )。
   A 主营业务收入　　B 管理费用
   C 存货　　D 未分配利润
2. 财务报告的编制要求有( )。
   A 数字真实　B 内容完整　C 编报及时　D 综合简练
3. 下列资产负债表中的部分项目,属于所有者权益的有( )。
   A. 实收资本　B. 资本公积　C. 盈余公积　　D. 未分配利润
4. 资产负债表中的货币资金根据( )填列。
   A 现金　　B 银行存款　　C 交易性金融资产　D 其他货币资金
5. 我国企业的利润表采用多步式,分步计算的利润指标有( )等。
   A. 主营业务利润　　B. 其他业务利润
   C. 利润总额　　D. 净利润

三、简答题

(1) 什么是财务报告?有哪些编制要求?
(2) 什么是资产负债表?它有哪些作用?怎样填列?
(3) 什么是利润表?它有哪些作用?怎样填列?
(4) 什么是现金流量表?它有哪些作用?怎样填列?
(5) 什么是所有者权益变动表?它有哪些作用?怎样填列?
(6) 什么是附注?它有哪些作用?怎样填列?
(7) 资产负债表、利润表、现金流量表、所有者权益变动表之间有什么关系?

推荐学习书目

1. 企业会计准则(2006). 2006年2月15日财政部发布,自2007年1月1日起施行
2. 企业会计准则——应用指南. 2006年10月30日财政部发布,自2007年1月1日起施行
3. 李亚利,范英杰. 旅游会计(第2版). 天津:南开大学出版社,2004
4. 财政部会计资格评价中心. 初级会计实务. 北京:经济科学出版社,2010

模 拟 试 题

课程名称《旅游会计基础》　　　　　　　A卷■　B卷□

题号	一	二	三	四	五	六	成绩	复核
得分								
阅卷								

注意事项： 答卷前，考生务必把答题纸上密封线内各项内容填写清楚(学号应与教务在线中学号相同)，否则可能得不到成绩，必须填写在密封线与装订线之间。答案必须写在边框内。

得分

一、单项选择题(本类题共20题，每小题1分，共20分。每小题备选案中，只有一个符合题意的正确答案。多选、错选、不选均不得分)

1. 下列各题中属于基本职能的是( )。
 A. 会计预算与考核　　　　B. 会计预测与决策
 C. 会计分析与评价　　　　D. 会计核算与监督

2. 复式借贷记账法的运用标志着会计进入( )。
 A. 会计萌芽阶段　　　　　B. 古代会计阶段
 C. 近代会计阶段　　　　　D. 现代会计阶段

3. 政府主导经营管理模式的旅游景区一般采用( )会计制度。
 A. 事业单位　　B. 企业　　C. 行政单位　　D. 财政总预算单位

4. 资产按照预计从其持续使用和最终处置中所产生的未来净现金流入量折现的金额称为( )。
 A. 历史成本　　B. 可变现净值　　C. 公允价值　　D. 现值

5. 通过盘点实物，核对账目，以查明各项财产物资实有数额的一种专门方法叫( )。
 A. 复式记账　　B. 成本计算　　C. 财产清查　　D. 登记账簿

6. 在经济业务发生时取得或填制的，用以记录经济业务、明确经济责任具有法律效力并作为记账原始依据的书面证明，属于( )。
 A. 原始凭证　　B. 记账凭证　　C. 汇总凭证　　D. 会计报表

7. "本年利润"会计科目属于( )。
 A. 资产类　　B. 负债类　　C. 所有者权益类　　D. 损益类

8. 资产+( )=负债+所有者权益+(收入-费用)
 A. 成本　　B. 利润　　C. 公积金　　D. 费用

9. 宣布分配现金股利账务处理时，未分配利润减少，应付股利增加，属于( )。
 A. 不同类会计科目同增　　B. 不同类会计科目同减
 C. 不同类会计科目有增有减　　D. 同类会计科目有增有减

10. 某企业2009年12月31日"固定资产"科目余额为1000万元,"累计折旧"科目余额为300万元,"固定资产减值准备"科目余额为50万元,该企业2009年12月31日资产负债表"固定资产"的项目金额( )万元。
   A. 650   B. 700   C. 950   D. 1000

11. 企业过去的交易或事项形成的、由企业拥有或者控制的、预期会给企业带来经济利益的资源是( )。
   A. 收入   B. 费用   C. 资产   D. 负债

12. 编制银行存款调节余额表时,企业银行存款日记账余额32904元,银行已收企业未收136元,企业已收银行未收3660元,银行已付企业未付530元,企业已付银行未付5606元,银行存款日记账调节后余额( )。
   A. 33298元   B. 30958元   C. 32510元   D. 34850元

13. 不在"其他货币资金"科目核算的有( )。
   A. 信用证   B. 银行汇票 C. 银行本票 D. 商业承兑汇票

14. 企业年底对应收账款客户评估后根据信用情况对1200000元应收账款按5%计提坏账准备,"坏账准备"账户尚有借方余额20000元,应计提坏账准备是( )。
   A. 60000元   B. 80000元   C. 40000元   D. 50000元

15. 某饭店有一批商品,无销售合同,市场价格100万元,进一步销售中会发生的销售费用和税金为8万元,则可变现净值为( )。
   A. 100万元   B. 90万元   C. 92万元   D. 108万元

16. 某饭店一项固定资产,原值100万,净残值率10%,使用年限5年,按年限总和法下,第3年年折旧额应该是( )。
   A. 20万元   B. 18万元   C. 16万元   D. 10万元

17. 下列项目中不属于无形资产条件的是( )。
   A. 专利权   B. 特许权   C. 商誉   D. 土地使用权

18. 用于近期内出售而持有的股票、债券等是( )。
   A. 交易性金融资产   B. 交易性金融负债
   C. 持有至到期投资   D. 长期股权投资

19. 企业转销无法支付的应付账款时,应将该应付账款账面余额计入( )。
   A. 资本公积   B. 营业外收入
   C. 其他业务收入   D. 其他应付款

20. 房地产税、车船使用税、土地使用税和印花税应记入( )科目。
   A. 营业税金及附加   B. 管理费
   C. 营业费用   D. 所得税费用

得分

二、**多项选择题**(本类题共5题,每小题2分,共10分。每小题备选答案中,有两个或两个以上符合题意的正确答案。多选、少选、错选、不选均不得分)

1. 下列各项中,应计提坏账准备的有( )。
   A. 应收账款   B. 应收票据   C. 预付账款   D. 其他应收款

2. 宋朝时期采用的"四柱清册"结账方法由( )组成。
   A. 记录　　　B. 旧管　　　C. 新收　　　D. 实在
3. 下列各项中，应确认为应付职工薪酬的有( )。
   A. 非货币性福利　　　　　　B. 社会保险费和辞退福利
   C. 职工工资、福利费　　　　D. 工会经费和职工教育经费
4. 平行登记是指( )。
   A. 依据相同　B. 方向相同　C. 金额相同　D. 结构相同
5. 保管期在15年的会计档案有( )。
   A. 原始凭证　B. 记账凭证　C. 日记账　　D. 银行对账单

三、判断题(本类题共10题，每题1分，共10分。对打√，错打×)

1. 出纳人员不得兼管稽核，但可以兼管会计档案保管和收入、费用、债权债务账目的登记工作。　　　　　　　　　　　　　　　　　　　　　　　　　　　(　)
2. 当从银行提取现金填写记账凭证时，应选用收款凭证。　　　　　(　)
3. 当存货可变现净值高于成本时不用进行账务处理。　　　　　　　(　)
4. 房屋建筑物，不论是否使用均应计提折旧。　　　　　　　　　　(　)
5. 企业各年负担的折旧费用在双倍余额递减法下将逐年增加。　　　(　)
6. 长期借款利息一律计入当期损益。　　　　　　　　　　　　　　(　)
7. 内扣毛利率=毛利/销售价格。　　　　　　　　　　　　　　　　(　)
8. 企业法定盈余公积金可以用于支付股利。　　　　　　　　　　　(　)
9. "利润分配-未分配利润"贷方余额表示亏损。　　　　　　　　　(　)
10. 管理费用属于期间费用。　　　　　　　　　　　　　　　　　　(　)

四、请根据题意分析写出会计分录，必要的科目应标出二级(每题2分，共40分)

1. 酒店出纳员将库存现金9000元缴存银行，手续办妥，请编写会计分录。
2. 饭店期末进行盘点，盘亏食品原材料一批，金额为20000元，先行挂账，待查明原因后再行处理，请编写会计分录。
3. 饭店本月购买食品原材料面粉一批，价款5000元，增值税850元，运费200元，全部款项以支票支付，材料已验收入库，请编写会计分录。
4. 饭店采用五五摊销法核算低值易耗品，客房部门领用工具一批合计5000元，请编写领用时的会计分录。
5. 某景区管理处将当天的门票款20000元存入银行专户，请编写会计分录。
6. 饭店计提本月固定资产折旧，总额为110000元，其中，客房部40000元，餐饮部50000元，管理部门20000元，请写出期末计提折旧的会计分录。
7. 饭店出售一项固定资产，原值为50万元，已提折旧为30万元，已计提减值准备为1万元，收到销售款19万元，清理费和税金忽略不计，请编写会计分录。
8. 饭店出租一项无形资产，租金收入为2万元，请编写会计分录。

9. 饭店购入一批分期付息到期还本的债券，以进行交易为目的，不准备持有至到期，持有期间获得利息 1000 元，在没有收到款项之前，请编写会计分录。

10. 饭店以进行交易为目的，购入乙公司股票 56 000 股，每股买价 3.00 元，共计 168000 元，其中含有已宣告发放的股利 8000 元，另支付购入手续费 500 元，款项一并以银行存款支付，请编写会计分录。

11. 某饭店期末确认收入 100 万元，按现行税法计算营业税，城市维护建设税和教育费附加，请编写会计分录。

12. 饭店 2010 年 9 月 10 日采购了一台不需要安装的厨房设备，价 10 万元，增值税 1.7 万元，设备已验收交付使用，结算采用商业票据方式，已经开出票据并背书承诺 2 个月归还，请编写会计分录。

13. 人事部门把上月工资花名册转到财务部，确认实发工资 9 万元，代扣款项 3 万元，个人所得税 1 万元，请编写发放工资的会计分录。

14. 饭店为应对旅游旺季的需要，向工商银行借款 30 万元，期限 3 个月，款项已经到账，请编写会计分录。

15. 饭店通过银行缴纳了各种税金，总计 9.5 万元，其中：营业税 5 万元，城市维护建设税 0.35 万元，教育费附加 0.15 万元，企业所得税 3 万元，个人所得税 1 万元，请编写会计分录。

16. 饭店接受投资人 A 向本有限责任公司投资 200 万元，款项已存入银行，请编写会计分录。

17. 饭店从税后利润 10 万元中，按国家规定比例提取法定公积金，请编写会计分录。

18. 饭店股东会议决定，将 20 万元资本公积金和 20 万元法定盈余公积金转增资本，请编写会计分录。

19. 饭店采购人员用现金采购了鲜活产品一批，含税价款 3000 元，直接由厨师验收进入厨房，请编写会计分录。

20. 某旅行社接 A 旅行社旅行团 10 人，团游览后于 28 日下午返程。根据结算单，全部费用为 20000 元，其中，综合服务费 12000 元，增加风味餐 5 次计 5000 元，风景名胜门票费 3000 元，请编写会计分录。

得分	

五、综合分析题(共 10 分)

(一)资料：甲饭店 2010 年末，"盈余公积"账户期初余额 100 万元、"未分配利润"账户期初余额 50 万元，其他资料见"资产负债表"和"利润表"。

(二)要求：1. 编制完成利润表；

2. 计算法定盈余公积金；

3. 确定盈余公积和未分配利润科目余额；

4. 编制提取法定盈余公积金的会计分录；

5. 编制资产负债表。

利润表（简表）

编制单位：甲饭店　　　　　　　　2010 年　　　　　　　　单位：万元

项　目	本期金额	上期金额
一、营业收入	1150	
减：营业成本	550	
营业税金及附加	58	
营业费用	100	
管理费用	97	
财务费用	30	
资产减值损失	30	
加：公允价值变动损益(损失以"一"号填列)	0	(略)
投资收益(损失以"一"号填列)	2	
二、营业利润(亏损以"一"号填列)		
加：营业外收入	50	
减：营业外支出	22	
三、利润总额(亏损总额以"一"号填列)		
减：所得税费用	115	
四、净利润(净亏损以"一"号填列)		

资产负债表(简表)

编制单位：甲饭店　　　　　2010 年 12 月 31 日　　　　　单位：万元

资产	年末余额	年初余额	负债和所有者权益	年末余额	年初余额
货币资金	1027		短期借款	500	
交易性金融资产	105		应付账款	760	
应收票据	35		应付票据	100	
应收账款	665		预收账款	0	
其他应收款	100		应付职工薪酬	180	
存货	1190	(略)	应交税费	100	(略)
长期股权投资	250		应付利息	10	
固定资产	2500		长期借款	600	
在建工程	528		实收资本	4000	
无形资产	200		盈余公积		
长期待摊费用	0		未分配利润		
资产总计	6600		负债和所有者权益总计		

六、简述题 (共 10 分)

1. 饭店期末结帐前要做哪些账项调整？(3 分)

2. 请说明客房营业收入的收银、审核、入账过程。(4 分)

3. 请说明科目汇总表会计核算形式。(3 分)

参考文献

1. 中华人民共和国财政部. 企业会计准则(2006). 北京：经济科学出版社，2006
2. 中华人民共和国财政部. 企业会计准则——应用指南. 北京：中国财政经济出版社，2006
3. 财政部会计资格评价中心. 中级会计实务. 北京：经济科学出版社，2007
4. 财政部会计资格评价中心. 全国专业技术资格考试参考法规汇编. 北京：经济科学出版社，2007
5. 夏伯忠. 阶梯会计. 北京：企业管理出版社，1996
6. 许家林. 西方会计学名著导读. 北京：中国财政经济出版社，2004
7. 魏明海，龚凯颂. 会计理论(第2版). 大连：东北财经大学出版社，2005
8. 魏育彰，余伯英. 新编企业基础会计. 成都：立信会计出版社，2002
9. 赵德武. 会计学原理. 大连：东北财经大学出版社，2004
10. 谢荻宝. 会计学原理. 武汉：湖北人民出版社，2006
11. 会计档案管理办法. 北京：财政部与国家档案局1984年颁布
12. 会计基础工作规范. 北京：财政部1996年6月颁布
13. 孔丽花. 旅游会计学. 北京：经济科学出版社，2004
14. 李亚利，范英杰. 旅游会计. 天津：南开大学出版社，2004
15. 企业会计准则传播丛书编委会. 企业会计准则操作指南解析·比较·案例. 北京：中国商业出版社，2006
16. 于小镭，徐兴恩. 新企业会计准则实务指南与讲解(第2版). 北京：机械工业出版社，2007
17. 戴德明，林钢. 财务会计学(第4版). 北京：中国人民大学出版社，2006
18. 钱逢胜. 中级财务会计. 上海：上海财经大学出版社，2002
19. 中华人民共和国公司法.(2005年10月27日修订，自2006年1月1日起正式实施)
20. 朱小英，杨忠莲. 中级财务会计. 上海：上海财经大学出版社，2005
21. 李亚利，郭郢. 饭店财务会计. 天津：南开大学出版社，2005
22. 财政部会计资格评价中心. 初级财务会计. 北京：中国财政经济出版社，2006